道德经

王丽平 ◎ 著

的柔性领导力

人民日报出版社

图书在版编目（CIP）数据

《道德经》的柔性领导力／王丽平著.—北京：
人民日报出版社，2013.4
ISBN 978－7－5115－1782－1

Ⅰ.①道… Ⅱ.①王… Ⅲ.①《道德经》—应用—领
导学 Ⅳ.①C933

中国版本图书馆 CIP 数据核字（2013）第 077602 号

书　　名：《道德经》的柔性领导力
作　　者：王丽平

出 版 人：董　伟
责任编辑：鞠天相　杨冬絮
封面设计：阮全勇

出版发行：人民日报出版社

社　　址：北京金台西路 2 号
邮政编码：100733
发行热线：（010）65369527　65369846　65369509　65369510
邮购热线：（010）65369530　65363527
编辑热线：（010）65369511
网　　址：www. peopledailypress. com
经　　销：新华书店
印　　刷：北京天正元印务有限公司

开　　本：710mm×1000mm　1/16
字　　数：230 千字
印　　张：15
印　　次：2013 年 6 月第 1 版　　2013 年 6 月第 1 次印刷

书　　号：ISBN 978－7－5115－1782－1
定　　价：45.00 元

序

电视连续剧《宫》的片尾曲叫"见或者不见",我很喜欢它的歌词:你见或者不见我,我就在那里不悲不喜;你念或者不念我,情就在那里不来不去;你爱或者不爱我,爱就在那里不增不减;你跟或者不跟我,我的手在你手里不舍不弃;来我怀里或让我住进你的心里,默然相爱,寂静喜欢。我喜欢这歌词,是因为这种情怀正符合老子思想的境界,如果相爱的人都能做到这样,就不会出现因为不爱而报复,甚至杀戮。这种人应该具备怎样的气质和品德?根据电视连续剧《宫》的剧情,这是四阿哥写给晴川的一首诗,表达对她的爱,四阿哥就是胤禛,也就是后来的雍正皇帝。不管对皇位还是对爱情,胤禛都能遵循道家思想的要求,不急不火,稳中取胜。

记得初次接触《道德经》时,我怎么也想不通"道可道,非常道",看了一些学者的解释后,也只是勉强能接受,真正理解这句话的深刻内涵是在我经历了工作的变动、家庭的变迁与起伏、朋友的冷暖与变化,历经了人生命运的辗转之后,再去捧起老子的《道德经》,想想这句"道可道,非常道",才发觉老子真是太伟大了,他老人家能说出这样饱含深刻哲学意味的句子肯定是在饱读经书,加上用心去感悟生活之后才可以的。而且,我越来越发觉对于我目前正在研究的领导力这个领域来说,处处都有《道德经》思想的体现,从领导者自身的素质到领导者的领导方式,从领导者如何为人处事到领导者如何反败为胜等等,无处不体现出《道德经》对于领导力提升的帮助。

法国作家拉封丹曾描述过一则寓言:北风和南风比试威力大小,看谁能把行人的衣服脱掉。北风首先展示威力,顿时狂风骤起,寒气袭人,吹得行人的衣服敞开飘起,而行人则把衣服裹得越来越紧。南风则不然,徐徐吹动,暖意融融,行人周身发热,开始解开纽扣,继而脱掉衣服。寓言隐含的真谛不言而喻:真诚友善比强硬粗暴更加有力。人类社会已进入柔性管理时代,时代呼唤柔性化管理,柔性化管理已成为现代领导者的一项基本技能。

一、刚柔并济

刚和柔既是对立面又是统一体。刚柔之道在于:刚可压柔,柔可克刚。作为一个称职的领导者,就要把握好刚柔的尺度。刚并不是暴虐的代名词,而是指刚强;柔并不是懦弱的称谓,而是指谦恭。柔,其实是一种手段。水很柔,哪里低就往哪里流,哪里有缝就往哪里钻,但柔而有骨,信念执著,硬是将顽石穿孔、将大石变砂砾。

从滴水穿石、大浪滔天,我们可以看到刚柔相济的奇妙作用,水的柔是自然法则,也是领导者应当学习的一种工作方法。在处理问题时,因人的个体差异性很大,承受能力不同,是刚是柔就要因人因时而定。用柔的方法,通过热情体贴、循循善诱、耐心细致地工作,许多问题会迎刃而解。

刚与柔,从领导艺术的角度讲,是一种工作方法。作为一名领导者,必须具备刚与柔的心理素质,必须娴熟地运用刚柔相济的领导艺术。领导者既要具备刚的心理素质,又要具备柔的心理素质;既要会刚的工作方法,还要具备柔的工作方法,做到刚柔相济。

刚柔相济,作为一种领导艺术,它的内涵有软硬并举、以静制动、以柔克刚、刚中含柔、柔中有刚。古今中外,刚柔相济的领导艺术之所以被广泛应用,是因为事物本身具有刚与柔的两面性。由于事物的多样性、复杂性,同样的刚柔相济,在不同事物、不同地点,其具体内容、形式则不完全一样,这也是唯物辩证法的基本观点。这就要求领导者在具体运用这一方法时,必须从实际出发,针对不同情况而加以灵活的掌握和运用。

春秋末期,郑国有一位叫子产的宰相,他执政的特点就是刚柔并济,即在高压和怀柔两种政策中采取最适当的做法,把国家治理得国富民强。郑国是一个小国,想要在大国的觊觎之下力图生存,强化国力是当务之急。子产一方面提倡振兴农业,另一方面要确保军事费用,于是决定征收新税。因此民怨沸腾。朝中大臣们也有不少人出来反对,而子产却不让步,坚决实施既定政策。

过了几年，农村的振兴计划初见成效，农民的生活水平日益提高，连那些当年责备子产的民众，也转而歌颂他的政绩。子产的"刚"体现为：不因百姓和大臣的非难而低头，能够对自己的政策贯彻到底。身为领导，有时就是要能够力排众议，坚持己见，方能获得成功。

同时，子产"柔"的一面则体现在其教育政策上。当时各地普遍设有称之为"乡校"的学校，以此培养知识分子。但是乡校往往为那些对政治不满的人当作政治活动的场所，若任其发展下去，可能会对统治造成威胁。于是，有一些人提出关闭乡校的意见。但子产不同意，他反驳说："众人在结束了一天的工作之后，聚集在那里批评政治，我可以把他们的意见当作为政的参考，有好的评话便继续实行，若得到批评则加以改良。如果加以弹压，也许会暂时抑止他们的言论，但那正如堵塞河川一样，暂时虽然堵住了，不久更大的洪水一定会滚滚而来，冲坏堤堰。若到了这步田地，那就真的无法挽救了。与其如此，不如在平时慢慢疏通洪水，引导出一条水道，不是更合适吗？"子产"柔"的政策就是宽容政策。允许别人发表不同意见，从而用来作为自己的借鉴，有则改之，无则加勉，这才是胸怀宽广的处世之道。

二、以柔克刚

纵观历史，我们不难发现，往往刚烈之人容易被柔和之人征服利用，因此，为人处世更需要以柔克刚。以刚克刚，两败俱伤，以柔克刚，马到成功。以柔克刚是为官处事的至高境界。

《明史》记载，有一次明武宗朱厚照南巡，提督江彬随行护驾。江彬素有谋反之心，他率领的将士，都是西北地区的壮汉，虎背熊腰，力大如牛。兵部尚书乔宇看出他图谋不轨，从江南挑选了一百多个矮小精悍的武林高手随行。乔宇和江彬相约，让这批江南拳师与西北籍壮汉比武。江彬从京都南下，原本骄横跋扈，不可一世。但因手下与江南拳师较量，屡战屡败，气焰顿时消减，蓄谋篡位的企图也打了折扣。乔宇所用的就是"以柔克刚"的策略。

毋庸置疑，领导者是强者。然而，强者行使权力，要取得理想效果，却不一定非要靠强悍。有时善于示弱，在那些吃软不吃硬的下属那里，是很管用的。在与人交往的时候，领导者必须注意了解对方的性格、兴趣，真正做到知己知彼。许多领导，当他们面临众人的反对或排斥时，当其想法与众人的意见相左时,习惯于采用高压政策、大棒政策,希望借此消灭反对者的呼声。面对刚直不阿、态度强硬之人,许多领导者想到的第一个概念,常常是如何去制服他们,而不是如何用最委婉的手段从心灵的最深处去征服他们。领导者常常忽略了怀柔手段的重要性。殊不知,领导者越是强硬,往往越能激起对方强烈的反感、敌对和排斥抵触情绪。因此,领导者必须注意避免这种错误倾向,学会以迂回、柔顺的领导手段来征服大众,达到最终要达到的目的。

许多用高压政策、强硬手段征服不了的人,若领导者能改变一下方式,以温和、柔顺的态度与他们推心置腹地商榷交谈,反而能够达到预期的目的。领导者不一定凡事都要板起面孔,更不一定非得用强权才能制服众人。他们完全可以采用另一种方式,以真情流露、恳请赞同的方式,来达到前者达不到的目的,获得前者所不能获得的成功。

领导者要学会以柔克刚,必要时要善于向下级示弱,并不是说领导者就可以凡事一味妥协,也不是说柔弱之术就能够解决一切问题。诚然,有时用柔术的确能够达到用强硬之术所达不到的效果,但如果领导者长年累月一贯如此,就会给下属造成一种心理定式,认为自己的领导是软弱无能之人。长此以往,领导者就会在下属面前失去自己的威信和尊严,领导的严肃性、指挥性、强制性和权威性也会一扫而光。领导者要学会用辩证分析的方法,结合具体公关对象和具体环境背景,采用综合的领导公关手段,发挥自己的领导艺术。

三、琐事交给部属

我们常可看到勤勤恳恳、早来晚走的领导。他们的确很辛苦,但所负责的工作却常常杂乱无章。

汉宣帝时有一位宰相名叫丙吉,有一年春天,丙吉乘车经过繁华的都城街市中,碰见有人群斗,死伤极多,但是他若无其事地走过现场,什么话都没说,继续往前走。不久又看到一头拉车的牛吐出舌头气喘吁吁,丙吉马上派人去问牛的主人到底怎么一回事。旁边的随从看见这一切觉得很奇怪,为什么宰相对群殴事件不闻不问,却担心牛的气喘?于是有人鼓起勇气请教丙吉。丙吉回答说:"取缔群殴事件是长安令或京兆尹的职责,身为宰相只要每年一次评定他们的勤务,再将其赏罚上奉给皇上就行了。而我之所以看见牛气喘吁吁要停车问明原因,是因为现在正值初春时节,而牛却吐着舌头气喘不停,我担心是不是阴阳不调。宰相的职责之一就是要顺调阴阳,因此我才特地停下车询问原因何在。"众随从听后恍然大悟,纷纷称赞宰相英明。

陈平年轻时就协助刘邦打天下,可说是刘邦的作战参谋,对刘邦的贡献颇大。陈平晚年被汉文帝任命为宰相。有一天,文帝召见陈平和另一位宰相周勃。文帝首先问周勃:"你经手的裁决事件,一年约有多少件?"周勃回答:"臣不肖,对这件事不甚清楚。"文帝又问:"那么,国库一年的收支大概多少呢?"周勃仍然回答不出,以至于汗流浃背。接下来文帝又问陈平同样的问题。陈平回答:"关于这些问题,我必须询问负责人才能知道。"文帝又问:"谁是负责人呢?"陈平回答:"裁判事件的负责人是司法大臣,国库收支的负责人是财政大臣。"文帝步步紧逼:"倘若所有职务都各有所司,那么宰相又负责什么呢?"陈平冷静地回答:"宰相要使百姓各得其所;对外须镇抚四方的蛮族与诸侯;对内则要督促所有官吏作好分内工作。"文帝听完这番话,不由得点头称是。

不久周勃引咎辞职,此后便由陈平一人独承宰相大任。而其一向的作风,正如他自己告诉文帝的,是针对每个人的才能赋予其应做的工作,自己则加以督导。陈平因指挥得宜,被誉为名相。从陈平的行为可以看出,领导者不必事必躬亲,事无巨细地过问,该放手的就要放手。要运筹帷幄之中,决胜千里之外,充分调动每个下属的积极性,使其各尽所能,各安其职。

从这两个故事可以看出,领导者应下工夫做的事情,第一是对大局的判断和掌握;第二是调整团体的能力;第三是让部下各尽所能,充分发挥其积极性。把琐事交给下属去做,是因为领导需要去思考更重要的事情,需要去制定新的关系到整体发展的计划,这些才是领导的分内之事。

四、成功地驾驭时势

据史载,建立了中国第一个中央集权帝国的皇帝秦始皇,原本是一个商人吕不韦的儿子。吕不韦早年经商,但他经商的目的在于积累财富而从政。他曾经献出过自己的资财,但并未因此得到执政者的赏识。当他看到自己的行动未能很好地达到自己的目的后,立刻改变了自己的策略,把已经怀孕的妻子献给了秦襄公,即骊姬。骊姬生下了儿子后,大受襄公宠爱,吕不韦由此得以进入朝殿,成为当时秦国的宰相。吕不韦晚年,曾编了著名的《吕氏春秋》,其中专门列一章"察今",总结如何审察形势,以适时变的经验。

为了说明审时度势，适时变化的重要性，他编了一则寓言。古代的楚国有一个人要渡江，不料船行至江心时，风急浪高，此人一慌张，把身佩的长剑弄掉了。他赶忙在船边刻了一个记号，待船停靠后，就在有记号的船边上跳入江面去摸剑去了。可是，船是在行驶的，而剑掉在水里却不会自己赶上来，只按船上的记号去捞剑，怎么可能得到这丢失的剑呢？而处世如果拘泥于旧法，不知因时而变的人，正如这刻舟求剑的人一样愚蠢！

要想成功地驾驭时势，领导者应当知变、适变和善变。

首先，贵在知变。孙中山先生说"世界潮流，浩浩荡荡，顺之者昌，逆之者亡"。"知变"，就要冷静思考，不被表面现象迷惑，以客观的心态分析周围环境。李冰父子被委任主持都江堰工程后，并不急于开工，而是先实地考察，寻访有经验的治水农民，经过了3年时间，才绘制出水系图谱，精心设计了"顺变"的治水方案，顺其水势，使这座治水丰碑两千年后仍在发挥作用。"知变"，就要自我反省、不懈求知。严格的自我解剖是人不断求得进步的重要条件。"吾日三省吾身"，领导者在公道正派处事、求真务实干事方面，做到经常自我解剖，才能做好本职工作。"知变"，就要敢于"雕琢"。领导者要有敢于接受雕琢的勇气，要敢于正视自身存在的不足，敢于接受别人的批评，做到言之有理、言之有情、言之有据、言之有度，有根有据讲政策，心平气和说服人。"知变"，就要有创新思维能力。领导者要自觉更新观念，不仅是指对某些新事物、新观点能够接受和认同，而且还要勇于转变观念模式和思维方式。没有思维模式上的破旧立新，就很难成为适应时代发展的领导者。

第二，善于随机应变。随机应变，是指随着时机或情况的变化灵活应付。人都处在一个变化的环境中，几乎没有一成不变的东西，军事谋略、政治、外交、商战，还有为人处世等等，无一不需要运用超强的"变"术，解自己所困，应对手之变，不能以一成不变的眼光和办法来观察和处理问题。一个精明能干的领导者，必须善于随机应变。只有善于应变，才能临危不乱、处变不惊，掌握工作的主动权。领导者处事时须随着实际情况和时机的变化而变通，不可千篇一律、拘泥不变。

《三国演义》中，刘备寄居曹操篱下韬光养晦，两人青梅煮酒论英雄，曹操一语道破"英雄"真面目，刘备惊慌失措，借雷声巧妙掩饰而过；曹操刺杀董卓被发觉后顺势献刀；曹操马踏农田，割发代首等，无不闪烁着随机应变的才能。随机应变的诀窍是审时度势，不死板，心中有数，了解实际情况和时机，是调动人而不是被人调动。应变的艺术来自于领导者广博的知识、卓越的见识、乐观的个性、非凡的性格、长期的实践锻炼。所以，随机应变不是小聪明，而是大智慧。

第三，入乡随俗。入乡随俗，最早见于《礼记·曲礼上》，"入境而问禁，入国而问俗，入门而问讳。"意思是，到了一个新的国家，要了解那里有什么禁令，以免触犯；到了一个新的地方，要打听一下当地有什么风俗习惯，以便适应；到了别人家里，要问问主人有什么忌讳，免得闹出不愉快。

入乡随俗，要学会放宽胸怀，采取开放和吸收的态度，接受先进的新鲜事物。领导者的随俗与随和，通常会给当地群众留下深刻印象。只有尊重对方，才容易与之打成一片。一般说来，适应能力越强，在不同环境中生存发展的可能性越大，甚至在逆境中也能增长才干、创造奇迹，成为大有作为的人。成熟的领导者往往能顺应客观，顺应民意，从而顺应己心，因势利导而驾驭时势。不成熟的领导者则往往不能控制自己的情感和行为，遇到刺激时易于激动，好意气用事，不顾后果。

五、贵人所长

用才必先识才，识才是为了更好地用才，领导者必须学会识人，领导识人用人的能力决定了其事业的大小。

好的识人技术可以让领导者更精明，让员工更有效率。《孙子兵法》里说：知己知彼，百战不殆；不知彼而知己，一胜一负；不知彼不知己，每战必殆。南怀瑾在他的《论语别裁》一书中谈道："有人说，清代中兴名臣曾国藩有13套学问，流传下来的只有一套——《曾国藩家书》。其实流传下来的有两套，另一套是曾国藩看相的学问——《冰鉴》这一部书。"南怀瑾提到的《冰鉴》正是曾国藩读人的归纳结晶。

美国知名心理学家乔艾琳？狄米曲斯博士著有《Reading People》一书，其中开篇写道："我个人的经验告诉我，读人既不是科学，也不算天分。它侧重的是，知道该去看些什么，听些什么，具有好奇心及耐心去收集重要的资讯，并且从一个人的外貌、肢体语言、声音和行为上归纳出他的模式。"

　　大凡不能做到知人善任，或以某人有缺点为名弃之不用的领导，究其心理，大都有嫉贤妒能，唯恐下属才高盖主的心理。刘备不善于谋略作战，但是，他具有优良的德行，能够以此感召部下为他卖命。他虽然缺乏贤才，却具备足够的德行，即使如此，他自己尚自谦无德，这正是他异于常人之处。谦虚自古是中国人的美德，而刘备正是具备了中国人的传统美德，所以他才会成功。与刘备比较起来，孙权在这方面给人的印象并不深刻。但是他在用人方面与刘备有相似之处。孙权成功的秘诀之一，在于他教育部下的独到方法。他指出"贵其所长，忘其所短。"即运用部下的时候，不要只看到他的短处，必须针对他的优点长处，使他有充分发挥的余地。这时的"忘"不是普通的忘记，而是明知道人的短处，却不去指点他。因为任何人都喜欢被人称赞，讨厌别人吹毛求疵。称赞自己的长处，就会产生积极向上的动力，而挑自己的毛病，就会萎靡不振，丧失工作的积极性。因此，身为领导者，应该学习孙权不吝赞美人的长处，多发挥部下的长处，勿揭人之短。

　　从历史的角度看，柔性管理的一个典范是汉高祖刘邦。据记载，刘邦在楚汉之争中胜利后，曾在洛阳南宫举行了一个高层峰会，期间，刘邦问部下："我得天下与项羽失天下的原因是什么？"在听了众多解释后，刘邦很不赞同，他自己发表了那则极具震撼性的演讲："运筹帷幄之中，决胜千里之外，我不如张良；镇定国家，稳定后方，充实军饷，我不如萧何；统帅军马，冲锋陷阵，战必胜，攻必取，我不如韩信。此三人可谓当今豪杰，但我能悉心委用，所以得天下。而项羽只有一个范增，尚不得重用，这就是他灭亡的缘故。"这就是柔性管理的"刘邦定律"，即知人善任。

　　现代管理中，人是管理活动的主体，也是管理活动的客体，是一切管理活动的中心。任何管理活动的开展，最核心的都是管理好人。正因为如此，人本思想成为中西方管理思想发展的趋势所在，以人为本，尊重个人也成为一种优秀的企业文化。儒家思想中诸如"民为邦本"、"仁者爱人"、"富民养民"的闪光思想，和现代人本管理形成一种契合，对现代管理有着深远的启迪意义。

　　六、柔性领导是和谐社会的呼唤

　　随着社会现代化程度的提高，传统的领导观已逐渐变得不适应。新世纪领导活动的一个突出特点，就是领导作用的发挥正在由刚性转向柔性，由显性转向隐性。领导者不只是靠控制、约束、命令、管理等刚性手段要求被领导者干什么，而是主要靠激励、沟通、协调、引导等柔性的方式来影响追随者；不只是靠直接的、外显的手段去指挥、监督被领导者，而是靠间接的、内隐的领导艺术去支持追随者。刚性的、显性的领导手段主要靠硬权力起作用；柔性的、隐性的领导则主要靠非强制性的影响力即软权力起作用。

领导者的权力离不开其能力和影响力；离开能力和影响力的权力是空的。正因如此，法约尔把影响力也归属于权力，称其为"个人影响力"。认为真正的权力应由"组织法定权"和"个人影响力"两部分组成；它们分别为"强制性影响力"和"非强制性影响力"，缺少一部分，就不是完整的权力。他第一次明确指出，出色的领导人需要职务规定的权力，也需要个人权力，个人权力是职务权力的必要补充。美国哈佛大学商学院教授约翰·科特则指出，真正的权力来源于知识；是建立在相互尊敬、美慕、了解、义务和友谊基础之上的良好工作关系；是良好的业绩和较高的威望，以及人际交往能力、各种施加影响的技能等。凡此种种，无疑都是对影响力的强调。随着社会进步及民主化程度的提高，领导软权力的作用越来越凸现。

我们正在构建的和谐社会的领导力更应是一种影响力即软权力，而不是单纯的权力即硬权力。有两种不同性质的领导：强制性领导和凝聚性领导。强制性领导凭借组织体系维系，与被领导者无感情分享和行动的联结，领导者和被领导者之间存在一道巨大的鸿沟，领导者的权威来自于群体之外且凌驾于群体之上，往往得不到下属的响应和支持，人们接受领导者的支配，不是出于自觉，而是根源于遭受惩罚的苦痛。凝聚性领导则不然，其领导力的实施依靠的是群体成员的自发认同和对群体过程的奉献，以群体成员的参与为基础，领导者和被领导者是一体的互动关系，领导力建立在充分开发和运用感情资源的基础上，领导者的权威来自于组织成员的自发接受，人们对领导的接受根源于他们对领导者自身价值的认可及其需求的满足。凝聚性领导是一种柔性化的领导。这种柔性化的领导力正是构建和谐社会所需要的。领导者与被领导者之间，只有建立在相互信任的基础上，领导者对下级只有不仅靠硬权力，更在于靠软权力，即领导者的人格魅力、道德素养、智力能力、业务专长和领导艺术赢得下级的信任、拥护，才能建立起一种和谐的关系。

为此,和谐社会的领导力必须依靠具备智慧、幽默、乐观、进取、正直、公平、宽容、有爱心等个性人品魅力的领导者来施展。和谐社会的领导力要成为一种吸引、凝聚的力量,要能营造出一个活力化的充满人情味的可信赖的氛围,并以此来激励下属潜能的发挥;要用爱心和榜样的力量去感化人,用尊重理解的心态去帮助人,用积极进取的激情去影响人,用设法提供舞台和机遇去吸引人,这样才能成为真正促成和谐的领导力。

王丽平

2012 年 9 月于民大

目 录
CONTENTS

绪 论

中国古代伟大的思想家老子把领导分为四个层次:第一是"侮之"的高压统治,第二是"畏之"的硬权管理,第三是"亲而誉之"的软权领导,第四是"不知有之"的艺术领导。从第一到第四层次,领导的柔性化趋势越来越明显。

有人问老子:"假如有一个人,同时具有果敢敏捷的行动与深入透彻的洞察力,并且勤于学道,这样就可以称为理想的领导者了吧?"老子摇摇头,回答说:"这样的人只不过像个小官吏罢了!只有有限的才能却反被才能所累,结果使自己身心俱乏;如同虎豹因为身上美丽的斑纹才招致猎人的捕杀;猴子因为身体活泼,猎狗因为擅长猎物,所以才被人抓去。有了优点反而招致灾祸,这样的人能说是理想的领导者吗?"老子继续说:"一个理想的领导者应该是功德普及天下,但在一般人眼中一切功德又都和他无关;其教化惠及万物,但人们却丝毫感觉不出他的教化。当他治理天下时不会留下任何施政的痕迹,但对万物都具有潜移默化的影响力。"这就是理想的领导者形象。

俗话说,"此时无声胜有声。"有时候,人在许多场合并不需要太多的言行表现,只要默默无言,就足以使对方慑服了。就像诸葛亮布下空城计,看上去空空荡荡,反而给敌人一种受到包围的不祥预感,只得夹着尾巴溜走了。"欲擒故纵","大智若愚","大巧若拙",其意思是遇事不慌,镇定自若,挥洒自如。这是在个人为人处世和企业经营或谈判技巧中都可运用的高招。

第一节　一个智慧长者

　　《史记》记载:"老子者,楚苦县厉乡曲仁里人也。姓李氏,名耳,字伯阳,谥曰聃。周守藏室之史也。"楚苦县厉乡曲仁里,今河南省鹿邑县太清镇。据传,被道教奉为太上老君的老子是彭祖的后裔,在商朝阳甲年,公神化气,老子寄胎于玄妙王之女理氏腹中。理氏在村头的河边洗衣服,忽见上游飘下一个黄澄澄的李子。理氏忙用树枝将这个拳头大小的黄李子捞了上来。到了中午,理氏又热又渴,便将这个李子吃了下去。从此,理氏怀了身孕。理氏怀了81年的胎,生下一个男孩。这男孩一生下就白眉白发,白白的大胡子。因此,理氏给他取的名字叫"老子"。老子生下来就会说话,他指着院子中的一棵李子树,说:"李就是我的姓。"

　　当然,关于老子的出生还有多种传说。据《史记》和有关文献记载,老子是我国古代伟大的哲学家和思想家、道家学派创始人。老子是战国时期人,他曾经是周朝的藏室史。这一职位为老子博览群书创造了条件,一方面周朝的图书馆不仅有藏书,还有我们今天的博物馆、档案馆的功能,因此别人看不到的书和各种资料老子都能看到,另一方面,出入图书馆的人都是有学识有地位的人,这就是"谈笑有鸿儒,往来无白丁"。这些都为老子思想的形成以及著书立说打下了基础。

一、孔子问礼

　　老聃居周日久,学问日深,声名日响。春秋时称学识渊博者为"子",以示尊敬,因此,人们皆称老聃为"老子"。

　　公元前523年的一天,鲁国的孔子叫上弟子南宫敬叔一同去拜访老子。逗留数日之后向老子辞行。老子送至馆舍之外,说:"吾闻之,富贵者送人以财,仁义者送人以言。吾不富不贵,无财以送汝;愿以数言相送。当今之世,聪明而深察者,其所以遇难而几至于死,在于好讥人之非也;善辩而通达者,其所以招祸而屡至于身,在于好扬人之恶也。为人之子,勿以己为高;为人之臣,勿以己为上,望汝切记。"

行至黄河之滨,见河水滔滔,浊浪翻滚,其势如万马奔腾,其声如虎吼雷鸣。孔子伫立岸边,不觉叹息说:"逝者如斯夫,不舍昼夜!黄河之水奔腾不息,人之年华流逝不止,河水不知何处去,人生不知何处归?"听孔子这么说,老子道:"人生天地之间,乃与天地一体也。天地,自然之物也;人生,亦自然之物;人有幼、少、壮、老之变化,犹如天地有春、夏、秋、冬之交替,有何悲乎?生于自然,死于自然,任其自然,则本性不乱;不任自然,奔忙于仁义之间,则本性羁绊。功名存于心,则焦虑之情生;利欲留于心,则烦恼之情增。"

孔子解释说:"吾乃忧大道不行,仁义不施,战乱不止,国乱不治也,故有人生短暂,不能有功于世、不能有为于民之感叹矣。"老子说:"天地无人推而自行,日月无人燃而自明,星辰无人列而自序,禽兽无人造而自生,此乃自然为之也,何劳人为乎?人之所以生、所以无、所以荣、所以辱,皆有自然之理、自然之道。顺自然之理而趋,遵自然之道而行,国则自治,人则自正,何须津津于礼乐而倡仁义哉?津津于礼乐而倡仁义,则违人之本性远矣!犹如人击鼓寻求逃跑之人,击之愈响,则人逃跑得愈远矣!"

稍停片刻,老子手指浩浩黄河,对孔子说:"汝何不学水之大德欤?"孔子问:"水有何德?"老子说:"上善若水:水善利万物而不争,处众人之所恶,此乃谦下之德也;故江海所以能为百谷王者,以其善下之,则能为百谷王。天下莫柔弱于水,而攻坚强者莫之能胜,此乃柔德也;故柔之胜刚,弱之胜强坚。因其无有,故能入于无间,由此可知不言之教、无为之益也。"孔子闻言,恍然大悟:"先生此言,使我顿开茅塞也:众人处上,水独处下;众人处易,水独处险;众人处洁,水独处秽。所处尽人之所恶,夫谁与之争乎?此所以为上善也。"老子点头说:"汝可教也!汝可切记:与世无争,则天下无人能与之争,此乃效法水德也。水几于道:道无所不在,水无所不利,避高趋下,未尝有所逆,善处地也;空处湛静,深不可测,善为渊也;损而不竭,施不求报,善为仁也;圆必旋,方必折,塞必止,决必流,善守信也;洗涤群秽,平准高下,善治物也;以载则浮,以鉴则清,以攻则坚强莫能敌,善用能也;不舍昼夜,盈科后进,善待时也。故圣者随时而行,贤者应事而变;智者无为而治,达者顺天而生。汝此去后,应去娇气于言表,除志欲于容貌。否则,人未至而声已闻,体未至而风已动,张张扬扬,如虎行于大街,谁敢用你?"孔子说:"先生之言,出自肺腑而入弟子之心脾,弟子受益匪浅,终生难忘。弟子将遵奉不怠,以谢先生之恩。"说完,依依不舍地向鲁国驶去。

回到鲁国,孔子向众弟子这样描述他所见到的老子:"鸟,我知它能飞;鱼,吾知它能游;兽,我知它能走。走者可用网缚之,游者可用钩钓之,飞者可用箭取之,至于龙,吾不知其何以?龙乘风云而上九天也!吾所见老子也,其犹龙乎?学识渊深而莫测,志趣高邈而难知;如蛇之随时屈伸,如龙之应时变化。老聃,真吾师也!"

二、再授孔子

孔子与老子相别,转眼便是十七八年,至五十一岁,仍未学得大道。听说老子回归宋国隐居,特携弟子拜访。

孔子拜见老子,说:"弟子不才,虽精思勤习,然空游十数载,未入大道之门。故特来求教。"老子说:"欲观大道,须先游心于物之初。天地之内,环宇之外。天地人物,日月山河,形性不同。所同者,皆顺自然而生灭也,皆随自然而行止也。知其不同,是见其表也;知其皆同,是知其本也。舍不同而观其同,则可游心于物之初也。物之初,混而为一,无形无性,无异也。"孔子问:"观其同,有何乐哉?"老子说:"观其同,则齐万物也。齐物我也,齐是非也。故可视生死为昼夜,祸与福同,吉与凶等,无贵无贱,无荣无辱,心如古井,我行我素,自得其乐,何处而不乐哉?"

老子接着说:"道深沉矣似海,高大矣似山,遍布环宇矣而无处不在,川流不息矣而无物不至,求之而不可得,论之而不可及也!道者,生育天地而不衰败、资助万物而不匮乏者也;天得之而高,地得之而厚,日月得之而行,四时得之而序,万物得之而形。"孔子听到此,心旷而神怡,不禁赞叹说:"阔矣!广矣!无边无际!吾在世五十一载,只知仁义礼仪。岂知环宇如此空旷广大矣!"

老子见孔子已入大道之门,侃侃而谈:"圣人处世,遇事而不背,事迁而不守,顺物流转,任事自然。调和而顺应者,有德之人也;随势而顺应者,得道之人也。"老子又说:"由宇宙本始观之,万物皆气化而成、气化而灭也。人之生也,气之聚也;人之死也,气之散也。人生于天地间,如白驹过隙,忽然而已矣。

万物之生,蓬蓬勃勃,未有不由无而至于有者;众类繁衍,变化万千,未始不由
有而归于无者也。物之生,由无化而为有也;物之死,由有又化而为无也。有,
气聚而可见;无,气散而不可见。有亦是气。无亦是气,有无皆是气,故生死一
气也。生者未有不死者,而人见生则喜,见死则悲,不亦怪乎? 人之死也,犹如
解形体之束缚,脱性情之裹挟,由暂宿之世界归于原本之境地。人远离原本,
如游子远走他乡;人死乃回归原本,如游子回归故乡,故生不以为喜,死不以为
悲。得道之人,视生死为一条,生为安乐,死为安息;视是非为同一,是亦不是,
非亦不非;视贵贱为一体,贱亦不贱,贵亦不贵;视荣辱为等齐,荣亦不荣,辱亦
不辱。何故哉? 立于大道,观物根本,生死、是非、贵贱、荣辱,皆人为之价值
观,亦瞬时变动之状态也。究其根本,同一而无别也。知此大道也,则顺其变
动而不萦于心,日月交替,天地震动、风吼海啸、雷鸣电击而泰然处之。"

孔子听后心旷神达,说:"吾三十而立,四十而不惑,今五十一方知造化为
何物矣! 造我为鹊则顺鹊性而化,造我为鱼则顺鱼性而化,造我为蜂则顺蜂性
而化,造我为人则顺人性而化。鹊、鱼、蜂、人不同,然顺自然本性变化却相同;
顺本性而变化,即顺道而行也;立身于不同之中,游神于大同之境,则合于大道
也。我日日求道,不知道即在吾身!"

三、函谷著书

周敬王四年(公元前516年),周王室发生内乱,王子朝与旧僚携周王室典
籍逃亡楚国。老子蒙受失职之责,受牵连而辞旧职。于是离宫归隐,骑一青
牛,欲出函谷关,西游秦国。

根据《史记》记载,老子骑着青牛西出函谷关时,被关令尹喜强行要求著
书。关令尹喜是一个修养与学识极其高深的人,他擅长看天象、看星宿、看云
气。那天他站在城关上瞭望着,只见关谷中有一团紫气从东方冉冉飘移过来。
他一看到这种气象,心里一顿,这是有圣人要来了! 果真,不多一会,就见到一
位仙风道骨的人,骑着一头青牛慢慢向关口行来,关令尹喜知道是老子,他要
远走高飞了,于是就一定要让这位最著名的思想家留下他的智慧,要他写一点
著作,作为放他出关的条件。

老子允诺,以王朝兴衰成败、百姓安危祸福为鉴著《道德经》,共八十一章,

一共5000多字,前三十七章为上篇道经,第三十八章以下属下篇德经,全书的思想结构是,道是德的"体",德是道的"用"。上篇起首为"道可道,非常道;名可名,非常名",故人称《道经》。下篇起首为"上德不德,是以有德;下德不失德,是以无德",故人称为《德经》,合称《道德经》。《道经》言宇宙本根,含天地变化之机,蕴阴阳变幻之妙;下篇《德经》,言处世之方,含人事进退之术,蕴长生久视之道。《道德经》、《易经》和《论语》被认为是对中国人影响最深远的三部思想巨著。

据说,关令尹喜读到这样美妙的著作,深深地陶醉了。他对老子说:"读了您的著作啊,我再也不想当这个边境官了,我要跟您一起出走了。"老子出关一直被人们津津乐道地传说着,演绎着。据说,关令尹喜真的跟着老子出走了,后来还有人看到他们两人一起在西域流沙那儿呢,而且都活了好长好长的岁数!还有一种说法是,老子当年出关去到了印度,后来到了迦毗罗卫国,迦毗罗卫国的贤圣乔达摩·悉达多闻讯前去向老子求道,后来得老子点化,居然悟道成佛了。

老子出关中的"紫气东来"也成了中国文化中的一个基因,帝王之家将"紫气"当做吉祥、祥瑞,老百姓之家也把"紫气"当做吉祥的象征。老子骑坐的"青牛"也成了道教文化中的一个著名的意象,青牛后来成了神仙道士的坐骑了。到后来,"青牛"也成了老子的代名词了,这青牛还被老子家乡的百姓看做是神牛。

第二节　一本惊世之作

《道德经》被誉为"万经之王",博大精深,玄妙无极,蕴含了养生之学,人性修养,处世哲学,治国方略,乃至人与自然的和谐统一等。全书不但文字优美精练,而且思想玄之又玄,不同的人都能从中读出不同的真意:哲学家能从中读出宇宙真理;军事家能从中读出兵法要义;政治家能从中读出安邦治国的良策;淡泊自守者能从中读出养生之道;胸怀大志者能从中读出成功之法;更多的人能从中读出人生真义。

在中国文化经典中，《道德经》也是被译成西方文字最多的一本书，译文达两百余种，连俄国的文豪托尔斯泰和德国的大哲学家海德格尔都翻译过《道德经》。可惜海德格尔不懂中文，只翻译了前八章，就译不下去了，因为中国学者给他的解释，每个人都不一样，最后只好不欢而散。鲁迅说："中国根底全在道教"。"以此读史，有许多问题可以迎刃而解。"尼采说："'老子'象一口永不枯竭的井，象满载宝藏，放下汲桶，唾手可得。"这就是说，我们只要善于思索，是可从《道德经》这口智慧泉中汲取营养的。

李约瑟博士是研究中国科学技术史的著名专家，英国皇家科学院院士，英国文学院院士，英中友谊协会会长。李约瑟博士主编的《中国科学技术史》被认为是二十世纪完成的重大学术成果之一。李约瑟博士曾经提出有名的"李约瑟难题"：为什么资本主义和现代科学起源于西欧而不是中国或其他文明？研究道家思想之后，李约瑟说："中国人的特性中很多最吸引人的地方，都有来自道家的传统。中国如果没有道家，就像大树没有根一样。"

《道德经》中无尽的智慧宝藏，还为历代帝王将相们所推崇。唐玄宗登基之年，便昭告天下，以《道德经》为诸经之上，命天下士庶必须家藏一册，并亲自注解《道德经》。毛泽东在著文和演说中曾多次引用原文，如"将欲取之，必先与之"、"不敢为天下先"等，外出时，还指明带上《道德经》。美国前总统里根，在他的第二次就职演说中，用老子的名言"治大国若烹小鲜"，来阐释他的治国理念，从此，美国人对《道德经》的兴趣有增无减，甚至连美国科学院内也挂着"无为而治"四个字。

《汉书·艺文志》中认为，"道家者流，君人南面之术也"，意思是说，道家思想是领导人的治理之术、管理哲学。老子在对天道的领悟中建立了他的自然哲学，并以之论证人事，从而转化为实用的政治哲学。其核心是"君王南面之术"。从政治的角度来说，包括处尊保位之法和治国之术两大内容。以贱得贵、以卑处尊、以退为进是人主独尊之法；以安民为上，无为而治、愚智强身、损赋减税、去刑止杀、反对战争是他的治国安民之术。虽然《汉书·艺文志》是针对整个道家说的，但《道德经》是《汉书·艺文志》做出如此概括的重要依据，所以《道德经》核心主旨就是提升官员、君王的管理能力，也就是提升领导力。书中常出现"侯王""王""万乘之君"，因此是在对领导者说话。

有学者归结了《道德经》的四大特点：

一、言简意赅，应有尽有

《道德经》总共只有五千字左右，但其语言简练异常，令人难以增减和修饰。正如西汉严君平所说："增一字即成疣赘，损一文即成瘢疮。"如，"大小多少"，字面意义是大从小积聚而成，多是少积累而至。又如，"致虚极，守静笃"，从字面上看，是无论如何都不能使它再减少，而它那深远的意蕴，用其他的字句来代替，是很难体现其精神实质的。这些简练的语句中有不少已成了警句箴言，虽说在当时是发之有因，针对性较强，但它却具普遍意义。这些言词不仅在历史上使许多人改弦易辙，而且在今天，也颇有警策作用。如："非以其无私耶？故能成其私。""知人者智，自知者明"。"自胜者强"。"祸兮，福之所倚；福兮，祸之所伏"。"治大国若烹小鲜。""轻诺必寡信。""千里之行，始于足下"。"抗兵相若，哀者胜矣。""天网恢恢，疏而不失"。"民不畏死，奈何以死惧之。""天之道损有余而补不足"。"自是者不彰，自伐者无功。""大器晚成。""前识者，道之华而愚之始也"。"咎莫大于欲得。""甚爱必大费，多藏必厚亡"。"大巧若拙。""知足不辱。""知止不殆。"这些格言警句，能使人树雄心，立壮志。

《道德经》中所包含的内容应有尽有，包罗万象。如讲政治的有："以正治国"，"其政闷闷，其民淳淳"；讲经济的有："我无事而民自富"，"难得之货，令人行妨"；讲军事的有："以奇用兵"，"抗兵相若，哀者胜矣"；讲哲学的有："道常无为而无不为"，"万物负阴而抱阳，冲气以为和"；讲伦理的有："以其不争，故天下莫能与之争"，"知足不辱，知止不殆"。讲养生的有："盖闻善摄生者，陆行不遇兕虎"，"载营魄抱一，能无离乎"。还有许多门类，其文都有涉及，真是举不胜举。

《道德经》以简练的语言，陈述丰厚而深沉的妙义，一句话可以引发读者的一大片联想。把其理论用之于实践，则胜券在握。读此书而得到成功的，历史上颇不乏人。现在有许多企业界人士已经在读《道德经》了，从中吸取营养，把企业管理得井井有条。有的企业家读了《道德经》之后，深有领悟，提出了水式管理、有无相生的经营之道等等。尤其令人惊奇的是，《道德经》的词句，每读一遍,总有不同的感受,正如唐初道士王太霄所说:"浅者见之有浅义,深者见之有深理。"因人而异,收获不同,咸有所得。由此可知,《道德经》之奇妙,还不在其言简意深,而在于能启迪人之思想,能将其普遍原理用之于具体工作,而取得预想不到的效果。

二、解者千百,朝野竞注

《道德经》的注疏之多,前人说是与《论语》《易经》鼎足而三,可见其为数确是不少。如陈鼓应先生所著的《老子注释和评介》,其附录的参考书目,就有262家;詹剑峰先生所著的《老子其人其书及其道论》的附录,就有65家;张松如先生所著《老子说解》的附录,就有96家;南怀瑾先生所著的《老子他说》,其附录所举的就有361家。虽然四位先生所列的注家有少数重复,但绝大多数是不同的,可见其注家之多。尤其令人惊奇的是,元朝的正一道第38代天师张与材,在为宋元之际的道教学者杜道坚所注的《道德玄经原旨》所作序上称"道德八十一章,注者三千余家。"这数目是元代的统计数字,其后又不知有多少注家。由此可见,注《道德经》的确实不少,并形成了追逐竞争的态势,不得不令人称奇。

在这些注解者之中,除现代人是一些学者外,古代注家,在朝在野的人都有。在这长长的注解者行列中,有封建王朝的皇帝如唐朝的玄宗李隆基;宋朝的徽宗赵佶;明朝的太祖朱元璋;清朝的世祖福临,其他还有梁武帝萧衍等等,都竞相献注。还有就是一些身居枢要,权重位高的达官贵人,如傅奕、魏徵、陆希声、李约、王真、王安石、司马光、吕惠卿、苏子由等,再加上近代的维新人士如魏源、严复,可说济济一堂,阵容庞大。在野的如河上公、成玄英、杜光庭、陈景元、杜道坚、李息斋、释德清等,也多为名流高士,有仙风道骨,具绰约风姿。这样朝野两支队伍,都去读注《道德经》,其目的自然有所不同,有的想取得治国之道;有的想找到修身成仙的妙方,或成仙上天的夙志。

在这众多的注解之中,由于注解者的地位的区别,职业的差异,目的的不同,致使对《道德经》中的同一词句,写出的说明文字,差距甚远。有的同中有异,有的深浅不同,有的甚至大相径庭。如:三十六章的"国之利器"一词,河上公认为指"权道";韩非子认为是"赏罚";范应元却指之为"圣智仁义巧利",张默生认为是"主权"。又如第七章的"天长地久",晋代的葛仙翁在其《老子节解》中说:"天长者谓泥九也,地久者谓丹田也"。宋朝的苏辙却说:"天地之大而未离于形数,则其长人,盖有量也"。可见,文人与道士对同一词句的理解,可谓有霄壤之别。又如:第二十章的"绝学无忧",唐代道士成玄英的注文是:"忧,累患也,绝有相之学,会无为之理,累患斯尽,故无忧也"。而宋代的道人李息斋却注曰:"圣人以无得为得道,以无学为真学,故曰'绝学无忧'。"但这四字到了明太祖朱元璋的眼中,却大放异彩,使他兴奋地写出:"罄世务以充吾腹,所以绝学无忧,妙哉。"同样的四个字,在不同的人士眼中、胸中,有如此大的差别。成与李是小异而大同,成李与朱就截然不同,甚至互相反对了。之所以如此,既有《道德经》语言玄妙,晦涩,又有各人对其理解的悬殊,因而造成如此的歧义,从而导致无休止的笔墨官司。

三、备受尊崇,桂冠至美

《道德经》自传播之后,历经许多朝代不衰,道教产生后,即被奉为必读之经书。唐玄宗在《道德真经玄德纂疏》中称:"此经是三教之冠冕,众经之领袖,大无不包,细无不入,穷理尽性,不可思议。"明太祖朱元璋也倍加推崇,说"斯经乃万物之至根,王者之上师,臣民之极宝,非全丹之术也。""其文之行用,若浓云霭群山之叠嶂,外虚而内实,貌态仿佛,其境又不然,空谷以秀奇峰"。唐相陆希声则认为,《道德经》书"秉要执本,在乎性情之极,故其道,始于身心,形于家国,以施于天下",是一部治国之书。宋朝大臣吕惠卿则认为《道德经》"言阴阳动静,知时尽神,融治身理国之道",对国家、个人来说,都不可离开。宋参知政事吕端说:"国家若行黄老之道,以致升平,其效甚速。"宰臣吕蒙正说:"老子称治大国若烹小鲜,夫鱼挠之则溃,民扰之则乱,令上封享议制,置者甚多,陛下渐行清静之化以镇之。"委婉地劝说皇帝奉《道德经》之论来治国家,果然出现了升平。近代维新名士魏源说:"老氏书赅古今,通上下,上焉者羲皇、关尹,治之以明道,中焉者,良参文景治之以济世,下焉者,明太祖民不畏死而心减,宋太祖闻佳兵不祥之戒而动色是也","老子为救世之书"对《道德经》作了很高的评价。

除了俗人士对老子及《道德经》的尊崇与评介,宗教界人士的赞誉之辞也是有过之无不及。元朝的杜道坚在其《玄经原旨发挥序》中说:"老子自孔子称曰犹龙,庄周尊曰玄圣,历代尊行其教,上尊号者至矣。窃观由商历周九百余年,三度散关,四掌史职,著道德玄经二篇,囊龠天地,玄同有无,实一天人之书"。这不仅尊崇,而且神化。道教正一道的第38代天师张与材则说:"老圣作玄经,所以明皇道帝德也。大纲大领,开卷甚明。是经之在人间世,舒之以弥六合,卷之入微尘中,固不可局一方原旨。"而第39代天师张嗣成,更进一步对《道德经》神化。他说:"非敢自谓得老君之旨,然使吾门弟子与夫尊道乐德之士,得而玩之,倘有悟,入则金丹不在他求,而至道吾所固有,功成行满,法身不坏,亦券内事耳,所谓千载而下,知其解者,犹旦暮遇之也,凡我同志,可不勉旃至治。"由此可知道教徒对老子之尊崇,已是全身心投入,终身追求不渝。

四、名震天下,誉满外邦

自《道德经》远渡重洋,流传于外邦,迭有喜报传回。《宗教学研究》1997年第4期登载:据不完全统计,《道德经》外文译本,从1816年至1988年之172年间,共有252种译本问世,涉及17种欧洲文字,足见其流传之广,影响之深。许多知名人士,对老子的评价很高。如英国哲学家罗素读《道德经》后说:"不意中国数千年前,竟有如此之大思想家!"与此同时,德国学术界亦组织老子研究会,以参证西方的哲学理论。1977年美国作家米勒,将老子《道德经》列为他所选的世界古今十大作家作品之首。日本农学家福岗正信,把自己提出的自然农法的农学理论,归功于《道德经》的无为思想。当代的一些天体物理学家,受启迪于《道德经》,在宇宙起源上提出了"宇宙创生于无"的新学说。瑞典皇家科学院的克莱恩教授,在李政道、杨振宁领受诺贝尔奖金时感慨地说:"关于真正的基本质点,物理学家只好依从中国古代的思想家老子的说法","他说过最深奥的人生原理的道"。

由于经济全球化和市场竞争的需要,世界上许多管理学家都把目光由西方的管理模式转向了中国道家的管理原则与管理方法,特别是《道德经》一书中的"上善若水""无为而治"等思想,更引起了他们的极大兴趣,他们将它广泛地应用于企业管理与政治管理。美国管理学家约翰·海德在《领导之道——新时代的领导战略》一书的序言中,引用了不少《道德经》的警句箴言,他很欣赏老子的"清静无为"思想,并且从管理学角度作出了自己的新的诠释。美国的艾博契特在他所著的《二十二种新管理工具》一书中,在引用了《道德经》的"善用人者为之下,是谓不争之德"后评论说:"这句话至今已有两千年的历史,它代表见识不凡的管理者长久以来都在努力,但仍未有人能趋近这种'道'的境界。从某种意义来看,管理者的历史,也就是试图实践这项基本观念的历史。"美籍华裔学者张绪通教授就老子的"道"与现代管理之间的关系,专门撰写了《"道"的综合管理》和《道学的管理要旨》。美国出版的一本名叫《未来的行政首脑》的书,还把老子的"功成事遂,百姓皆谓'我自然'"这句至理名言作为行政首脑赖以成功的圭臬。美国前任总统里根在1987年的国情咨文中引用老子的名句"治大国若烹小鲜"来表达他的治国理念,顿时使《道德经》一书在美国身价倍增,成为美国民众津津乐道的哲学著作,多家出版公司争相出版该书,其中一家出版公司竟花13万美元从译者岱芬·米歇尔那里买下了这部译著的版权。

第三节　道可道,非常道

理解《道德经》必须要理解的第一个关键词是道。

《道德经》分上篇道经和下篇德经。上篇《道经》起首为"道可道,非常道;名可名,非常名。无名,天地之始。有名,万物之母。故常无,欲以观其妙。常有,欲以观其徼。此两者同出而异名,同谓之玄。玄之又玄,众妙之门。"

"道可道,非常道;名可名,非常名"。意思是说,大道是不好讲述的,能讲解出来的都不是最根本最本质的道,而是现象的表面的一般见识;同样,那种至上的本质,也是不好称谓、不好命名的,真正最高的本质概念难以言说,我们一般可以述说、命名的东西都是现象的、一时的、表面的一般概念。这就是我们常说的只可意会,不可言传。当然这也就同时说明了语言功能的局限性。

"道"作为哲学上的一个名词,是老子首先提出来的。老子哲学的中心思想,就是"道",在八十一章中,"道"就出现过74次。特别是在四十二章,"道生一,一生二,二生三,三生万物",集中而明确地表述了"道"生万物的观点,回答了世界本原问题。正因为"道生一,一生二,二生三,三生万物",所以二十五章说"人法地,地法天,天法道,道法自然"。

一、道的含义

《道德经》第二十五章:"有物混成,先天地生。寂兮寥兮,独立而不改,周行而不殆,可以为天下母。吾不知其名,强字之曰道……人法地,地法天,天法道,道法自然。"这段话说明了"道"的两个特点:首先,"道"在天地之前就存在;其次,"道"可以作为天下万物的母体。也就是说,"道"是使天地万物可以存在、出现的力量。老子用"独立而不改,周行而不殆"来描述了"道"的特征。"独立"代表它是唯一的,旁边没有任何其他东西,因为它本身是一个绝对的整体,是"究竟真实";"不改"是指不会因为任何缘故而发生变化,也就是说道从开始到现在,没有任何增加或减少。"周行而不殆"是说道遍布我们所见的万物,到处都有道,它周流循环运行,好像春夏秋冬四季循环一样,永远不会停下来。

《大不列颠简明百科全书》是这样解释"道"的:世界的本原和规律。全书上还特别注明:庄子认为,道是终极本原,是无所不载、无所不覆、自生自化的宇宙本体。孔子也讲,"朝闻道,夕可死矣"。因此,可以这样认为,"道"的含义:一是,"道"是一种物质性的东西,是构成宇宙万物的元素;二是,"道"是运动变化的,而运动变化是有规律的,自然界、人类社会和思维的一切运动无不遵循"道"的规律。

道是终极关怀的问题。许多宗教都富有终极关怀。但宗教的终极关怀,倾向于去寻找终极的伟大的主,即世界与永恒的主宰、众生的尤其是人类的主宰主人。人们发现了一些有特异禀赋的人,一些能创造奇迹的人,一些有使命感的人,他们是天使,是半神半人,是神的下凡,是有神格的人,是终极的主派他们来的,是此岸与彼岸的桥梁,是主的使者,如耶稣、释迦牟尼。最后,他们从神格的人终于成为众人承认的人格的神。而老子的功夫是思辨,不是寻找神-人。老子并不满足于有了天地人的概念,他将概念上升到有与无。不管他是天是地是人还是什么都不是,反正不是有就是无。尤其老子认定,万物生于有,有生于无,一切的有都生于无,一切的有都会变成无,一切的无都会生出有来。所以,在老子哲学里,根本否定了"神"的存在,否定了"神"对世间万物的创造和主宰。早在两千多年前,《道德经》就包含了无神论的思想是很了不起的。

老子提出的"道"在中国哲学史上是第一次,他强调靠语言分析的本体不是真正的本体,只能靠体悟。按照老子的观点,道,不是语言可以表达的。你很难找到与道相通的、可以用来说明它的、可以与之互文互通的概念。所以外文翻译也只能将道音译为:tao.

老子曾经说过这样的内容,世上人们所看重的称道就是书。书并没有超越言语,而言语确有可贵之处。言语所可看重的就在于它的意义,而意义又有它的出处。意义的出处,是不可以用言语来传告的,然而世人却因为看重言语而传之于书。世人虽然看重它,我还是认为它不值得看重,因为它所看重的并不是真正可以看重的。所以,用眼睛看而可以看见的,是形和色;用耳朵听而可以听到的,是名和声。可悲啊,世上的人们满以为形、色、名、声就足以获得事物的实情!形、色、名、声实在是不足以获得事物的实情,而知道的不说,说的不知道,世上的人们难道能懂得这个道理吗?

齐桓公在堂上读书,轮扁在堂下砍削车轮,他放下锥子和凿子走上朝堂,问齐桓公说:"冒昧地请问,您所读的书说的是些什么呢?"齐桓公说:"是圣人的话语。"轮扁说:"圣人还在世吗?"齐桓公说:"已经死了。"轮扁说:"这样,那么国君所读的书,全是古人的糟粕啊!"齐桓公说:"寡人读书,制作车轮的人怎么敢妄加评议呢!有什么道理说出来那还可以原谅,没有道理可说那就得处死。"轮扁说:"我用我所从事的工作观察到这个道理。砍削车轮,动作慢了松缓而不坚固,动作快了涩滞而不入木。不慢不快,手上顺利而且应合于心,口里虽然不能言说,却有技巧存在其间。我不能用来使我的儿子明白其中的奥妙,我的儿子也不能从我这儿接受这一奥妙的技巧,所以我活了七十岁如今老了还在砍削车轮。古时候的人跟他们不可言传的道理一块儿死亡了,那么国君所读的书,正是古人的糟粕啊!"所以,虽然姑且称之为"道",但老子却认为"道"的玄妙是无法用任何语言文字来形容的。

二、"道"与"名"

"道"后面为什么要讲"名"呢?答案很简单,因为是人在思考,人思考需要名称,这是人类生命的特色。对人来说,一样东西的存在,是从它有名称开始的,没有名称等于它不存在,不是真的不存在,而是人的思考无法运作。"名以指实",名称用来指涉真实之物,其作用为符号或象征,因此有调整或改变的空间。所以,针对永恒的"道","名"只能说不是恒久的,两者不在同一个层次,而且名称一经界定落实,就成为相对的名了。名称未定之前,无名是万物的始源,是思想无法企及的阶段;名称定之后,有名是万物的母体,"母"表示有母必有子,万物就跟着出现了。

"无欲,以观其妙",人在没有任何欲望,没有任何主观成见的时候,才可以是什么就看见什么,才能了解起源的奥妙。这句是针对"万物之始"说的。"有欲,以观其徼","徼"指母体广大的范围,母体是可以生生不息,衍生万物的。"有欲"才能看到"有名"造成的万物有多大。这句是针对"万物之母"说的。人如果知道万物有什么限制、范围多大,才能了解得比较正确。

"无欲"和"有欲"都是针对人的意志欲求而言。很多人质疑,老子怎么可能主张"有欲"呢?事实上,"欲"随"知"而生,有"知"就有"欲"。老子反对的是一般老百姓偏差的知所带来的偏差的欲,所以希望老百姓无知无欲;但不要忘记,老子本人或是他所谓的圣人、有道者、悟道者这些人,他们有正确的知,也会有正确的欲。因此,"有欲"并不一定是坏事。

他首先提出"道"这个核心概念,指出"道"代表的是"究竟真实",而人类语言和文字所表述的都是相对真实。然后"名"衍生了万物,有了名称,人类的思想才能开始运作。接着讲到"无名""有名",针对人的理智;"无欲""有欲",针对人的行动。你有欲望,才会有某种行动,想要认识这个世界。

所以,老子的"道"是老子整个思想的核心,具有"自然"、"无为"、"柔弱"等特性。"无为"就是在遵循自然规律的前提下,正确地做人做事。不是袖手旁观,既不是什么都不做,也不是什么都做。

三、悟道之法

道的掌握需要智慧。古希腊人把智慧分为两种:一是神的智慧,是大智慧;一是人的智慧,是小智慧。苏格拉底是古希腊的大哲学家,在当时被认为是最有智慧的人。为了证实这一点,有人去询问神:苏格拉底的智慧是否最大？神作了肯定的回答。神的话传到苏格拉底的耳中,他大惑不解,因为他认为自己连小的智慧都没有,又何来大智慧呢？为了证明神的话的对错,苏格拉底走访了许多他认为有智慧的人。结果他发现,这些人和自己的最大的区别在于:他意识到自己是无智慧的,而那些人却以为自己是大有智慧的。这样,他就从中领悟到神的话的真实意义:一是告诉他,真正的智慧是属于神的,人的智慧是微不足道的,人只能追求智慧;二是告诉他,不是真的说他有智慧,而是说他有追求智慧的智慧;因为他承认自己是无智慧的,这就有了追求智慧的要求,并能够积极地发掘自己的理性能力向智慧过渡,从无智慧变成有智慧。

要悟道,除了要有智慧,老子在第十六章中认为还需要"致虚静,守静笃。万物并作,吾以观复。夫物芸芸,各复归其根。归根曰静,静曰复命。复命曰常,知常曰明。"追求"虚",要达到极点;守住"静",要完全确实。万物蓬勃生长,我因此看出回归之理。一切事物变化纷纭,各自返回其根源。返回根源叫做寂静,寂静叫做回归本来状态。回归本来状态叫做常理,了解常理叫做启明。

虚之后,能空能明;静之后,能安能观。追求"虚",就是要把一个人内心里的各种杂念、欲望、幻想化解掉,化解之后,让心空了,才能得到一种新的启示。《庄子·人世间》说"虚室生白。"空的房间显得亮;相反,如果房间里塞满了东西,再亮的灯光也没有用,因为到处都有阴影,光亮根本就显示不出来。人也是一样。如果你想得到智慧,就要慢慢去掉内心各种欲望,去掉之后,心中空了,空才能灵。一个人的内心虚了就空,空了就明,"明"是什么都能照见,像镜子一样,不被遮蔽。庄子说,"其嗜欲深者,其天机浅。"这里的"天机"是指一种自然的领悟能力。如果一个人的嗜好和欲望太多,他再怎么聪明,也很难觉悟;而有些人悟性很高,是因为他没有什么欲望,心中像镜子一样,看到什么立刻觉悟。

一个人思考,首先要安静下来;不能静下来,再好的道理讲了也听不见去。庄子讲过一个有趣的比喻,说有一个人很害怕自己的足迹和影子,怎么办呢？拼命地跑,想避开足迹,逃开影子,跑到最后累死了。为什么？因为你跑得愈快,影子跟得愈紧;但是如果你走到树荫之下,安静下来,足迹就不见了,影子也没有了。所以,一个人的心能静下来,才能安定,安定之后才能"观"。由此可以看出万物的回归路线，"万物并作，吾以观复"，"复"是回归的路线。道士修行的地方叫"道观"，道观的"观"就来自这里。也就是说，智慧的觉悟要透过观察，观察之后才能觉悟。觉悟之后，老子看出了回归之理，也即一切事物不论如何纷纭变化，最后都要各自返回它的根源。正如亚里士多德说过："循环的圆是最完美的运动，它的终点和起点合二为一。"

"曰根曰静，静曰复命"，复命是回归本来状态。"命"对于人而言，是指既定条件、无可奈何的发展以及最后的结局。老子认为，本来状态无异于最后归宿，也就是"静"。一切归于寂静，回归本来状态，这是恒常的道理。亦即，宇宙万物不要有人为刻意的造作，让它回归本来状态。了解了常理，就是"明"了。"明"代表光明，内在产生觉悟，获得超脱和超越的智慧。也即从"道"来看这个世界，看到一切将不再是以前所见的狭隘，心胸自然立刻开阔起来，人生的境界从此不同。"明"是老子对人的最高期许，并由此建立了道家的修行目标。

最后，要悟道还要自足于道。《道德经》第四十八章："为学日益，为道日损。损之又损，以至于无为，无为而无不为。取天下常以无事，及其有事，不足以取天下。"这是老子的名言。意思是说，探求知识，每天要增加一些；探求道，每天要减少一些。减少之后还要减少，一直到无所作为的地步。无所作为却什么都可以做成。治理天下总是无所事事，等到有事要做，就不配治理天下了。如果想要觉悟什么是"道"，就要每天减少一点，减少什么呢？减少可多可少的相对知识、积非成是的世俗偏见，以及个人特有的各种欲望，最后达到无知、无欲、无求的地步。因为这些东西，包括名声、地位、权力、财富，往往只是增加了你的外在，减少和去除它们，才能帮你回归到自己本来的状态。

为学与求道是两种不同的途径，做学问学知识讲求一点一滴地下工夫，希望像盖房子砌砖头一样，层层累积，每天都有新的收获，不断增加经验与新知识。求道则是透过直观体验以把握事物未分化的状态，这种功夫做得越深，私欲妄见的活动就越减损。

庄子曾提到以"坐忘"的方式，来达到道的境界。在《庄子·德充符》中记载：颜回对孔子报告他的学习心得。颜回说："我有进步了。"孔子说："怎么说呢？"颜回说："我已经忘掉仁义了。"孔子说："这样可以，可还是不够。"过了几天，颜回又来向孔子报告："我有进步了。"孔子说："怎么说呢？"颜回："我已经忘掉礼乐了。"孔子说："这样可以,可还是不够。"再过了几天,颜回又来向孔子报告："我有进步了。"孔子说："怎么说呢?"颜回："我已经'坐忘'了。"孔子惊讶地说："什么叫'坐忘'?"颜回说："堕肢体,黜聪明,离形去知,同于大通,此谓'坐忘'。"坐忘是指人有意识地忘记外界一切事物,甚至忘记自身形体的存在,达到与"大道"相合为一的得道境界,也指人在修炼中控制意志、排除杂念的内修方法。

《道德经》第二十章里还有一段话也提到类似的想法:"绝学无忧。唯之与阿,相去几何? 美之与恶,想去何从? 人之所畏,不可不畏? 荒兮,其未央哉!……众人皆有以,而我独顽且鄙。我欲独异于人,而贵食父母。"去除知识就没有了烦恼。奉承与斥责,相差有多少? 美丽与丑陋,差别有多远? 众人所畏惧的,我也不能不害怕。遥远啊,差距像是没有尽头……众人都有所施展,唯独我顽固又闭塞。我所要的,就是与别人不同,重视那养育万物的母体。

这里的"学"指的不是一般的学习,而是有心学习的各种知识。因为有知就有欲,世人的"知"用在区分各种价值,但这种区分往往带来烦恼。而且学无止境,《庄子·养生主》说:"吾生也有涯,而知也无涯,以有涯随无涯,殆已。"生命是有限的,知识是无限的,用有限的生命追求无限的知识,那是很累的。

第四节　上德不德,是以有德

理解《道德经》必须要理解的第二个关键词是德。

《道德经》第三十八章:"上德不德,是以有德;下德不失德,是以无德。上德无为而无以为:下德无为而有以为。上仁为之而无以为;上义为之而有以为。上礼为之而莫之应,则攘臂而扔之。故失道而后德,失德而后仁,失仁而后义,失义而后礼。夫礼者,忠信之薄,而乱之首。前识者,道之华,而愚之始。是以大丈夫处其厚,不居其薄;处其实,不居其华。故去彼取此。"这章的意思是说,具备"上德"的人不表现为外在的有德,因此实际上是有"德";具备"下德"的人表现为外在的不离失"德",因此实际是没有"德"的。"上德"之人顺应自然无心作为,"下德"之人顺应自然而有心作为。上礼之人要有所作为却没有人回应他,于是就扬着胳膊强引别人。所以,失去了"道"而后才有"德",失去了"德"而后才有"仁",失去了"仁"而后才有"义",失去了"义"而后才有"礼"。"礼"这个东西,是忠信不足的产物,而且是祸乱的开端。所谓"先知"。不过是"道"的虚华,由此愚昧开始产生。所以大丈夫立身敦厚,不居于浅薄;存心朴实,不居于虚华。所以要舍弃浅薄虚华而采取朴实敦厚。

2007年4月12日,中国总理温家宝在日本国会发表演讲。演讲的原文中说:"……中国历来有'上德不德。讲信修睦'的优良传统,我可以负责任地告诉各位,中国高举和平发展合作的旗帜,坚持走和平发展的道路,推动建设和谐世界的决心永远不会改变!""上德不德"其意为有德行的人,不自夸其德。"讲信修睦"的意思是,国与国之间,人民与人民之间,要讲究信用,谋求和睦。作为二战时期的战败国,日本在侵华战争失败撤退至本国后,在中国遗留下许多妇女和孩子,中国人没有将他们视为仇人,加以凌辱或是报复,而是如亲人般对待,让他们在中国的国土长大,后来许多日本人加入了中国的国籍,并且说:"中国才是我的故乡",单是从这点来看,就体现出中国人民悲天悯人的情怀。温家宝是想借此让外国知道,中国历来就有爱好和平的优良传统,中国人民渴望安居乐业,希望民富国强,过上安康和谐的日子。中国与外国的交往也是如此,一直以来,中国致力于和平发展的目标未曾改变,中国致力于建设和谐地球家园的决心不曾动摇。

一、"德"的含义

下篇《德经》起首即为"上德不德,是以有德;下德不失德,是以无德"。真正上品的、受推崇的道德,不是以意为之的道德,所以是真正的有道德。下品的、强求之的道德,唯恐失去了道德的美好,所以并非有真正的道德。道的属性表现为"德"。凡是符合"道"的行为就是有德,凡是不符合"道"的行为就是"失德"。"道"和"德"是不可分离的,但又不完全一致。"德"有上下之分,"上德"符合"道","下德"就偏离了"道"。"道生之,德畜之",道生万物,德畜万物。道诞生它们,德畜育它们。

"道生之,而德畜之,物形之,而势成之。以万物莫不尊道而贵德。"老子把道生万物和万物生成的过程分为四个阶段:一是道生万物;二是道生万物之后,又存在于万物之中,成为万物各自的属性,即"德",万物依靠自身的"德"存在;三是万物依靠各自的"德"而发展成为各具特色的有形体的物种;四是物种凭借环境生长成熟。其实这里又揭示出"道"的另一个特性,即:道生万物。

"道"本来是一个整体,只有他存在,"独立而不改";其他的东西都不存在,它们需要从"道"获得"德",才能存在。所以"道生一"就是说"道"展现为一个统一的整体。统一的整体体现为阴阳二气,亦即"一生二"。古人认为,万物的形成有两种力量,阳气代表主动力,阴气代表受动力,这两种气构成了"二"。"二生三","三"代表阴气、阳气,以及两者交流互动形成的"和"气。这个和气,是一种和谐的状态。任何一样东西的存在,都是某种成分的阴阳配合形成的和谐体,阴性多一点,叫做雌性;阳性多一点,叫做雄性。我们可以利用阴、阳的原理来解释所有的现象,但并非是纯粹的阴或纯粹的阳。俗话说"孤阴不生,独阳不长",只有一个阴,没有办法生;只有一个阳,也没有办法长。这是宇宙变化的道理。因此,阴、阳、和三气,"三"才产生了万物。"万物负阴而抱阳",阴阳两种条件都具备了,再"冲气以为和",把阴阳二气调和到一种和谐的状态。宇宙万物只要存在,一定是某种阴阳力量处于和谐的状态;否则立刻毁灭,不能存在。

道家的"德"是获得的"得"。也就是说,任何东西只要存在,就是获得了"道"的支持,"道"赋予它一种力量,使它可以成为这样东西,而这样东西本身具有某种本性或禀赋,譬如它作为树就是树,作为草就是草,不能随便改变;这种本性或禀赋是"道"赋予它的,亦其"德"。

《道德经》第四十一章:"明道若昧;进道若退;夷道若纇;上德若谷;大白若辱;广德若不足;建德若偷;质德若渝。大方无隅;大器晚成;大音希声;大象无形;道隐无名。"明显的道好像很暗昧。前进的道好像后退;平坦的道好像崎岖。最高的德犹如山谷,最纯的白犹如含垢;广大的德好像不足,健行的德好像怠惰;质朴的德好像会变。最大的方正没有棱角;最大的器物很晚完成;最大的声音几乎没有声响;最大的形象没有任何行迹;道幽隐但是没有名称可说。

《道德经》第六十三章:"大小多少,报怨以德"。意即不必计较大小多少,以德行来回报怨恨。《论语·宪问》里提到"以德报怨"就是出自此处,由此可知,当时老子的某些思想已经传开来,有人请教孔子:"'以德报怨'这种想法,你觉得怎样?"孔子说:"不行,'以德报怨'的话,'何以报德'呢?""怨"是指别人对我不好,我对他有所怨恨。如果我用"德"来报怨,那么别人对我好,拿什么来报答他的德?无从报答。孔子是好恶分明的,所以主张"以直报怨"。"直"包含两个意思,一是真诚,一是正直。"以直报怨",指的是真诚地按照正义的原则对待他人,别人有什么地方做错,或自己受到冤枉委屈,就要加以辩明,让他人受到公平的待遇。这是儒家的态度,与老子的"以德报怨"不同。

老子这些话是讲为人处世应当有宽广的胸怀,有宽容之心,豁达大度,宽宏大量。他认为"上德若谷",高尚的德就像低下的山谷,能容纳百川;"广德若不足",广大的德就像不足的样子,总觉得自己还缺少什么,谦卑自处。所以,古代的有道之士,其醇厚质朴,好像未经雕琢的素材;心胸开阔,好像空旷的山谷;浑朴纯和,好像浑浊的大水。有这样的品德,才是真正得道的人。这样的人由于胸怀宽广,任何人他都能使用,在他那里没有被废弃的人;也善于使物尽其用,没有被废弃的物,对待任何人和物都极为明智。有道之士,对待怨恨他的人也表现出胸怀的坦荡,能够用恩德去报答怨恨。

二、蔺相如的"德"

故人称《德经》:言处世之方,含人事进退之术,蕴长生久视之道。我们不妨以廉颇向蔺相如负荆请罪的故事中蔺相如的"德"为例:战国时候,秦国常常欺侮赵国。有一次,赵王派一个大臣的手下人蔺相如到秦国去交涉。蔺相如见了秦王,凭着机智和勇敢,给赵国争得了不少面子。赵王看蔺相如这么能干。就先封他为"大夫",后封为上卿。赵王这么看重蔺相如,可气坏了赵国的大将军廉颇。他想:我为赵国拼命打仗,功劳难道不如蔺相如吗?蔺相如光凭一张嘴,有什么了不起的本领,地位倒比我还高!他越想越不服气,怒气冲冲地说:"我要是碰着蔺相如,要当面给他点儿难堪,看他能把我怎么样!"

廉颇的这些话传到了蔺相如耳朵里。蔺相如立刻吩咐他手下的人,叫他们以后碰着廉颇手下的人,千万要让着点儿,不要和他们争吵。他自己坐车出门,只要听说廉颇打前面来了,就叫马车夫把车子赶到小巷子里,等廉颇过去了再走。廉颇手下的人,看见上卿这么让着自己的主人,更加得意忘形了,见了蔺相如手下的人，就嘲笑他们。蔺相如手下的人受不了这个气，就跟蔺相如说："您的地位比廉将军高，他骂您，您反而躲着他，让着他，他越发不把您放在眼里啦！这么下去，我们可受不了。"

蔺相如心平气和地问他们："廉将军跟秦王相比，哪一个厉害呢？"大伙儿说："那当然是秦王厉害。"蔺相如说："对呀！我见了秦王都不怕，难道还怕廉将军吗？要知道，秦国现在不敢来打赵国，就是因为国内文官武将一条心。我们两人好比是两只老虎，两只老虎要是打起架来，不免有一只要受伤，甚至死掉，这就给秦国造成了进攻赵国的好机会。你们想想，国家的事儿要紧，还是私人的面子要紧？"

蔺相如手下的人听了这一番话，非常感动，以后看见廉颇手下的人，都小心谨慎，总是让着他们。蔺相如的这番话，后来传到了廉颇的耳朵里。廉颇惭愧极了。他脱掉一只袖子，露着肩膀，背了一根荆条，直奔蔺相如家。蔺相如连忙出来迎接廉颇。廉颇对着蔺相如跪了下来，双手捧着荆条，请蔺相如鞭打自己。蔺相如把荆条扔在地上，急忙用双手扶起廉颇，给他穿好衣服，拉着他的手请他坐下。

蔺相如和廉颇从此成了很要好的朋友。这两个人一文一武，同心协力为国家办事，秦国因此更不敢欺侮赵国了。

三、汉武帝割爱保德

老子认为：具备"上德"的人不表现为外在的有德，因为实际上是有"德"；具备"下德"的人表现为外在的不离失"德"，因此实际是没有德的。上德之人顺其自然而无心作为。下德之人强调作为而无以能为。上仁之人勉力博施于人，但无私心意图。上义的人勉力施为，但常有私心目的。上礼的人勉力施为而得不到回应，于是就扬着胳膊使人强从。所以，丧失了道以后才出现德，丧失了德以后才出现仁，丧失了仁以后才出现义，丧失了义以后才出现礼。"礼"则是忠信衰败的表现，也是社会祸乱的开端。那先见者，是道的虚饰，是愚昧的开始。因此，大丈夫应取忠厚不取薄礼，存心朴实，不居于虚华。所以，舍弃薄和华而采取厚和实。

具有大德的人，根本就没有德与不德的概念，因此在别人看来，他的行为才是合乎道德的。也就是说,大道无言无名,同样大德也无言无名。一旦有名,那就进入了分别之中,而凡夫俗子就具有这种分别之心。所以,那些具有下德的人,把道德看得很重,表面上十分追求道德,用道德去衡量所有的事情。这样一来,反而没有道德可言了。

公元前88年,汉武帝已年近古稀,多病,自知时日无多。但自太子刘据死后,尚未立储,大汉江山将由谁继承,一直困扰着汉武帝。武帝有三个儿子。综合比较,小儿子弗陵的品行、气度、相貌都与自己颇为相似,武帝觉得他是太子的合适人选。但弗陵年仅7岁,他的亲生母亲钩弋夫人又颇有心计。帝少母壮,难免重蹈吕后之辙,武帝陷入深思。

首先,须选择一位重臣,以交付托孤重任。武帝看中了霍光。霍光是骠骑将军霍去病之弟,他由霍去病携入都城,被授予郎官,后官至奉车都尉光禄大夫。霍光做官二十余年,为人小心谨慎,从未犯过什么大错,深受武帝信任。于是,武帝命人绘了一幅图画,赐给霍光。霍光把图画展开一看,只见是一幅周公负命辅佐成王图。霍光顿时明白武帝的意思。

既然已经找到辅佐幼子之臣,武帝便进行第二步,准备除掉钩弋夫人。数日后,武帝见到钩弋夫人,故意因为一件小事大发雷霆。随即,钩弋夫人被送入大狱,第二天就被武帝赐死。

几天之后,武帝问左右大臣:"外人对钩弋夫人的死有没有什么议论?"左右大臣都回答道:"人们都说,陛下将立太子,却又莫名其妙地杀死其母,不知道皇上是什么意思?"武帝叹道:"自古以来主少母壮都会引来国家突然生变,难道你们没听说过吕后之事吗?"

"仁"虽然是五德之首,但无原则的"妇人之仁"却是失德行为。在古代封建社会,妇人当政必将朝纲紊乱,朝纲紊乱必然导致天下混乱,爱一人而害万民,这种事情历史上不胜枚举。汉武帝其实十分宠爱钩弋夫人。他爱之却杀之,看似残忍,实是"仁心"的体现,是为刘家的继承人和天下所有的百姓消除后患。所以说,真正具备上德的人,实则是不表现在形式上的德,而是顺心自然,存心朴实,而不居于虚华。

第五节 圣人被褐怀玉

理解《道德经》必须要理解的第三个关键词是"圣人"。老子所说的"圣人"和儒家的"圣人"不同。儒家的圣人强调的是德行修养达到最高的境界,展现出伟大的效果,他们的圣人往往是古代的圣王或是一些重要的大臣,是身先天下,为百姓谋福利者。道家则不同,圣人在《道德经》里指的是悟"道"的统治者。成为圣人有前提:他必须悟"道",悟"道"之后才能成为道家的圣人;第二,他必须是统治者,非统治者的话,效果表现不出来。道家的圣人智慧都特别高,所表现出来的作为也是一般人难以想象的。"老子"一书一共八十一章,有二十四章提到"圣人",另外还有"我""吾""有道者"这些类似的概念,合计起来,共占了全书的一半,可知它的分量了。

一、自我反省

圣人首要的特点是善于自我反省。《道德经》第七十一章:"知不知,尚矣;不知知,病也。圣人不病,以其病病。夫唯病病,是以不病"。知道而不自以为知道,最好;不知道而自以为知道,就是缺点。圣人们没有缺点,因为他把缺点当成缺点。正因为他把缺点当成缺点,所以他没有缺点。这段话有二十六个字,出现七个"病"字。"病"指缺点。为什么"病病"可以"不病"?圣人之所以没有缺点,因为他把缺点当成缺点,自然会设法避开或加以改善缺点。一般人缺点为什么多呢?因为他不把缺点当成缺点,甚至找各种借口理由来掩饰,到最后缺点越来越严重,一辈子也改不了。

一般人的缺点是"不知知",不知道而自以为知道。我们一般人都会犯这个毛病,太过主观,抱有成见,不容易认可别人的想法。同样一件事,往往只看到对自己有利的一面,然后专从负面去批评别人。圣人却是"知不知",知道了却不自以为知道。因为我所知道的恐怕只是事物的某一部分、某一侧面、某一阶段而已,不自以为知道,就会不断上进。莎士比亚说:"愚者总以为自己聪明,智者却知道自己愚昧。"有智慧的人会觉得自己无知,这样他才会不断学习,获得新的知识。苏格拉底说过一句话:"我只知道一件事,就是我一无所知。"此话一出,整个雅典黯然失色。这件事的缘由是苏格拉底的学生去求问阿波罗神:雅典谁最聪明? 得到的答案是苏格拉底。苏格拉底认为一定是神搞错了,所以带着学生去访问各界名人,包括政治领袖、文化界的诗人、科学界的专家等。最后他明白了,他说:"为什么神认为我最聪明呢? 因为所有的人里面,只有我知道一件事情,那就是我一无所知。"换句话说,所有的人连自己不知道都不知道,只有苏格拉底知道自己不知道,所以他最聪明。这是苏格拉底的自知之明。

因此,真正的知识来自"我知道自己不知道",然后才会开始有真正的了解。像孔子说的"知之为知之,不知为不知,是知也",最后那个"知"是明智的意思;知道就是知道,不知道就承认不知道,实事求是才是明智的。所以,圣人如果有什么秘诀的话,第一个秘诀就是能够自我反省,把"不知道而自以为知道"当做缺点,避免犯这种错误。

二、被褐怀玉

圣人的另一个特点是:"被褐怀玉",外表穿着粗布衣裳,内里怀揣美玉。这个词可以代表老子的"圣人"在大众心目中的形象。《道德经》第七十章:"吾言甚易知,甚易行。天下莫能知,莫能行。言有宗,事有君。夫唯无知,是以不我知。知我者希,则我者贵。是以圣人被褐怀玉"。我的言论很容易理解,也很容易实践。天下人却没有办法了解,也没有办法实践。正是因为无知,所以不了解我。能了解我的很少见,能效法我的很可贵。因此,圣人外面穿着粗衣,怀里揣着美玉。

老子说,我的言论很容易了解,也很容易实践。不要有过度的欲望,知足知止,一切顺着本性和禀赋去发展,一切回归到自己如此的状态;你所做的,只是"无心而为"与"无所作为",由此延伸出柔弱、顺从、不争的表现,确实可以说是易知,易行。可惜,"减少欲望"很少有人能做到,许多人一辈子都限于欲望的追逐之中。联系老子所处的时代的特点,我们不难发现,老子一向排斥欲望和妄为,这和当时的世风格格不入。在他们看来,老子的无为是没有实在意义的空洞理论,其架构于虚无缥缈的真空之中,和现实相差甚远,根本无法理解,而在老子看来，自己的思想是易于理解和行动的。老子在本章的结尾谈到了圣人的真实情态，他用了极其简洁的"被褐怀玉"来概括圣人的外貌，圣人的外部特征是穿着粗布衣服，和平常人没什么异样，但在如此简陋粗俗的外表下掩盖的是冰清玉洁的内心。老子称之为"被褐怀玉"，玉是稀世珍宝，它也比喻指美好的品质，在这里老子用玉来比喻圣人纯洁的内心和不与世道合污的高洁品德。

我们从老子的思想中得到启示：真正的美丽是心灵的美丽，而绝非仅指外表的华美。我们所处的时代和老子所处的时代相去甚远，但人们满足自己的欲望的要求是相同的，老子主张克服自身的欲望，达到内心的完美，这一思想在我们的时代同样适用，而且有着十分重要的意义。当今社会，人们的内心有着强烈的自我满足的欲望，对财富的极大占有已成为许多人的最大人生目标，他们在追求财富的路上迷失了自己。还有的人由于时运不济无法满足自己对财富的疯狂占有欲望，于是走上了邪路，断送了自己的前程甚至一生的幸福。

唐玄宗时，裴宽曾经在润州做参军，当时韦诜任润州刺史，裴宽是他的下属。韦诜一心要为女儿找一个德才兼备的女婿，可是上门提亲的不少，韦诜一个也没相中。这天，韦诜来到廊上眺望，偶然间发现花园里有个人，只见那人拿着小铲挖了个小坑，然后从怀中掏出一包东西，埋了进去，然后又小心地把土盖好。韦诜觉得好奇，就命下人去看看到底是怎么回事。

下人回来禀报说："那人是裴宽。有人送给他一大块鹿肉干，没留下姓名放在门前就走了，他没法退还给人家，又不想收人家的东西，所以只好把它埋了起来。"韦诜听了点头表示赞许。又命人去打听一下裴宽的为人，下人们回来禀报说："裴宽为人清廉，从来不收人家的贿赂，生怕玷污了自己的家门。如果有人给他送东西，他一定马上派人送回去。即使不送回去，他也会派人给送东西的人回赠一份价钱相当的礼物。"韦诜听后，对裴宽的为人赞叹不已。

为了再考察一下裴宽，韦诜还设了一计。他命手下人去请裴宽，就说自己要请裴宽喝酒。裴宽接到刺史的请柬当然不敢怠慢，慌忙收拾了一下就来赴宴。韦诜并没有宴请别人，只请了裴宽一个。席间两人谈得很是投机，韦诜说："自从我上任以来，你在我身边也立下不少的功劳，我打算为你置办一所宅院，以供你居住，你现在住的地方太差了。"

裴宽听到这话，慌忙放下手中的酒杯，跪在韦诜面前，说："辅佐您只不过是尽自己的责任，并没有什么功劳，您又何必赏赐我呢？"韦诜悄悄地说："你不必害怕，我这是偷偷送给你的，又没有旁人知道。"裴宽顿时脸色大变，厉声说："大人，我原以为您是个清官，不想您也是如此……我请求辞官。"

说着就要起身离去。韦诜看裴宽果真清廉，于是大笑说："裴宽，我是骗你的，只想考考你，不错，你是个人才。我决定把女儿嫁给你了！"裴宽又惊又喜。

结婚那天，裴宽也没什么好衣服，就拣了一件绿色的相对新一些的衣服做新婚礼服。裴宽本来又瘦又高，穿了这件衣服，十足似个小丑，族人们都取笑他。戏称他"碧鹳"。韦诜则一脸严肃地说："我疼爱自己的女儿，一定要让她嫁给贤公侯做妻子。裴宽虽然其貌不扬，但是他为人清廉，将来一定能成大事，你们怎么能以貌取人呢？"

没过多久，裴宽就被朝廷重用，前后任刑部员外郎、户部尚书兼御史大夫、礼部尚书等职。裴宽为官正直不阿，在朝中时，不怕得罪权贵，不肯徇私；任地方官时，很有政绩，百姓感念恩德。史书上说他"为政务清廉，所莅人皆爱之，世皆冀其得宰相"，可见他在当时人们心目中的形象和地位。

俗话说，人不可貌相，海水不可斗量。有这样一则小故事：剑桥大学的校长办公室，来了两个看起来不怎么样的夫妇，他们和秘书说要见校长，秘书看了看这两个人，心想不是太重要的来宾，请他坐后，便不愿传达。三个小时后，秘书发现夫妇还在等，无奈之下只好传达，校长不耐烦地出来，问："请问有何贵干？""先生，是这样的，我儿子生前在这所学校很快乐，我们夫妇想建纪念建筑来纪念他短暂的生命。"夫妇说。校长看了看他们，说："这是不可能的，如果每个人死后都想在这里建纪念碑的话，这座校园早成墓场了！""不，先生你误会了，我们夫妇俩是要建一座学院来纪念他，并不是要建碑。"夫妇急忙解释。校长和秘书一听，不禁轻笑出声，说："我们学校建筑是很讲究的，每一个学院要五百万美金，你们付得起吗？"夫妇惊讶地看着校长和秘书。校长和秘书一见他们的表情，在心里轻笑："不自量力的家伙。"没想到夫妇竟说："早知道建一座学院只要五百万美金，我们不如建一座学校来纪念他。"夫妇俩走了，只留下惊愕不已的校长和秘书，他们没想到其貌不扬的夫妇，有如此雄厚的财力。这便是斯坦福大学的由来。

三、为腹不为目

圣人还有一个特点是，圣人为腹不为目。《道德经》第十二章："五色令人目盲，五音令人耳聋，五味令人口爽，驰骋畋猎令人心发狂，难得之货令人行妨。是以圣人，为腹不为目，故去彼取此。"缤纷的色彩使人眼花缭乱。嘈杂的声音使人听觉失灵，丰美的食品使人舌不知味，驰马打猎使人心发狂．贵重稀有的物品使人偷和抢。因此高尚的人只求安饱而不逐声色，拒绝物质的诱惑而保持内心安足的生活。

曾有两个年轻人，因为工作不顺，去找师父指点，两人一起问："我们在办公室被欺负，实在是太痛苦了，是不是应该辞掉工作?"师父闭目沉思，许久，才吐出五个字："不过一碗饭。"说完话，挥挥手，跟这两个年轻人道别。两人回到公司，一人递上辞呈，回家种田;另一人仍然留在工作岗位上，没有动作。转眼间，十多年过去了，成为农夫的那位，以现代化改良农业，成了农业专家;留在公司的那位，忍着气，努力学，渐渐受到器重，成为公司里的重要员工。

这天，两人巧遇，农业专家说："还好，我听了师父的话'不过一碗饭'，何必硬待在公司? 辞职后才有今日的发展。"另一位说："我也是听了师父的话，'不过一碗饭'，我只不过为了混口饭吃，老板说什么是什么，少赌气，少计较，多做事，才能有今天。"两人为了自己的解读，又去拜见师父，师父更老了，他仍是闭着双目，安静而平稳地说："不过一念间。"

同样是为了填肚子的五斗米，有人选择挂冠离去，不为五斗米折腰，另谋新发展;也有人转念换个态度，重新面对自己的五斗米，反得新视野。在这两种态度之余，最怕一味抱怨自己的际遇，羡慕别人的成就，却不思自己的工作态度，捧着自己的饭碗，眼睛却盯着其他食物看，永远不满足，显得贪得无厌。

老子认为正常的生活是为"腹"不为"目"，务内而不逐外。为"腹"，即求建立内在宁静恬淡的生活;为"目"，即追逐外在贪欲的生活。一个人越是投入外在化的漩涡里，则越是流连忘返，使自己产生自我疏离，心灵日益空虚。因此，老子提醒人们要摒弃外界物欲生活的诱惑，而持守内心的安足，确保固有的天真。

在手握大权的生活里，诱惑实在太多了，欲望也实在太多了。如何抵御种种诱惑? 老子说的好："见欲而止为德。""邪生于无禁。欲生于无度。"当官掌权若忘记了世界观的改造,忘记了清正廉洁,忘记了立党为公的道理,则难免产生邪心恶念。而"疾小不加理,浸淫将毁身"。到头来就可能出大事,栽大跟头。当权力变成一个工具,一个为满足自己欲望的工具,一个为所欲为的工具的时候,带来的并不是幸福。

老子说:"吾所以有大患者,为吾有身,及吾无身,吾有何患。"老子从"贵身"的角度出发,认为生命远贵于名利荣宠,要清静寡欲,一切声色货利之事,皆无所动于衷,然后可以受天下之重寄,而为万民所托命。"为腹不为目",老子主张的是保持一种属于自我的、内在的安静恬淡的生活,放弃追逐远离自我的、外在的、声色犬马的物欲生活。假如我们能控制欲望,消减它,我们也就不会被这些外在的东西轻易伤害到,我们也就是一个能真正享受快乐、享受自由的人! 而且我们还能得到真正的完善和平安! 由此而见,真实的享受是有理性、有节制的,是有正确取向的。是放弃虚假的享乐和愚蠢的放纵、回归自然、顺其正道的宁静。

东汉时,有一个叫羊续的人到南阳郡做太守。由于生活安定富裕,这里郡、县等各级政府机构中请客送礼、讲排场、比吃喝之风颇盛。羊续到任后,对这种不良风气十分不满。但是,他知道要纠正一郡之风,得先从郡衙和郡守做起。一天,郡里的郡丞提着一条又大又鲜的鲤鱼来看望羊续。他向羊续解释说,这条鱼并不是花钱买来的,也不是向别人要来的,而是自己在休息的时候从白河里打捞上来的。接着他又向羊续介绍南阳的风土人情,极力夸赞白河鲤鱼的鲜美可口。他又表白说,这条鱼绝非送礼,而是出于同僚之情,让新到南阳的人尝尝鲜。羊续再三表示自己心领了,但是鱼不能收。那郡丞无论如何不肯再把鱼提回去。羊续感到盛情难却,只好把鱼收下。郡丞放下鱼,欢天喜地地告辞走了。郡丞走后,羊续让家里人用一条麻绳把鱼拴好,挂在自己的房檐下边。几天后,郡丞又来拜望羊续,手里提着一条比上次更大的鲤鱼。羊续对郡丞说:"你在南阳郡是除了太守以外地位最高的长官了,你怎么好带头送礼给我呢?"羊续让人从房檐取下上次那条鱼,并对郡丞说:"你看,上次的鱼还在这里,要不你就一块拿回去吧!"郡丞一看,上次那条鱼已经风干得硬邦邦了,一下子脸红到脖子根,很不好意思地离开了太守的家。从此,南阳府上下再也没有人敢给羊太守送礼了。这件事情很快就传开了,有人给羊续起了一个"悬鱼太守"的雅号。羊续因清正廉洁、防微杜渐而得到百姓的拥戴。

第一章

自知者明,自胜者强

《道德经》第三十三章:"知人者智,自知者明。胜人者有力,自胜者强。"认识别人是智慧,认识自己是高明。战胜别人是有力,战胜自己是刚强。大家知道的成语"自知之明"就来源于这一章。这两句话是讲人生之道的,包括"知人"和"自知","胜人"和"自胜",等等。相比较而言,知人易,自知难;胜人易,自胜难。

第一节 认识自己到超越自己

"认识你自己。"这是刻在希腊戴尔菲神殿上的一句格言,是希腊时代探讨人生奥秘的箴言。苏格拉底也常告诉人们要"认识自己",因为认识自己是人生的起点。毛泽东在《七古·送纵宇一郎东行》一诗中写道:管却自家身与心,胸中日月常新美。表达了对崇高人格境界的追求。作为领导者,应不断砥砺自我,完善自我,健全身心,从而使胸中日月常新常美。

一、认识自己才能成为自己

《道德经》第七十二章:"民不畏威,则大威至。无狎其所居,无厌其所生。夫唯不厌,是以不厌。是以圣人自知不自见。自爱不自贵。故去彼取此。"当人民不畏惧统治者的威压时,可怕的祸乱就要到来了。不要逼迫人民不得安居,不要阻塞人民谋生的道路。只有不压迫人民,人民才不厌恶统治者。因此，圣人不但有自知之明，而且也不自我表现；有自爱之心也不自显高贵。所以要舍弃后者而保持前者。

管理学家本尼斯说，成为领导者首先要认识自己。有人很早就开始了认识自己的这一过程，有人也许刚刚开始。开始得早晚并不关键，关键在于坚持不懈地去做，因为自我认识和自我塑造是终生的过程。本尼斯的名著《成为领导者》的中心假设就是：领导者是那些能够充分表达自己的人。这句话的内涵是：首先，他们知道自己是谁，知道自己的长处和短处，以及如何取长补短。其次，他们知道自己想要什么，知道如何与别人沟通自己想要什么，以获得别人的合作和支持。最后，他们知道如何实现自己的目标。

麻省理工学院的彼得·圣吉教授提出了学习型组织理论，学习型组织的第一项修炼就是自我超越，自我超越的一个关键是认识自己的个人愿景。克林顿被公认为美国历史上最聪明的总统之一，但是他并不是成就最大的总统之一。他没能取得更大成就，原因之一就是他没有能够认识自己。曾经是克林顿高级顾问的戴维·格根说："他不清楚自己到底是谁，总是希望通过别人的视角来定义自己。"加德纳对克林顿也有过类似的评价，他说："克林顿是个讲故事的高手。他讲的故事非常精彩。但是他讲了太多的故事，人们不清楚他究竟相信哪一个。"

马奇教授在斯坦福大学讲授课程《组织领导力》时，所使用的教学材料不是商学院案例，而是一些世界文学名著。其中，他最偏爱的是《堂吉诃德》。他说："在某种意义上，这部小说中最重要的句子是'我知道我是谁'。"认识自己是手段，成为自己才是目的。克林顿不知道自己是谁，他也就没有能够很好地成为自己。而堂吉诃德清楚地知道自己是谁，因此他很好地成为了自己。

当然，要认识自我就要注意加强自我分析。爱因斯坦16岁的时候，他的爸爸给他讲了一件亲身经历的趣事。有一次，他和杰克大叔一起去打扫烟囱。当他们结束工作的时候，杰克大叔因为总在前面，所以身上沾满了烟灰，而他则因为跟在杰克大叔后面，结果身上一尘不染。出了烟囱后，两个人互相看了看。他看见杰克大叔那副模样，心想自己肯定脏得没法见人，所以赶紧跑到河边好好地洗漱一番；而杰克大叔则完全相反，看见他全身上下那么干净，于是认为自己肯定没多脏，所以就大大咧咧上街了。讲完这个故事，父亲告诫爱因斯坦："谁也做不了你的镜子,除了你自己;否则,白痴也会因看见天才,而误以为自己是天才的。"这句话成了影响爱因斯坦一生的宝贵借鉴。

二、成为领导者

本尼斯说:"归根到底,成为领导者和成为你自己是同义词,就是那么简单,也就是那么困难。""那么,成为领导者,你必须成为你自己,成为你自己生活的塑造者。"在很大程度上,我们是社会的产物,家庭、朋友、学校和社会告诉我们该如何行事,"但是,人们是在自己决定如何行事的那一刻开始成为领导者的。"成为自己,有三点最重要的内涵。

第一,追求自己的目的和热爱。领导者首先要问的是,我当领导的目的是什么? 许多想当领导的人想到的也许是一个组织带来的权力,也许是特权,抑或是金钱上的回报。而要发现你的目的,你首先需要认识你自己,认识你的热情,认识你深层次的动机。

第二,坚持自己的本色和风格。德鲁克早就指出,他所认识的卓有成效的管理者风格迥异,没有什么共同的品质。有些领导咄咄逼人,有些谦卑温和,有些才华四溢,有些智力普通。任何想要模仿所谓的领导力特质清单的人注定要失败。所以,德鲁克给出的建议很简单:做你自己。

第三,坚守自己的原则和身份。这是在现在的中国最值得强调的。人们行事的逻辑大致有两种。一种是结果的逻辑,人们做事是因为相信做这件事能够带来好的结果,这是边沁主张的功利主义哲学的逻辑。另一种是原则的逻辑,人们做事是因为相信这么做本身是对的,跟结果无关。我们按照这些原则行事,即使这样做带来对自己不利的结果。我们不计后果地去行事,一个重要原因就是我们的身份。士兵的身份要求他们浴血杀敌,即使这样做可能牺牲自己的生命。母亲的身份使得她们无私地为子女奉献。

马奇教授认为堂吉诃德为领导者所上的重要一课,就是按照自己的身份行事。堂吉诃德认为自己是一个骑士,他就做骑士该做的事情。"这是一种态度,表明一个人并不因为期待好的结果才做出伟大的行动。你做出伟大的行动,因为对你那样的人是适当之举。这样的愿景有它的局限,但是对于伟大的领导者来说非常重要。"

当然，结果的逻辑也很重要，领导者要整合思考"结果"和"身份"这两种逻辑。但是，我们现在所处的社会，普遍的现实是人们过于追求结果的逻辑，忽视了身份的逻辑。因此，作为领导者，需要多问自己：我是谁？我的身份是什么？在认识自己之后，努力去成为领导者，然后按照领导者的身份行事。

三、认识领导者的角色

《基业长青》的作者指出："人们不可能准确地预料他们将会去哪里，他们的生活将如何展开，特别是当今天的世界变得不可预测时。那些建立起高瞻远瞩公司的人敏锐地意识到，认识'你是谁'比知道'你要去哪里'更为重要。"进步源自对自己的清醒认识。

自知之明在某些时候是至关重要的。作为企业的领导者，要想搞好企业首先要对自己有一个正确的角色定位。领导者应该干什么？这个问题实质上是让领导者明确自己在企业中的角色。许多领导者不知道自己应该干什么，习惯于事必躬亲。传统观念常常将领导者事必躬亲视为美德，企业里的每一件事，似乎都需要领导者亲自处理。长此以往，必定会导致下属养成依赖、从众和封闭的习惯，而丧失工作的积极性、创造性、主观能动性和责任感。

要想真正成为优秀的领导者，就必须对自己的角色定位和任务有一个正确的认识。德鲁克指出，许多领导者每天用于有效工作的时间很少，大部分时间用于琐碎的事务，或用于根本不该干的事，这种现象称为管理错位。德鲁克认为，要避免管理错位，领导者每天上班前都要问自己以下几个问题：我是谁？我今天应该干什么？我今天不应该干什么？开始工作时，还要问自己以下几个问题：这件事如果不做，有何后果？哪些事请别人做，可能干得更好？哪些事是在浪费别人的时间？我们通过下面几个例子来说明领导者的角色。

第一，设计师。彼得·圣吉说，如果把企业想象成一艘邮轮，而你是这艘船的"领导者"，你的角色是什么？最常听到的回答是"船长"，还有人说是"设定方向的领航员"，也有人说是"实际控制方向的舵手"，或"在甲板下面添加火力的工程师"，或"团体的组织者"，使每一个人都支持、参与和沟通。其实，这些都是一般的领导者角色。有一个很重要的角色，却很少有人想到它。这个常被忽略的领导角色就是轮船的设计师。设计师的影响力是无与伦比的。如果船长下令向右转舵三十度,而设计师所设计的舵只会向左转,或花六个小时才完成转舵,船长能发挥他的功能吗?总而言之,管理层次越高,对方向性领导的需求就越高,而对贯彻性领导的要求就越低。

第二,先知。魏文侯问扁鹊:"你们兄弟三人,谁的医术最好?"扁鹊答道:"我大哥的医术最好,二哥次之,我最差。"魏文王又问:"为什么呢?"扁鹊答说:"我大哥能在病人有发病苗头的时候就能发现病情,而治病于疾病发作之前。我二哥能在疾病发作之初发现病情,而治病于疾病发作之初。而我只能在疾病完全发作后发现病情,治病于病情严重之时,起死回生,所以人们以为我的医术最高明。"从一定意义上来讲,扁鹊是一个能解决问题的管理者,扁鹊二哥是一位能及时解决问题的优秀的管理者,扁鹊大哥是能够防患于未然的领导者。

第三,凝聚者。工厂中有一种常用的电磁起重设备,电磁铁内有许多带有磁性的小磁极,在不处于电场中的时候,整个磁体并没有磁性,因为各个小磁极的无序排列,磁性彼此被抵消了。一旦通电,使得电磁铁处于电场中,所有的磁极就会指向同一个方向,电磁铁便表现出强大的磁性。领导就是这个电场。

第四,与时俱进者。美国总统艾森豪威尔在担任哥伦比亚大学校长时,一位园丁对艾森豪威尔说,学生们总是对草坪上的"请勿践踏"的警告视若无睹,以至于漂亮的草坪被踩出一条隐约可见的步道。园丁请求校长下令禁止学生们穿梭草地。艾森豪威尔问:"为什么学生们要穿越草地?"园丁回答:"因为那里是从校门走到中央大楼的捷径。"艾森豪威尔说:"既然那是学生们的必经之路,就铺上一段步道吧!"问题就此解决了。艾森豪威尔知道,想要违反人类抄捷径的本性,根本是自讨苦吃。这段故事说明了顺应趋势的重要。如果你不是趋势的主导者,那么至少要顺应趋势。

领导者对自己的角色要有清晰的认识,要超脱于大量重复的、低附加价值或无附加价值的日常繁琐事务,把主要的精力和时间放在提高修养,制定规则,调整或建立相应的组织结构、学习和通过科学的手段和方法进行正确的决策上。

我们大多数人习惯于把"认识自己"片面地理解为"认识我们的缺点"。这就使大多数的自我评估体系包括了太多的错误与无能。自卑的心态只会阻碍你的前进，而只有自信才能最终使你成为一个强者。

年轻时的贝利，得知自己入选巴西最有名的桑托斯足球队时，他竟然紧张得一夜未眠，他认为自己根本没有资格和那些著名的球星一起踢球。当教练硬逼着他上场踢主力中锋时，他感觉双腿好像长在了别人身上。但他不断地告诉自己集中精力，鼓起勇气，想一想平时是怎样做的……通过不断的鼓励和暗示，他终于可以轻松地在场上奔跑并漂亮地接球传球了。由于他战胜了心中自卑的念头，坚定了自己的信心，他才可以把自己的才能全部发挥出来，终于成为世界球王。

彼得·圣吉指出："人类有认知上的限制。"一次，一位著名的漫画家参加一个朋友举办的鸡尾酒会。有人请他给在场的每一个人画一幅漫画，他寥寥数笔就勾画出一幅，很快就给每个人画了一幅肖像。当把这些漫画拿到众人面前辨认时，每个人都很快认出了别人，但对自己的那幅却很难辨认出来。

认识自我是人类永远也不会完成的任务，直到今天，人们还一再强调"人贵有自知之明"。认识自我不是目的，认识自我是为了超越自我。古人说："破山中贼易，破心中贼难。"破心中贼就是超越自我。我们每一个人都有一些不健康的情感，不良的生活习惯，甚至一些不为人道的欲望，这些都是心中的贼。

第二节　知人不易，自知更难

一只秃鹰飞过王宫，看见王宫中的一只黄莺十分受到国王的宠爱，于是就问黄莺："你是如何获得国王宠爱的？"黄莺回答说："我到王宫后，唱歌十分动听，国王非常喜欢听我唱歌，于是十分喜欢我，就经常拿珍珠来打扮我。"秃鹰听了心中很是羡慕，它想："我也应该学学黄莺，这样说不定国王也会喜欢上我的。"于是它就飞到国王睡觉的地方，开始叫起来。正好国王在睡觉，听了秃鹰的叫声，感到十分愤怒，就吩咐手下把秃鹰抓来，并拔光了秃鹰的羽毛。秃鹰浑身疼痛，满是伤痕地回到鸟群中。没有自知之明的秃鹰，下场很可笑。现实生活中，我们身边有很多这样的"秃鹰"，总想做番事，壮怀激烈，但因为看不清楚自身,说话做事无不弄巧成拙,处处碰壁。

知人不易,自知更难,这是因为人最容易被自身的各种欲念所蒙蔽。河上公《老子章句》注道:"人能自知贤与不肖,是为反听无声,内视无形,故为明。"内心之知,听之无声,视之无形,全仗自身内在的修养和觉悟。"知者不惑",内心清醒,是非分明,就不会被外界眼花缭乱的现象所迷惑。《论语·颜渊》中说:"浸润之谮,肤受之想,不行焉,可谓明也已矣。"一个人犯错误往往不是在暴风雨袭来的时候,而是在春风得意的时候。

有的人明于知人,而暗于知己,稍有作为就骄傲自满,不警惕自身的弱点,以致身败名裂,如楚霸王项羽。项羽自起兵以来,身经七十余战,每战必胜,可这位常胜将军,却不能战胜自身的弱点和错误,他居功自傲,刚愎自用,听不得不同意见,以致坐失良机,落得悲惨结局。

人的自知,还贵在他能否辨别传到耳朵边的声音,听话辨声也有明与不明的区别。有的人只爱听顺耳之言,听不得逆耳之言,失去对"浸润之谮"的警觉就是不明。荀子《修身篇》中说"非我而当者,吾师也;是我而当者,吾友也;谄谀我者,吾贼也。"能正确指正我缺点错误的人,是我老师;能符合实情肯定我好的人,是我朋友;歪曲是非曲意奉承我的人,是害我的人。一个人能自知自身的优点和缺点,其心就明了。

三国时,东吴的吕蒙是一个博学多才的将领。可是他原来却是一员只知打仗的猛将。有一次,鲁肃见了他,觉得没有什么可取的地方,便露出鄙夷之色。后来,鲁肃再遇见他时,看见他和从前完全不同,不仅威武,又流露着睿智。就与他谈起军事问题来,吕蒙显得很有知识,使鲁肃觉得很惊异。吕蒙告诉他,是感受到了自己的不足,才发奋读书的。鲁肃便笑着对吕蒙说:"你已经不是昔日的那个阿蒙了。"吕蒙答道:"士别三日,就应该刮目相待。"后人便用"士别三日,刮目相看"这句话,来称赞人离开后不久,进步很快的意思。

一、认清自己才能有所成就

"不识庐山真面目,只缘身在此山中",认清自己之难,难就难在人的主观性,尤其是对于那些自我感觉良好、盲目自信的人而言,更是如此。

某日清晨,一只小山羊来到栅栏外,它想吃园内的白菜,可缝隙太小根本无法进入。这时，它不经意间瞥见了自己的影子，在阳光的斜射下，它的影子显得很长、很长……"原来我竟如此高大，何必非要吃这白菜呢？我可以去吃树上的果子。"小山羊奔向远方的一片果园，尚未到达目的地，日已近午，阳光照在头顶上，它的影子缩成了很小的一团。"唉，我这么矮小，看来是没法吃到果子了，不如回去吃白菜吧。"但片刻之后，它又转悲为喜，"我现在这么苗条，钻进栅栏肯定不成问题！"待小山羊回到栅栏外时，日已偏西，它的影子再度被拉长。"我为什么要回来？我不比长颈鹿矮，吃树上的果子毫不费力！"就这样，小山羊往返于果园与栅栏之间，直至天黑仍然饿着肚子。

一个人只有客观地看待自己，才能对事物作出准确的判断。反之，若是脱离基本事实，过高或过低地评估自己，为自己确立一个不合实际的定位，就只能重复着错误的选择，到头来自食苦果。

日本"经营之神"松下幸之助认为，人类应该正确评价自己。能够作出正确判断是一种幸运，如果一个人对自己的评价有误，做了不可做、不该做之事，就会使社会秩序发生混乱。所以，人类对于社会的第一义务是判定自己的价值，也就是要正确地认识、评价自己，这是很重要的。松下幸之助常常自问："我到底有多少力量？""我的情况究竟如何？"他认为，虽然要完全认清自己比较困难，但心里常常抱有"认清自己"的心态，就会很大限度地减少失误。出于这种心态，若有人告诉他"这行业能赚钱，你可以做"，他是绝不会轻易尝试的。因为自己没有力量、没有人才、没有资金，即使具备以上条件，他也会在考虑是否影响其他事业之后，再作出决定。他曾说："经营事业决不可勉强，不要去违背大自然的规律，而要将自己融入宇宙、融入大自然之中，这才是人类的正常形态。这样的结果所显露出的，才是社会上所谓的成功、成就，或是亿万富翁吧！"

富兰克林也曾说过："如果将宝物放错地方，那它就是废物！"由此可见，认清自己对于一个人的成功是非常重要的。马克·吐温年轻时曾热衷于投资，但生来不具备经济头脑的他，总是落得一败涂地、血本无归。直至58岁，穷困潦倒的马克·吐温才认清自己，开始一心致力于写作。然后，他用3年的时间还清了所有债务，并最终成为举世闻名的大文豪。可见，一个人无论有多大的才能，若没有找到合适的发挥场所，就注定要失败。

二、知人者智，自知者明

智，是自我之智。明，是心灵之明。"知人者"，知于外；"自知者"，明于道。智者，知人不知己，知外不知内；明者，知己知人，内外皆明。智是显意识，形成于后天，来源于外部世界，是对表面现象的理解和认识，具有局限性和主观片面性；明，是对世界本质的认识，具有无限性和客观全面性。欲求真知灼见，必返求于道。只有自知之人，才是真正的觉悟者。

梁漱溟在《这个世界会好吗》中说："人类不是渺小，是悲惨；悲惨在于受制于他自己。深深地进入了解自己，而对自己有办法，才得避免和超出了不智与下等。这是最深渊的学问，最高明最伟大的能力或本领。"中国人常说，人贵有自知之明。这实际上是说，社会生活中的每个人都应当对自己的素质、潜能、特长、缺陷、经验等各种基本能力有一个清醒的认识，对自己在社会工作生活中可能扮演的角色有一个明确的定位。心理学上把这种有自知之明的能力称为"自觉"，这通常包括察觉自己的情绪对言行的影响，了解并正确评估自己的资质、能力与局限，相信自己的价值和能力等几个方面。

知人者智，自知者明。一个人活在世上，无论自己想要自己的人生达到什么样的程度，首先就必须有自知之明。简单地说，一个人既不能对自己的能力判断过高，也不能轻易低估自己的潜能。对自己判断过高的人往往容易浮躁、冒进，不善于和他人合作，在事业遭到挫折时心理落差较大，难以平静对待客观事实；低估了自己的能力的人，则会在工作中踟蹰不前，没有承担责任和肩负重担的勇气，也没有主动请缨的积极性。无论是上述哪一种情况，个人的潜力都不能得到充分的发挥，个人事业也不可能取得最大的成功。

甘戊出使齐国，前去游说齐王，走了几天，来到一条大河边。甘戊无法向前，他只好求助于船夫。船夫划着船靠近岸边，见甘戊一副士人打扮，便问："你要过河去干什么？"甘戊说："我要到齐国去，替我的国君游说齐王。"船夫满不在乎地指着河水说："这条河只不过是个小小的缝隙而已，您都不能靠自己的本事渡过去，您怎么能替国君充当说客呢？"

甘戊反驳船夫说："您说得并不对呀。您不了解世上的万事万物，它们各有各的道理，各有各的规律，各有各的长处，也各有各的短处。比方说，兢兢业业的人忠厚老实，他可以辅佐君王，却不能替君王带兵打仗；千里马日行千里，为天下骑士所看重，可是如果把它放在室内捕捉老鼠，那它还不如一只小猫顶用；宝剑干将，是天下少有的宝物，它锋利无比削铁如泥，可是给木匠拿去砍木头的话，它还比不上一把普通的斧头。正如你所说，要说抢浆划船，在江上行驶，我的确远远比不上你。可是若论出使大小国家，游说各国君主，你能跟我比吗？"船夫听了甘戊一席话，顿时无言以对，于是心悦诚服地请甘戊上船，送甘戊过了河。

一个人一定要清楚地认识到自己及他人的优势，才能把自己的事情做好。但若我们认识不了自己，而打心眼里只是一味地艳羡他人，那么可想而知，我们最后只能成为自己的傀儡。安其罗·派克是研究心理训练的专家。他在总结他的工作经验时说："最糟糕的心理毛病莫过于打心底里想成为另一个人。"好莱坞导演山姆·伍德也曾经说过："在教导新进演员拍戏的时候，让我感到最头痛的问题莫过于如何使他们表现出自己的风格。而演员们一心只想成为第二个英格丽·褒曼或是克拉克·盖博．可是观众的口味在不断地变，他们要的是新偶像。"他当导演时期，也曾花费数年的时间去经营不动产买卖，期间也著有营销方面的论述，他说："你不可能变成一只猩猩，也不可能变成一只鹦鹉，经验告诉我，如果你有想成为另一个人的念头时，最好马上抛弃它。"所以，在人生中我们应该不断地寻找自己，认识自己、定位自己、调整自己。

三、先自知，而后才能知人

只有自知，才能知人，才可做事。在这里，鬼谷子将自知之明作为钓言之术的基本工具之一。《吕氏春秋》中说："物固莫不有长，莫不有短，人亦然。"我们要运用钓言之术，就要知道自己的长处和短处在哪里，才能借由不断的自我调整，针对对方的优劣长短，拿出合适策略，提高成功率。但现实中，眼睛只盯着别人的"聪明人"很多，他们习惯揣摩别人的心理，于是对别人了如指掌，对自己反倒是不清楚。因为不知自己几斤几两，事情不但做不成，最后人也做不好。

鲍叔牙是春秋时齐国政治家，他以善于知人而出名。鲍叔牙少年时与管仲友善，相互十分了解。齐桓公即位后，要任命鲍叔牙为相，叔牙辞谢并力举管仲。他说:"您只要治理齐国的话,我是可以胜任的;你若是想称霸诸侯的话,非管仲不可。"齐桓公采纳了他的建议。后来齐国经过管仲的改革,日渐富强并且称霸诸侯。管仲相齐时,鲍叔牙甘居其下,协助他治理国政。

管仲病重时,齐桓公与他探讨下任国相的问题。齐桓公问:"假如你死了,谁接任你的国相为好呢?"管仲说:"宁戚是最好的国相,可惜他死得太早了。"齐桓公又问:"那么第二人选呢?"管仲说:"隰朋可以。"接着感叹说:"可惜他的生命也不会太长了。"这时齐桓公奇怪地问:"鲍叔牙不是很好吗?他还是你的好朋友呢,对你那么好,你怎么不推荐他呢?"管仲说:"我们现在谈论的是谁做下任国相最合适的问题,虽然我跟鲍叔牙的私交很好,但国家更重要呀!叔牙性子太直、疾恶如仇,不适合当国相呀。"后来有人把这事告诉鲍叔牙,说管仲太没有朋友之义了,鲍叔牙却说:"我这个人疾恶如仇,当丞相会误事,管仲了解我啊!"

故事说明了鲍叔牙的广阔博大的胸怀与自知之明的智慧。在齐桓公要任命自己为相时,他清楚地知道自己的不足,并推荐比自己更合适的管仲。这不仅是知人之智,更是有自知之明,才能做得出来的事情。后来管仲不在齐桓公面前推荐他,他知道后也不气恼。无论别人怎么对待你,都要保持心中平衡的砝码。

第三节　自知与自胜

"知"既包括认知的过程,又包括认知的结果。"知人"的主体是自己,是主体;"知人"的对象是别人,是客体。所以"知人"就是主体认知客体,自我认知他人。俗话说人心隔肚皮,要真正了解别人的内心是不容易的。但比较起来,"自知"更难,自知是自己认知自己、主体认知主体。自己认知自己往往带有自我喜好、情绪乃至价值观,所以往往容易片面甚至错误。其实"知人"和"自知"并不是截然分开的。"知人"的基础就是"自知",如果不了解自我,那么去观察认知别人往往也是不准确的。

《列子》中记载了一个"疑人窃斧"的故事。有个人丢了一把斧子,怀疑是邻居家的儿子偷走的，于是，他看邻居儿子走路的样子，像偷斧子的；脸上的表情，像偷斧子的；言谈话语，像偷斧子的；所有的动作态度，无一不像是偷斧子的。不久，这个人在山上掘土，找到了那把丢失的斧子。第二天，他又看见邻居的儿子，这时再看邻居儿子的动作态度，一点儿也不像偷斧子的了。由于怀疑别人偷了斧子，所以犯了猜疑病，这是自己的心理、自己的思维定式影响到了对别人的认识，说到底就是不了解自己、不能正确地认识自己。因此老子说自知比知人更高明，也更难能可贵。

战胜别人只能证明有力量，而战胜自己才是真正的强大。人生最难战胜的不是别人而是自己。人生只有一个敌人，那就是自己。战胜自己就是与自己这个敌人作斗争。自己这个敌人是谁？就是自己的私欲，自己的功利心、是非心，自己的思维习惯、思维定式、心态模式，就是一切从自己出发的价值观。人一旦战胜了自己，那么谁也不能将你打倒，人都是被自己打倒的。

人的认识分为两个方面：对外部世界的认识和对自我内部世界的认识；人的建设也分为两个方面：对外部世界的认识和对自我内部世界的建设。而对于外部世界的认识根植于对自我内部世界的认识，对外部世界的建设亦根植于对自我内部世界的建设。修道者和非修道者的差别在于，修道者于自身之中寻找真理，实施改造与建设，故总有着力之处，能够不失其所在，因而有长久发展。非修道者则于外部世界寻找参照系，察他人之颜色，患得患失，不但难有成功与发展，而且自伤身心。老子认为，自知自胜，于内在下工夫，如此则身心必焕然一新，独立长存，不为时势所推移。

一、自爱与爱人

自爱，是自己珍爱自己的身体、人格、声誉，使自己生活得更有价值、更有乐趣、更有意义。洁身自爱，是做人的意义，是建立完美人格的根基。自爱与自尊常常连在一起。只有洁身自爱的人才能自尊，只有自尊的人才能洁身自爱。宋代周敦颐之《爱莲说》热情地赞颂了莲花"出淤泥而不染"的品格："予独爱莲之出淤泥而不染，濯清涟而不妖。中通外直，不蔓不枝。香远益清，亭亭净植，可远观而不可亵玩焉。……莲，花之君子者也！"我们要做到洁身自爱，就要时时保持莲花般的品质。

自爱不是自恋。那种过分珍爱自己的人就会变成一个自恋者,就会视自己为珍宝,视别人为草芥。这种态度违背了道德意义上自爱的要求。道德意义上的自爱是恰如其分地、公正地对待自己,同时又能诚挚地、热情地对待他人。这样才能真正做到自爱。古人说:"未有爱人而不自爱者,此人心也;未有害人而不自害者,此天理也。"我们要做一个既能自爱又能爱人的智者。自爱不是自私。自爱要求自己要自重,不要随波逐流,不要自轻自贱,超过了这个限度自爱就会变成自私。如果过分看重自己,乃至因此而斤斤计较,争名夺利,那就会影响人际关系,自爱便会变为自私。

现实生活中,许多人在新形势的考验和挑战面前,他们的人生观、价值观、利益观、地位观却发生了严重的扭曲,黑白不分,善恶不明,在思想观念上错把追求当愚昧,奉献当吃亏,艰苦当傻子,有的人以自我为圆心,一事当前,先替自己打算;有的挥霍浪费,讲排场,摆阔气。现代文明的发展,使人们更多地重视物质利益,追求物欲享受,因而容易忽视心灵上的追求。洁身自爱要求人们在物欲横流的现实生活中,自觉地追求心灵美,实现完美的人生。洁身自爱是个法宝。没有了这个法宝,就会心性不坚定,迟早会滑向欲望的深渊。

古人说"修其心治其身,而后可以为政于天下","百行以德为首"等,指的都是做人与做官、修身和立德的道理。做官先做人,做人先立德;德乃官之本,为官先修德。古往今来,为官者"不患无位,而患德之不修也";"不患位之不尊,而患德之不崇"。在历史的长河中,那些帝国的崩溃、王朝的覆灭、执政党的下台,无不与其当政者不立德、不修德、不践德有关,无不与其当权者作风不正、腐败盛行、丧失人心相关联。因此,领导者要正确对待做人与做官的问题。一方面,领导者也是人民群众中的一员。要学做人,做好人,注意自己的言行举止,珍惜自己的人格魅力,洁身自好,自尊自爱,做一个品德高尚的人,做一个顶天立地的人。另一方面,领导者又是一个公众人物,其一言一行对社会具有很强的导向作用。要清醒地认识到这一点,时刻以"君子检身,常若有过"的诚实态度,经常反躬自省,在实践中修身养性。把做人与做官统一起来,真正做到为民、务实、清廉,把做人的过程看做是完善人格、夯实从政基础的过程,把做官的过程看做是践行为民宗旨、加强党性修养的过程,就像毛泽东主席60

多年前号召共产党员的那样，把自己培养成"一个高尚的人，一个纯粹的人，一个有道德的人，一个脱离了低级趣味的人，一个有益于人民的人"。

二、知与不知，病与不病

《道德经》第七十一章："知不知，尚矣；不知知，病也。圣人不病，以其病病。夫唯病病，是以不病。"知道自己还有所不知，这是很高明的。不知道却自以为知道，这就很糟糕。有道的圣人没有缺点，因为他把缺点当做缺点。正因为他把缺点当做缺点，所以，他没有缺点。圣人之所以没有缺点，因为他把缺点当成缺点，自然会设法避开或加以改善缺点。一般人缺点为什么多呢？因为他不把缺点当成缺点，甚至找各种借口理由来掩饰，到最后缺点越来越严重，一辈子也改不了。

缺点就是"不知知"，不知道而自以为知道。圣人却是"知不知"，知道了却不自以为知道。因为我所知道的恐怕只是事物的某一部分、某一侧面、某一阶段而已，不自以为知道，就会不断上进。莎士比亚说："愚者总以为自己聪明，智者却知道自己愚昧。"真正有智慧的人会觉得自己无知，这样他才会不断地学习，获得新的知识。

因此，真正的知识来自"我知道自己不知道"，然后才会开始有真正的了解。像孔子说的"知之为知之，不知为不知，是知也"，最后那个"知"是明智的意思；知道就是知道，不知道就承认不知道，实事求是才是明智的。所以，圣人如果有什么秘诀的话，第一个秘诀就是能够自我反省，把"不知道而自以为知道"当做缺点，避免犯这种错误。

在社会生活中，有一些人自以为是，不懂装懂，刚刚了解了一些事物的皮毛，就以为掌握了宇宙变化与发展的规律；还有些人没有什么知识，而是凭借权力地位，招摇过市，便摆出一副智者的架势，用大话、假话欺人、蒙人。在自知之明的问题上，中国古代哲人们有非常相似的观点。《论语·为政》中，孔子说："知之为知之，不知为不知，是知也。"在老子看来，真正领会"道"之精髓的圣人，不轻易下断语，即使是对已知的事物，也不会妄自臆断，而是把已知当做未知，这是虚心的求学态度。只有这个态度，才能使人不断地探求真理。所以，老子认为，"知不知"，才是最高明的。在古今社会生活中，刚愎自用、自以为是的人并不少见。这些人缺乏自知之明,刚刚学到一点儿知识,就以为了不起,从而目中无人,目空一切,甚至把自己的老师也不放在眼中。这些人肆意贬低别人:抬高自己,以为自己是天下第一,这说到底,如果不是道德品质问题,那就是没有自知之明。

贞观十六年(公元645年),有一次唐太宗李世民对司空房玄龄等大臣说:"能正确认识自己的人是明智的人,但要做到这一点却非常困难。比如说一位君主,每天都要处理成千上万件国家大事,情况又非常错综复杂,人非圣贤,心智能力又有限,怎能把每件事情都处理得尽善尽美呢?这样说来,君主只有依靠匡正谏诤的臣子,来直言不讳指出他的过错,才能补救过失。由这件事我常思念魏徵,他忠诚耿直,遇到问题时能随时谏诤匡正,多次切中我的过失,这就是用明镜来照形体,美与丑都会看得一清二楚。"唐太宗勉励房玄龄他们也应该这样做。成语"自知者明"、"自知之明"、"人贵有自知之明"便源于唐太宗勉励房玄龄等大臣,要像魏徵一样敢于犯颜直谏。

三、先认识自己再战胜自己

一只猴子在猎人遗弃的木屋里发现了一支老旧破烂的猎枪。猴子知道这种喷火的玩意儿很厉害,凶猛的老虎、残忍的狼和力大无比的熊都怕它。于是,猴子欣喜若狂地把枪扛在了肩上。猴子觉得自己瞬间威武了许多,趾高气扬地在山林中绕了一圈,动物们见了它无不俯首称臣,这使它胆子更大了,扛着枪进了一座城市。人们在喧闹的大街上发现了这只不可一世的猴子。由于它扛枪的样子十分滑稽,逗得围观的人哈哈大笑。猴子见人非但不怕它,而且还拿自己开心,特别恼火,便把枪口对准了人群。也就在这时,猴子猛然想起了一个最关键的问题——它不会打枪。猴子于是彻底绝望了,垂头丧气地把枪扔在地上,仓皇逃离城市,回到了属于它的山林。

人生最大的敌人是自己,要战胜别人首先要战胜自己,而战胜自己的前提则是要认识自己。在任何情况下,都不要忘记自己是谁,否则就会像那只猴子一样当成别人的笑柄。

古希腊哲学家苏格拉底说:"人生最宝贵的知识,就是认识自己。"这位以移风易俗为己任的哲学家,有一天中午在太阳光底下,手上拿着一根点着的蜡烛在街上走,好像在寻找什么东西。他的学生跑上前去,问他道:"老师!您在找什么?"苏格拉底严正而认真地答道:"找自己!"认识自己的难,难在大家天天与自己在一起,却不注意自己;另一方面,大家都把注意力放在别人的身上去。有个寓言说:有一个人在人生的道路上走,背着两个包袱,在前面的一个写着"他人的过失",在后面的一个写着"自己的过失"。这个人一边走路,一边注视着他所背的包袱,但是因为那个"他人的过失"的包袱在前面,一低头便看到了,所以看得很清楚;而那个"自己的过失"的包袱在背后,所以看不到。因此,人生大都是"有知人之明,无自知之智"。那么,人生要怎么才能认识自己呢?其实,认识自己说难也难,我们只要把前后两个包袱时常调换着背,不是就有机会看到"自己的过失"和"自己的过失"都可以看得一清二楚了吗?

日本近代有两位一流的剑客,一位是宫本武藏,一位是柳生又寿郎。宫本是柳生的师傅。当年,柳生拜宫本学艺时,曾就如何成为一流剑客请教老师。柳生问:"以徒儿的资质,练多久才能成为一流的剑客?"宫本答:"至少要10年。"柳生觉得10年太久,又问:"如果我加倍努力,多久可以成为一流剑客?"宫本说要20年。柳生听后还以为自己的努力不够,又问:"如果我夜以继日一刻不停地苦练,多久可以成为一流剑客?"宫本说:"如果这样的话,你只有死路一条,哪里还能成为一流的剑客!"柳生越听越糊涂。这时候,宫本说:"要想成为一流的剑客,就必须留一只眼睛看自己。一个剑客如果只知道注视敌手,进击敌手,不知道回视自己,保护自我,那他就永远成不了一流的剑客!"宫本言之凿凿,让柳生顿开茅塞。

一个人要认识自己,就要在风雨兼程的艰难跋涉中留只眼睛看自己。只有这样,才能不断地透视自己的灵魂,检点自己的内心,在为理想而奋斗的过程中,一刻也不背离自己的初衷。

四、自胜者强

保罗迪克的祖父留给他一座美丽的森林庄园,他一直为此而自豪。可是,那年深秋,一道耀眼的雷电引发了一场山火,无情地烧毁了那片郁郁葱葱的森林。伤心的保罗决定向银行贷款,以恢复森林庄园以往的勃勃生机。可是银行却拒绝了他的申贷。沮丧的保罗茶饭不思地在家里躺了好几天。太太劝他出去散散心。保罗走到一条街的拐角处,看见一家店铺的门口人山人海。原来一些家庭主妇在排队购买用于烤肉和冬季取暖用的木炭。看到那一截截堆在箱子里的木炭,保罗忽然眼前一亮。回去后,他雇了几个炭工,把庄园里烧焦的树木加工成优质木炭,分装成 1000 箱,送到集市上的木炭分销店。结果,那 1000 箱木炭没多久便被抢购一空。这样,保罗便从分销商手里拿到了一笔钱。第二年春天他购买了一大批树苗。终于,他的森林庄园又绿浪滚滚了。一场大火烧毁了前人留给他的一座美丽的森林庄园,也毁掉了他曾经拥有的自豪。面对挫折和失败,主人公用自己的聪明才智战胜了困难,重新赢回了失去的一切。

"胜人者",凭借的是自我个体的蛮力,"自胜者",凭借的是坚强的意志。能够战胜自我的人,是具有天地之志的人。天地之志是收获大道、战胜一切的力量源泉。只有"自胜者",才是真正的强者。能以己之长处胜过别人,则可以形容为"有力"。而真正做到战胜自己不合于大道的种种欲望,除去自己的弱点和缺陷,才是真正的"强"。

老子说的"自胜",包含了两种不同的意义。一种是克制、战胜自我。老子认为"自胜"比"胜人"更为困难,是因为我们自身的人格缺陷以及恶劣的习性,都是根深蒂固的东西,是"自我"的构成因素。人有时在面对自己的时候是很脆弱的。人要战胜自己是如此的困难。然而,一个人如果无法战胜自己,一直在做自己认为不该做的事,就不能称之为成功的人。在另一种意义上,"自胜"可以理解为,在自我与他人的关系中,不必把注意力放在如何压倒别人、把自我与他人置于对抗的位置,而只需要关心如何发展自己、完善自己。人必须战胜自我的人格缺陷,才谈得上完善与发展。一般人说"胜"的时候,总是把眼睛盯着某个对手,而不能达到真正的"强"。"自胜者强",这是一种更高层次上的"胜",也可以说是不胜而"胜"。

其实,一个真正强大的人,不需要说自己胜过什么人。成功不是超越别人,成功是超越自我。每个人都有自己不健康的情感、不良的生活习惯,甚至还有一些见不得人的欲望。如果我们成了这些情感、欲望的俘虏,我们就会变得荒淫、自私、贪婪、怯懦、懒惰,那样,什么坏事和丑事都干得出来,任何一件有价值的工作也办不好。我们平时所说的做自我批评，就是不断战胜自我，把卑鄙的念头和冲动压下去。一个人想要战胜自己，关键是要自信。一个人在遇到挫折时会有两种心态：一种是，我一定能行，这点失败算什么？另一种是，算了，认输吧，再拼恐怕也躲不过失败的厄运。这两种心态中自信是天使，不自信是魔鬼，而且它们也都是最真实的你自己，最重要的是你要小心不要被魔鬼打败。

第四节　自胜者的"四不"之德

"胜人者有力，自胜者强。"意谓能战胜别人者是有力量的人，而能战胜自己缺点、管理好自己的人是真正的强者。领导者的成功与失败，决定于能否战胜自己，能否管好自己，只有先管好自己，才能有资格去管好他人。要战胜自己的错误、缺点和不足，就要通过加强修养使自己具备高尚品格和所需的能力。

《道德经》第二十四章："自见者不明，自是者不彰，自伐者无功，自矜者不长。"不局限于自己所见，所以看得明白；不以为自己为对，所以真相彰显；不夸耀自己，所以才有功劳；不仗势自己，所以才能领导。这些"自见"、"自是"、"自伐"、"自矜"，都是违背"道"的"无为"本性的表现。老子的这"四不"可以给领导者在提升自己的素养方面以有益的启示。

一、"四不"的内涵

第一，"不自见"。"见"在这里的意思是表现、显示。"不自见"，就是不要自我表现、炫耀自己的能力、功劳荣誉、身份地位或者富有等。一个领导者如果热衷于争面子、抬高自己、张扬外露，就很容易引起他人的反感，不仅会给自己带来麻烦，而且对自己的发展更是有害无益。另外，在与别人竞争的过程中，到处夸夸其谈、自我炫耀，很容易暴露自己的缺点和不足，从而被对手利用以致遭受失败。因此，作为领导者，特别是才华横溢、能力出众的领导者，一定要牢记老子的告诫："圣人被褐怀玉。"意思是说，虽然具有了不起的才华和能力,但却把它隐藏起来,并不炫耀,在外表上和普通人一样,与普通人打成一片,这才是明智的做法。这样做,反而为人们称颂,声名远扬。

过于表现自我,还容易影响与上司的和谐相处。从心理学上讲,每个人都希望超过别人,被别人尊重,被别人赞美。一般来说,上司忌讳下属挑战自己的权威,不愿看到下属超过他们。因此,领导者在作为被领导者时,无论在什么情况下,都要善于选择适当的时机和恰当的方式传递自己的意见和建议,以最大限度地维护上司的权威。大智若愚在某些时候是必要的,它是在特定场合对上司表示尊重、减少上司对自己的猜忌的一种正确做法,并不是装傻,并不是虚伪。大智若愚也正是老子的智慧之一。

第二,"不自是"。"不自是",是领导者应当而且必须具备的一种素养。领导者担负着带领一个团队共同奋斗、推动事业发展的重任,必须尊重实际,尊重客观规律,绝不能自以为是,一意孤行。"不自是,故彰",老子这句话告诉了人们不自以为是的好处。历史上那些建立了丰功伟绩、声名显赫的人物,多不是自以为是的人,他们的高明很大程度上就在于能够客观地看待自己,兼容并蓄,博采众议。

唐贞观元年,唐太宗得到几十张弓,认为都是良弓,非常喜欢。后来,拿去给工匠验看,工匠却说,这些弓木心不正,脉理皆邪,虽然很强劲,但射出去的箭往往不直,因而都不是良弓。太宗仔细观看,果然发现弓上的木纹有很多是斜的。由此,他悟出一个道理,感叹地说,原以为自己对弓的优劣是很有研究的,现在才知道并非如此。以弓箭平定四方,十几年弓不离身,日夜揣摩使用,尚且不能完全认识它,国家大事那样复杂繁多,又怎能样样都了解、都清楚呢?唐太宗由此认识到,自己并非完人,也会有过失。所以,他在执政期间,总是能够虚心听取和接受大臣们的意见,实施正确的治国方针,从而实现了"贞观之治"。

"不自是",至少要做到以下两方面。一要加强性格修炼。要克服固执偏执的毛病,不刚愎自用,走出以固执为"有个性"、"有主见"的误区。更不要像一些人,即使吃了亏,即使失败了,事实证明自己错了,但是私心压倒了与错误告别的勇气,不愿意承认自己的错误。要认识到上述表现不仅仅是性格问题,更是品德问题。二要培养自知之明。不要自我评价过高,总认为自己了不起,比别人看得远,知道得多,提出的见解高明。尤其是成长顺利、事业如意、春风得意,一路从胜利中走过来的领导者,很容易滋长自己一贯正确、绝对正确的陶醉感,更要正确认识和对待自己。

在历史上,以聪明人自居而招灾惹祸的例子不在少数,例如曾帮刘邦打天下、立汗马功劳的韩信,官封淮阴侯,不久就落下了杀身之祸,原因就在于他自恃有才而锋芒毕露,再加上其功高盖主,所以一抓住其"谋反"的借口,刘邦就迫不及待地把他给杀了。19世纪英国政治家查士德斐尔爵士曾经对他的儿子说:"要比别人聪明,但不要告诉人家你比他更聪明。"苏格拉底一再告诫他的门徒:"你只知道一件事,那就是你一无所知。"这些话,有一个共同的意思,就是即使你真的很聪明,也不要太出风头,要藏而不露,大智若愚。也就是说,在做人处世中,不要卖弄自己的雕虫小技,不要显得比别人聪明。

第三,"不自伐"。"不自伐",就是不自我夸耀,不自吹自擂。"伐"是自夸的意思。有一位老师曾经说过这样一段让人感触良多的话:"当我以为我什么都懂的时候,学校颁给我学士学位;当我觉得自己一知半解的时候,学校颁给我硕士学位;当我发现自己竟是如此孤陋寡闻的时候,学校颁给了我博士学位。"这位老师的话与"越熟的麦子头垂得越低"有着同样的寓意。在现实生活中,越是有才华、有能力、有功绩的人,往往越虚心,因为他们知道"山外青山楼外楼",跳出狭小的圈子,超出自己的大有人在,所以他们不自我夸耀、不自吹自擂。

古希腊哲学家捷诺曾讲过一个故事。一个学生问他的老师:"您所掌握的知识比我多许多倍,可是为什么您对自己的解答总是有点怀疑呢?"老师用手杖在沙土上画了个大圆圈,又画了个小圆圈,然后说:"大圆圈的面积代表我掌握的知识,小圆圈的面积代表你掌握的知识,这两个圆圈以外的地方就是你和我无知的部分。因为大圆圈比小圆圈大,因而接触的无知的部分也比小圆圈多,这就是我常常怀疑自己的原因。"这件事告诉了我们这样一个道理:一个人的已知与未知往往成正比。

知识使人谦虚,无知使人骄傲。有才华、有能力、有功绩的人,他的才华、能力、功绩是客观存在的,因而不需要自夸,不需要自吹。越不自我夸耀,就越显出他的可贵,越显出他的美德。可见,不自我夸耀,是一个人有高尚风范和良好修养的表现。身为领导者,不可不重视这一点。

第四,"不自矜"。"不自矜",就是不自高自大、目中无人、盛气凌人。老子说:"自矜者不长。"意思是说,自高自大的人因为不懂得尊重他人,因而成就不了大事业,不可能真正出人头地。即使他真有才华和能力,也不会受到人们发自内心的尊敬,无法留下久远的影响。

在领导者中,自高自大的一个突出表现,就是脾气大。台湾学者南怀瑾先生的《论语别裁》中有一段话,大意是:上等人有本事没脾气,中等人有本事有脾气,下等人没本事脾气大。这段话很耐人寻味。上等人有本事,是心性修养到家的高人,心胸海一样宽,能容天下之事,当然没有脾气,或者说,能克制自己不发脾气。中等人本事虽然比较大,但心性修养还没有完全到家,遇事克制不住,难免会发脾气。下等人缺乏修养,习惯于高估自己的本事,认为自己本事大,了不得,居高临下,常常大发脾气。我们常常可见很多领导者容易发脾气。这一是因为领导遇到的麻烦事多,处于矛盾冲突的焦点上,常常有事不遂愿的时候,也就常常会发脾气;二是因为领导处于上位,处于强势,没有什么顾虑,想发就可以发,不发不足以把人"震"住,不足以显示领导的权威。领导者动不动就发脾气说明自己的修养还不到家、自己的本事还不够大,因为有大本事的人,不发脾气也能解决问题,也能把事情处理得很好。有本事没脾气的人,让人发自内心地佩服、敬畏,这样的人才是高人。领导者应当做这样的高人。

二、"四不"的作用

老子提倡"不自见"、"不自是"、"不自伐"、"不自矜",总的来说,就是要人们多一点虚心。只有虚心,才能保持冷静,正确地认识自己,不断地修炼自己,进一步充实和丰富自己;只有虚心,才能听得进别人的意见,摆正自己的位置,赢得平和,避免争端。作为领导者,要努力做到"不自见"、"不自是"、"不自伐"、"不自矜",即"终不自为大",只有具有这样的素养,才能有所作为,成就一番大事业。

道家对管理者提出的"四不"要求,在管理中是极为重要的。实践一再证明,自是者必败,自矜者必亡,项羽百战百胜,自以为是,以乌江自刎告终;苻坚投鞭断流,骄态十足,终于淝水败亡;李自成进驻北京,傲气毕露,导致起义失败。所以,《在陕甘宁边区参议会的演说》中,毛泽东一再告诫全党同志:"共产党员决不自以为是,盛气凌人,以为自己是什么都好,别人是什么都不好;决不可把自己关在小房子里,自吹自擂,称王称霸。"

美国福特汽车公司的兴衰史也说明了这一真理。亨利·福特在开创这个汽车公司之初,能够做到"四不"要求,大胆起用能人库兹恩斯任总经理,锐意改革,建立了世界上第一条汽车装配的流水生产线。但是,随着企业的兴盛他"自是"了,"自伐"了,不但独揽大权,而且也辞退了库兹恩斯,终于失去了汽车大王的宝座,而被新兴的通用汽车公司所代替。后来,他的孙子福特三世接任,吸取了他祖父失败的教训,"不自伐"、"不自是",生产形势又出现了回升的好势头,但是,后来他又重蹈覆辙,犯了他祖父的错误,使福特公司再次翻车,从生产浪尖跌落了下来。

《战国策》中讲了"邹忌讽齐王纳谏"的故事:邹忌身高八尺多,形体容貌光彩美丽。有一天早晨他穿戴好衣帽,端详仔细看着镜子,对他的妻子说:"我与城北的徐公相比,哪一个更漂亮?"他妻子说:"您比徐公漂亮得多了,徐公怎能比得上您呢?"城北的徐公,是齐国的美男子。邹忌不相信自己会比徐公美,然后又问他的妾:"我与徐公相比谁更漂亮?"妾说:"徐公怎么能比得上您呀!"第二天,有客人从外面来拜访,邹忌同他坐着谈话,又问他:"我和徐公相比谁更漂亮?"客人说:"徐公不如您美。"又过了一天,徐公来了,邹忌仔细地端详他,自认为不如徐公漂亮;端详镜子仔细地看自己,又觉得自己的相貌远不如徐公的美丽。晚上躺着想这件事,说:"我妻子认为我美的原因是偏爱我;小妾认为我美的原因是害怕我;客人认为我美的原因是有事想要求助于我。"

邹忌于是上朝拜见齐威王,说:"我确实知道自己不如徐公漂亮。我的妻子偏爱我,我的妾害怕我,我的客人有事想要求助于我,他们都认为我比徐公漂亮。如今齐国土地方圆千里,一百二十座城池,宫里的妃嫔和侍从们,没有谁不偏爱您;朝廷中的大臣没有谁不害怕您;全国的百姓没有谁不有事想要求助于您:由此看来,大王您受到的蒙蔽很深啦!"

齐威王说:"好。"就下了命令:"所有的大臣、官吏、百姓能够当面指责我的过错的,可得到上等奖赏;上书直言规劝我的,可得到中等奖赏;在众人聚集的公共场所指责议论我的缺点，传到我耳朵里的，可得下等奖赏。"命令刚下达，群臣都来进谏，门前、院内像集市一样人来人往；几个月以后，大臣们还偶尔来进谏；一年以后，即使想进谏，也没什么可说的了。燕、赵、韩、魏等国听说后，都到齐国来朝见。这就是身居朝廷，不用出兵，就战胜了敌国。

三、"四不"的逻辑递进

老子连续四个"不"反对以自我为中心，化解自我执著。第一句"不自见，故明"，如果任何事情你都以自己所见到的为标准，那你就看不明白。西方哲学为什么从《柏拉图对话录》才开始高潮迭起，因为是"对话录"，我跟你的意见不一样，我们来对话；对话之后，你把你的从不同角度看到的东西告诉我，使我看到了事物的这一面，也看到了事物的那一面，这样才全面。我们都有这样的生活经验，不同年龄、不同阶层的人看到的东西不一样，两边对照之后，才能够发现真相。所以在希腊时代，"真相"这个字是发现的意思，人平常总被自己的主观见解所遮蔽，只有不总认为自己所见到的总是对的时，才可能发现真相。

第二句话"不自是，故彰"，不要总认为自己是对的，老认为自己是对的，就不能彰显真实的情况。"明"和"彰"都代表能够看得清楚，让真相彰显出来。我们常常说，你不要那么主观，你要跳开自己的立场，才能够客观；但事实上，你再怎么客观，还是会有一定的立场，一定的观点。老子只是提醒我们说，你不要走得太极端了，太局限自己的所思所想。

老子很喜欢用"明"这个字，"自知者明"，"明"是"启明"。用庄子的话说，从"道"来看万物，万物没有贵贱之分，这叫做启明。看任何东西的时候，不要这个贵，那个贱；这个如何，那个如何；从万物本身来看，它们都值得欣赏。了不了解比你喜欢不喜欢更重要，你连真相都没弄清楚，你说你喜欢这个不喜欢那个，只是一种主观的一相情愿而已。

接下来，老子说一个人要"不自伐"，你别到处夸耀自己。孔子问学生颜渊，"你有什么志向？"颜渊说："愿无伐善，无施劳。"意思是，我希望做到：不夸耀自己的优点，不把劳苦的事推给别人。"无伐善"就是不夸耀自己的优点。这说明儒家和道家在修养上有很多相通的地方。不夸耀自己的优点，你才有功劳；明明是你做的事，但要你知道，没有一个人可以做成所有的事情，或者即使你做成一件事,也不是靠你一个人的功劳,你需要各种条件的配合,需要别人来帮你。

第四句,不仗恃自己,才能领导别人。如果你说这个团体都靠我一人,只要我在,就没有问题;但你真的去做事时,别人不会服从你的领导,认为你骄傲自大。"夫唯不争,故天下莫能与之争"。"不争"代表我没有必要在每一点上胜过别人。每个人都是在某一点上各有优点,各有专长,不用去争。我如果有某一方面的专长,到时候轮到我上台,轮到我做每一件事,我自自然然就去做了。

四、勇于改变自我

《论语·子罕》中说:"子绝四:毋意,毋必,毋故,毋我。"君子有四件事是必须破除的,就是不任意猜测,不坚持己见,不顽固拘泥,不自我膨胀。要设法把"自我执著"化解,懂得尊重和理解别人。道家更为开阔,不仅对别人要尊重,对于宇宙万物都要加以尊重。

宋朝一些学者认为孔子是天生的圣人,好像孔子生下来就很完美,很伟大。事实并非如此,如果孔子生下来就很完美,那我们也不用跟他学,因为"生而知之",学也学不到。他的学生推崇他是可以理解的,子贡就说过:"夫子之不可及也,犹天之不可阶而升也。"老师让我们赶不上,就像天空是没有办法靠楼梯爬上去的。不过孔子一定不认同这种说法,他自己说:"吾少也贱,故多能鄙事",年轻的时候贫寒低贱,所以学会了很多事情。也就是说,孔子的知识、品德和能力是靠后天慢慢修养,提升上去的。而自我修养在他看来,最主要的一件事是化解自我的执著。

这四点都是针对自己来下工夫。首先就"意"来看,每个人都有想象力,都可以猜测事理。一般而言,在事情尚未发生、理由尚未查明之前,我们都喜欢发挥想象力,凭空猜测。还有人则喜欢表现聪明,预先猜想结果,猜对了是先见之明,猜错了是事有蹊跷。孔子不会犯这个毛病,他是"毋意",不凭空猜测。

其次,"必",坚持己见。"毋必"是指不全盘肯定,坚持一定要如何,不会在别人和自己意见不一样时,认为我一定是对的,所有言论,都是以"全称命题"最有力。但全称命题的弱点很明显,只要找到一个例外,它就站不住脚。因此,说话或者判断时,最好留些余地,以免将来后悔。我们应该坚持自己的原则,但在涉及他人时,就必须有宽容的心胸。

接着,"固"是不知变通的意思。人的习惯,不论在思想或者行为上,一旦形成之后,就不易改,僵化而不知变通。但是时代变了,趋势变了,如果一味坚持以前老的做法是行不通的。孔子"毋固",懂得变通,鼓励大家不断学习,因为"学而不固"见多识广之后,可以避免顽固执著,自己的心情也会比以前开朗。

最后,"毋我"是指不自以为是。一个人在社会上跟别人来往,很容易自我膨胀,稍微有一点成绩,就认为自己超过别人。孔子不自我膨胀,因为儒家对于人我关系首重"恕"字,"如心为恕",就是将心比心,为人设想;"己所不欲,勿施于人",凡是牵涉到别人的言论,都要谨慎为之,以免自我膨胀而否定别人,形成各种不必要的困境。

"意、必、固、我"是连续发展的步骤,一步走错,陷于主观的臆测,坚持己见,不知变通,就很可能自以为是,把想象当做一个信念来坚持,反而看不清事理的发展。一块钱的铜板虽小,若是紧靠眼睛,也会遮蔽一切阳光。所以君子修养,主要是化解我执。因为一个人的聪明才智越高,越容易陷入自我中心的困局。他所见的一切,都由自己的角度出发,同时可以形成合理的系统,看起来无懈可击;面对别人的质疑,也可以说得头头是道。孔子是天资极高的人,却反其道而行之,努力超越自我中心的困局,"意、必、固、我"这四种毛病都没有,在修养上下了很深的功夫。他被孟子推为"圣之时者",就是不陷于自我执著,随着"时机"改变而调整观念与行为。

有个小寓言也许可以给我们一点启示。有一条小河流从遥远的高山上流下来,经过了很多个村庄与森林,最后它来到了沙漠。它想:"我已经越过了重重的障碍,这次应该也可以越过沙漠吧!"当决定越过沙漠的时候,它发现它的身体已经渐渐地消失在泥沙当中了,它试了一次又一次,总是徒劳无功,于是它灰心了:"也许这就是我的命运,我永远也到不了传说中浩瀚的大海了。"

这时候,四周响起了一阵低沉的声音:"如果微风可以跨越沙漠,那么河流也可以。"原来,是沙漠发出的声音。小河流很不服气地回答说:"那是因为微风可以飞过沙漠,可是我却不行。""因为你坚持原来的样子,所以你永远无法跨越这个沙漠。你必须让微风带着你飞过沙漠，到达你的目的地，只要愿意放弃你现在的样子，让自己蒸发到微风中。"沙漠用它低沉的声音说道。小河流从来不知道会有这样的事情，"放弃我现在的样子，然后消失在微风中？"小河流无法接受这样的概念，毕竟它从未有这样的经验，叫它放弃自己现在的样子，那不是等于自我毁灭吗？

"我怎么知道这是真的？"小河流问。"微风可以把水气包含在它之中，然后飘过沙漠，到了适当的地点，它就把这些水气释放出来，于是就变成了雨水。然后，这些雨水又会形成河流，继续向前进。"沙漠很有耐心地回答它。"那我还是原来的河流吗？"小河流问。"可以说是，也可以说不是。"沙漠回答，"不管你是一条河流或是看不见的水蒸气，你内在的本质从来没有改变—H20。你坚持认为自己是一条河流，是因为你从来不知道自己内在的本质。"此时，小河流的心中隐隐约约地想起了自己在变成河流之前，似乎也是由微风带着飞到内陆某座高山的半山腰，然后变成雨水落下，才变成今日的小河流。于是，小河流终于鼓起勇气，投向微风张开的双臂，让微风带着它，奔赴它生命中的理想愿景。

拿破仑曾经说过："一个人如果能征服自己，他就能征服整个世界"。作为领导者首先要具有"超越自我"的品质。"超越自我"，是领导本色。现代企业运作之路的起点就是领导自我，终点就是超越自我。人，最大的敌人就是自己，只有不断超越自我的人，才会勇于创业，不惧失败，敢做别人不敢做的事。

"超越自我"，是领导本色。作为领导必须要具有"超越自我"的品质。领导者要追求卓越，不能满足现状，不能有自满思想，要寻找和思索如何向比自己更好的强者挑战、超越自我。张瑞敏说，在任何时代，最大的敌人都是自己。海尔在管理上的所有新探索，归根结底，都是要在成功之后，为了永续生存而不断向新的高度攀登。超越自我的前提是反思自我。对自己的领导行为进行深刻的反思。"超越自我"的一个关键环节是对自我的否定，这也是最难得的一步，其次是重塑自我，然后再进行"自我否定—重塑自我"的循环。这个循环的过程就需要不断地"超越自我"。对于领导者来讲，"超越自我"必须要克服的是"自以为是"，否则的话就会"盲目自大"。领导者的"自以为是"表现为很高傲、傲慢、自满、高高在上的样子，自负、保守、自大、自以为了不起。高傲、傲慢、自满的领导会认为现状很好，一切都在掌握之中。自负、保守可使领导者沉湎于过去所获得的成功经验，或传统习惯之中，不愿再接受新的东西，不愿再冒险创新。自大、自以为了不起的领导者常会忽视竞争对手，从而为企业的发展埋下隐患。"自以为是"是最可怕的心智模式。作为领导者要时常警觉自己是否患上此病。因此对于领导者来讲必须要克服"自以为是"的情绪。

第二章

至虚守静

《道德经》第十六章:"致虚极,守静笃。万物并作,吾以观复。夫物芸芸,各复归其根。归根曰静,静曰复命。复命曰常,知常曰明。不知常,妄作凶。知常容,容乃公,公乃全,全乃天,天乃道,道乃久,没身不殆。"这章的意思是说,竭力使心灵虚寂达到极点,切实坚守清净达到顶点。万物蓬勃生长,我看出循环往复的道理。万物尽管生长得纷杂茂盛,最后还是各自返回根本。返回根本,叫做虚静,虚静中又重新孕育着新的生命。重新孕育新的生命是有规律的,认识了规律就叫做"明"。不认识规律,盲目乱干就会有"凶"的结果。认识常(规律)才能一切包容,一切包容才能坦然大公,坦然大公才能无不周遍,无不周遍才能符合自然,符合自然才符合"道",符合"道"才能长久,终生不会遭受危险。

老子告诉我们,常道就是至虚,博大虚空,体道就是要守静专一。天下万物的运行就是这样反反复复。虽然万物芸芸而不同,但都要复归到它们的本原初始。而这个所谓的回归到本原就是"没身",就是无身,无身就是静。这个静仅仅是表面上的静,就像冬天,冰雪覆盖了大地,自然界万籁俱静,大部分的动植物都似乎死去,这就是被老子称作的静。而到了春天,万物复苏,又是生机勃勃。静的对立面是动,有静才有动,有动亦有静。动与静对立而统一。万物就是这样动而归静,静而生动地反反复复地运动着,存在于这个充满着动静结合的世界上。这就是天道在自然界的表现。世界是动的,天道运行规律的表现却是以静制动,以静生动。千变万化都要回到本原的状态中。

《大学》中说:"知止而后有定,定而后能静,静而后能虑,虑而后能得。"静是一种很好的心态,是心与道相通的表现。程颢有诗《秋日偶成》:"闲来无事不从容,睡觉东窗日已红。万物静观皆自得,四时佳兴与人同。道通天地有形外,思入风云变态中。富贵不淫贫贱乐,男儿到此是英雄。"心情闲静安适,做什么事情都不慌不忙。一觉醒来,红日已高照东窗了。静观万物,都可以得到自然的乐趣,人们对一年四季中美妙风光的兴致都是一样的。道理通着天地之间一切有形无形的事物,思想渗透在风云变幻之中。只要能够富贵而不骄奢淫逸,贫而能保持快乐,这样的男子汉就是英雄豪杰了。可见,静还是从容,静能通天地有无间,能入风云变幻中;静就能自得其乐,宠辱不惊。

第一节　享受寂寞

对于领导者来说,静,说到底是平心静气,理智思考,慎于决策。头脑清醒,不慌乱,不急躁,不冲动,不生气。人生体道方式之一就是要耐得住寂寞。台湾"国学"大师南怀瑾先生认为:有所准备,有所追求,然后才可以甘于寂寞。王国维在《人间词话》中说过,古今之成大事业、大学问者,必经过三种境界。第一种境界就是"昨夜西风凋碧树,独上高楼,望尽天涯路"。树叶飘零,形影相吊,登高望远,路无尽头,这是怎样的一种寂寞? 但就是这样的寂寞才可以培育出灿烂的花朵。只有在寂寞中奋斗,在寂寞中前行,才能登上不胜寒的高处。在寂寞中养精蓄锐,在寂寞中"苦其心志,劳其筋骨,饿其体肤,空乏其身,行拂乱其所为",才能够达到成功。"衣带渐宽终不悔,为伊消得人憔悴。"这是第二境界。"众里寻他千百度,蓦然回首,那人却在灯火阑珊处。"这是第三境界。

一、耐得住寂寞,守得住理想

寂寞者如曹雪芹,批阅十载,增删五次,方有鸿篇巨制《红楼梦》。寂寞者如马克思,终日与桌椅书卷为伍,历时十几年而完成传世名著《资本论》。寂寞者如徐霞客,独身一人,历数十载,足迹踏遍祖国的名山大川,终有《徐霞客游记》横空出世。他们努力的路上不为人知、无人喝彩,他们寂寞的身影无人遥望,只有枯灯黄卷和清风明月相伴,而他们耐得住寂寞、守得住理想,终于使自己的人生在寂寞中丰盈、高大、厚重起来。

不足 10 平方米的小屋,一盏昏黄的煤油灯,一张床板上一支笔,几麻袋的草稿纸,在这样的艰苦条件下数年如一日,陈景润攻克了世界著名的数学难题"哥德巴赫猜想"中的"1+2",与数论皇冠上的明珠"1+1"只是一步之遥,其成就至今仍然无人能及。世界级的数学大师、美国学者阿·威尔称赞陈景润的每一项工作都好像是在喜马拉雅山山巅上行走。绝顶独行,何其寂寞,需要何等的忍耐与毅力?守得寂寞,才能坚守忠诚,不为外界所惑,安静躁动的心灵,驯服狂乱的思绪,把无休止的欲望归于最有价值的地方,从而成就一番真正的事业。世道沧桑,人生无常,唯一不变的是变化。凡世之人,如果不能耐住寂寞,随波逐流,必会虚度光阴,一事无成。

德国著名哲学家叔本华在柏林大学任教期间,不甘无名,与其认为是"徒有虚名的诡辩家"的黑格尔同时授课。但黑格尔当时如日中天,叔本华挑战败北,最后课堂上空无一人,只得黯然离开,移居法兰克福,在那儿度过了寂寞的晚年。年轻的领导守住寂寞,就要像《荷马史诗》中的奥德赛那样,面对"灯光摇曳"、"柔情蜜意",自觉"塞耳"和"捆绑",经得起诱惑,把得住底线,时刻保持政治清醒。守住"寂寞"是领导的一种修养,守住"寂寞"是领导的一种境界。有句话说,成大事者需要大境界。这种"大境界",很重要的一点就是守住"寂寞",耐住清苦。正如学者周国平先生所言,一个人存在的意义是以他承受寂寞的程度来衡量的。你越能耐得住寂寞,你的意义便越大。因为,一个人只有在寂寞中,你才能磨炼你自己,才能获得你自己,才能真正理解你自己,才能最终成就你自己。

有一位美国海军陆战队上尉、美国驻华使馆海军参赞,叫卡尔逊。在抗日战争期间,美国前总统罗斯福对卡尔逊说:"我想请你在中国期间为我做点事",让他把在中国见到的一切写信直接寄给他。卡尔逊上尉曾多次见到毛泽东,并交谈。对毛泽东主席留下了难忘的印象:"这是一位谦虚的,和善的,寂寞的天才,在黑沉沉的夜里,在这里奋斗着,为他的人民寻求和平的公正的生活。"

致虚和守静,用现代心理学的寓言,可以表述为健康的心理暗示。中华气功十分奇妙,其中的奥妙和神秘,所谓气成丹田,排除杂念,运气自如,变精神为"物质",其实都是致虚守静的实践运用。整个过程,就是心理的自我暗示和调适。在治病方面就是这样:许多人是不该死的,被医生告知晚期癌症后,脆弱的病人精神崩溃了,不良的心理暗示不断加剧,导致了生理的加速崩溃。多半是被吓死的。有位老太太,七十多岁了,身体一向不好,结果查出了晚期癌症,需要手术。谈到医疗费用,老太太吓得直哆嗦,回家吧,到家后,反而觉得一身轻松:反正没钱,七十多也够本了,比起那早逝的老头子算是长寿了。于是,精神负担一扫而空,心静下来了。医生给的多种建议和注意事项,统统忘到爪哇国了,有什么吃什么,实在没吃的,房前的几颗枣树结出的枣子,也是可以充饥的。一来二去,春去秋回,十多年过去了,老太太依然健康地活着。"医疗下乡"帮她检查,癌症居然不见了。

佛教修行,宗派林立,方法不一,不过,撇开表面的区别,却能找到核心的"雷同",那就是一个字,"静!"禅宗讲究打坐参禅,与气功修炼如出一辙,收获的是"心静";莲宗的修炼方法更简单,念佛号,可以念,可以吟,可以诵,可以唱,还可以默想,身处什么环境都可以。"南无阿弥陀佛",一遍又一遍,反反复复,久而久之,面目自然轻松,精神负荷自然放下,全身血气流通,并有美容美发之附加收获。中医里也有一个普遍疗法,称为"静养"。原理是一样的。静养,不是要你躺在床上不能动弹,而是要你静心或心静,通过静收获养。

一般认为,从汉代开始,儒家文化一直位居中国文化的主流和支配地位,而道家思想只屈居暗流。然而,仔细品味,可以发现,在中国传统文化中,道家的思想精髓,却犹如水润万物,几乎无孔不入地渗透于文化的各个领域。无论是内容,还是形式,中国的"多元"文化,都能在"心灵的静谧"这一核心上寻找到结合点。儒家的君子风度,法家的刚正人格,佛家的菩萨心肠,兵家的运筹帷幄,墨家的兼爱非攻,无论以何种方式"修成正果",都少不了一个"心静"的基本内核。表现在中国传统文化的把玩上,琴棋书画,都是"静心"之作。传统的琴,主要有古筝、古琴、琵琶、二胡等,委婉悠缓,演奏者必须静心而坐,沉浸其中,不能有丝毫的狂躁;中国的棋,象棋、围棋,凭的都是静心斗智;书和画,使用的是毛笔,需要意在笔先,遥感发力,精神意念中需要万籁俱寂。这四项功夫的训练,方式各异,却殊途同归,无一例外的都是围绕"心静"的训练。

诸葛亮晚年,将自己一生的感悟浓缩在一句话里,送给自己的儿子,没有粉饰,没有矫情,这句话就是"非淡泊无以明志,非宁静无以致远!"两次否定的语气,是毫不迟疑的肯定,容不得丝毫的怀疑。

二、倔强而寂寞的仇和

2004 年 2 月,《南方周末》在头版头条以"江苏宿迁最富争议的市委书记:倔强而寂寞"为标题,将仇和变成了中国政坛几乎家喻户晓的新闻人物。社会各界围绕仇和的争议至今未断,人们非议他的强权和作为,而更多的人则津津乐道于他的"铁腕"行政。

"不争论,大胆地试,大胆地闯,发展才是硬道理。"邓小平的这句话是仇和改革的一个准确注解。仇和改革的十大亮点:一是铁腕反腐。1996 年 12 月起仇和以宿迁市委常委、副市长之衔兼任沭阳县委书记开始推行铁腕反腐。二是教师招商。1998 年宿迁沭阳县,给教师下达"招商引资"任务,被中央电视台《焦点访谈》报道。三是曝光小偷。1999 年宿迁沭阳县让有小偷小摸等行为的人,在电视上念检讨书,取名"沉重的忏悔",被《南方周末》报道。四是教育市场化。2001 年起宿迁推行教育事业改革,将学校推向市场,变为民营。五是医疗市场化。2001 年起宿迁市强力推进医疗改革,将所有医疗机构进行股份制改革。六是强令官员经商。2002 年宿迁推行 1/3 干部离岗招商、1/3 干部轮岗创业,副处级干部的任务是 500 万元/年,完不成任务的干部,所在部门领导免职。七是人事改革。2003 年初起仇和在宿迁推行干部任用公推公选制度改革,成为江苏这一制度的发源地。八是勤廉公示。2004 年 7 月宿迁推出勤廉公示制度,将党政主要干部资料在《宿迁日报》上公布,由人民提出问题,干部公开"述职述廉"。九是限桌令。限制市内居民的婚宴不能超过 8 桌,党员更只可摆 5 桌,否则,就会被罚款。而且,他更声言"欢迎举报",而有党员就因为违规而被罚款。十是挑战人治限度。仇和推行强制拆迁铁腕政策,并要求农民出义务工整治京杭大运河航道,修筑河堤;通过企业垫资,要求公务员、教师借出工资等方式筹资来进行修路等基础设施建设。

仇和上任后做的第一件事,就带来了争议。上任当晚,他夜巡城区,结果在路边 4 次踩到大便。一位老干部拉着仇和的手,指着院子旁堆积如山的垃坂甚至哭起来：“这还像人住的地方吗？”全县5000多名机关干部被仇和勒令充当“清洁工”，两周之后，环境有了明显改观。但议论随之而来，说他“不抓工，不抓商，只抓四面光”。

仇和的强硬和“铁腕”的一面慢慢表现出来。他将矛头开始对准社会治安。在连续几次部署严打后，仇和却发现上午开会，下午就有人通风报信，“治安的问题是警匪一家。”在全县政法系统大会上，仇和这句话遭到公安局长姜正成的当场顶撞：“这是对我们公安局的侮辱，你要收回这句话，挽回影响。”“当着一千多人的面吵啊，”沭阳县一位干部后来告诉记者，“场面乱作一团，仇和脸色铁青，说‘那让事实来证明，我说的对不对’。”1997年2月20日，姜正成被免去公安局长职务，调县委政法委工作。新任局长王守明查出沭阳5年来非正常保外就医、非法取保候审人员达1884人。其后，沭阳一夜之间调动41个派出所长异地轮岗，对嫌犯展开追捕。仅1997年一年，全县就破获各类刑事案件4656起。这一场交锋，以仇和的胜利作结。

与此同时，沭阳人见识了更多的“仇和风格”：一位副县长开会迟到，他抬腕看表，“你迟到5分钟，站着听吧，站在门外听。”发展到后来，在沭阳和宿迁开大会，对每个与会的干部进行编号，设迟到席。每次会后，通报迟到缺席者，并勒令次日到纪委交检讨，罚款50~100元。

仇和的表现获得了认可，他获得了“十大中华经济英才”奖；影响中国改革30年改革之星称号；中国城市发展改革创新模范人物；2009中国城市十大风云首脑；第十届中国时代新闻人物等。

三、德不孤，必有邻

《论语·里仁》中说：“德不孤，必有邻”。孔子说，有道德的人不会感到孤单，因为一定会有志同道合的人和他做朋友。南怀瑾先生解释为：自己有道德的涵养，能够体用兼备，那自然会影响身边的人。

南怀瑾先生还认为，孔子的这句“德不孤，必有邻”和“大学”中提倡的“正心、修身、齐家、治国、平天下”所说的是同样的道理，他讲了自己读过的一个小故事：以前有一个人很清廉，告老还乡之后也一直过着清苦的生活。一天他在自家门前看到有人在卖一条活蹦乱跳的鲜鱼，于是就走向前去询问价格，但一摸口袋中没有钱，只好作罢。回到家后和妻子谈起此事，妻子就说："你为何不写一张纸条给卖鱼之人呢？"他十分好奇地问写什么纸条可以买到鱼？妻子笑言："你就写上'清廉'两字，他便把鱼卖给你了。"

这个故事说明了那些为道德而生存的人，很多时候会感到一种孤寂和冷清。所以南怀瑾先生说，如果一个人能把寂寞当成一种享受，那么便可以说他是讲道德之人了；如果把寂寞看成难以忍受的痛苦而不是享受，那么就很难讲真学问、真道德了。《菜根谭》中说："富贵名誉，自道德来者，如山林中花，自是舒徐繁衍；自功业来者，如盆槛中花，便有迁徙兴废；若以权力得者，如瓶钵中花，其根不植，其萎可立而待矣。"意思就是说，世间的财富地位和名声，如果是通过提高品行和修养所得来，那么就像生长着的漫山遍野的花草，自然会繁荣昌盛绵延不断；如果是通过建立功业所换来，那么就像生长在花盆中的花草，会因为迁移变动或者繁茂或者枯萎；如果是通过玩弄权术或依靠暴力得到，那么就像插在花瓶中的花草，因为没有根基，很快就会枯萎。

陶渊明是东晋后期著名的大诗人和文学家，他生性淡泊，在生活贫困不堪的状况下依然坚持读书写诗，他怀着一种"大济苍生"的赤诚愿望，努力在错综复杂的官场里生存。但是朝政的腐败和黑暗，让他最终选择了辞官回家，而他"不为五斗米折腰"的清廉故事一直被后人称颂。陶渊明在不惑之年经不住朋友的再三劝说，再次出任了彭泽县令。到任不到三个月，就碰到浔阳郡派遣督邮刘云来检查公务，此人以狡诈凶狠和贪婪远近闻名，而且每次都以巡检为名向辖县索要贿赂，一旦有人不买他的账，就会被栽赃陷害。县吏都说当督邮刘云要来之时，应该备好礼品、穿戴整齐，并恭恭敬敬地迎接他。此时，一向清正廉明的陶渊明叹道："我怎么能为了五斗米薪俸就向乡里的小人低声下气地献殷勤。"说完，再次辞官归乡。从此他一面苦读诗书，一面躬耕于田野，过着"采菊东篱下，悠然见南山"的田园生活。

陶渊明原本可以衣食无忧，荣华富贵享用不尽，但他却坚定地选择归耕山野，不与污浊同流，在山间湖边过着艰苦的生活，他没有抱怨和不甘，相反他以一种淡然的态度看待这一切，享受着茅屋赋诗、荒地躬耕的乐趣。恰恰是因为这样，他写出了那些流芳百世的独特诗篇为后人留下了弥足珍贵的文学和精神财富。

陈子昂是唐代文学家,因曾任右拾遗,被后世称为陈拾遗。他那首"前不见古人,后不见来者。念天地之悠悠,独怆然而涕下"的诗句,十分贴切地诉说了心中的寂寥和孤单。陈子昂虽然才华横溢、学富五车,但是初到京城长安的他却无人赏识。一天,他在长安街上闲逛,忽听到有一位年迈的老者在街边大声地叫卖:"上好桐琴觅知音,知音者快来买啊!"陈子昂心中有些好奇,就走到老者的摊前,仔细观看那把琴,心中暗想:果然是把好琴。于是就对那位老者说道:"老人家,这把琴我想买,您看多少钱?"老者从上到下把陈子昂打量一番后说:"公子果真想买这把琴吗?我看公子相貌不凡、举止不俗,想必一定非寻常之辈。实不相瞒,倘若是别人买不少于三千钱,若是公子要买就两千钱。老朽只愿好琴遇知音,能够物尽其用,也就安心了。"陈子昂却二话不说地将琴买下了。买下琴之后,陈子昂对围观的人们说:"在下陈子昂,略通琴艺。明日我在寓所宣德里为大家演奏,敬请各位到场。"

第二天一大早,陈子昂的寓所就挤满了前来听琴的人,其中不乏当时的文人墨客和各界名流。很快,陈子昂抱琴而出,对所有观者说:"在下感谢各位捧场,但我陈子昂弹琴是假,摔琴是真!"话音还未落,陈子昂手中的上好之琴就被摔得七零八落。此时,陈子昂大笑道:"我陈子昂自幼寒窗苦读,经史子集铭刻于心,诗歌文章无所不通。今日借摔琴之由让在座的各位读一读我的诗文。"言毕,陈子昂从箱子中取出自己的诗歌文稿分给众人品读。在场的文人名流看过陈子昂的诗文之后,个个惊叹不已,他的诗篇和文章果然精美绝伦,字字珠玑!没过多久,陈子昂的名字和锦绣诗文就在京城传开了,朝廷也开始重用他。

一个真正有才学、有道德的人,一定会有人赏识和了解。假若陈子昂没有真道德、真学问,就是在门前砸烂几十把好琴,其学识也不一定得到别人的推崇和认可。所以,不断修行自我身心和学识的人,一定要学会享受寂寞,然后才可能觅到真正的知音。

第二节　拿得起,放得下

《道德经》第二十六章:"重为轻根,静为躁君。是以君子终日行不离辎重。

虽有容观,燕处超然。奈何万乘之主,而以身轻天下? 轻则失根,躁则失君。"
重的为轻的根基,如:飘忽的树叶、轻扬的柳条是以重实的树根为根底的;高高
的塔尖是以厚重的底座为根基的,寂静的为躁动的主宰。所以君子若是整天
在外行走远路就不能离开载物的辎重车辆。虽然有这么豪华的生活,却能安
闲却超然而处之。怎么一个大国的君主,还要轻举妄动而不惜丧失天下呢?
身轻于天下,就会失去根基,内心躁动不静就会失去自我的主宰。

　　拿得起,放得下,举重若轻,从容自然,是心理空灵的一种表现。这一状
态,被庄子委婉地表述为,此亦一是非,彼亦一是非。一日,弟子问庄子:"辩论
可否确定是非?"庄子答道:"假使我与你辩论,你胜了我,你就果真是,我就一
定非吗? 我胜了你,我就一定是,你就一定非吗? 我俩有一个是,有一个非吗?
抑或都是,抑或都非吗? 我与你无法判断,则人各执己见,有所不明也。请意
见与你相同的人来裁判,既与你相同了,怎能判定呢? 请意见与我相同的人来
裁决,既与我相同了,怎能判决呢? 请意见与我你都不同的人来裁决,既与你
我都不同,又怎能断定你我究竟谁是谁非呢? 请意见与你我都相同的人来裁
决,既与你我都相同了,又怎能裁定? 那么我与你与人都不能确定谁是谁非,
再又靠谁来判定呢?"听完老师一大段绕口令般的教诲,弟子深感困惑苦恼,
问:"那怎么对待是非问题呢?"庄子道:"万物本是浑然一体的,看者的角度不
同,便有了不同的判断,便有了不同的是非评价,孰是孰非都取决于看者的角
度,因而并不是固定不变的。我有我的是非,你有你的是非。并不需要强求一
致。"弟子若有所思。

　　庄子想告诉我们的是,别拘泥于大众、舆论、媒体、宣传等等提供或者灌输
给你的各种"原则""真理""正确""条条框框",人家拼命追求的,你不一定也
要去拼命追求,人家视为宝贝的,不一定也是你的宝贝。虽然世界只有一个,
但是,个人又有各自的"世界",每个人心中都有自己的"地平线",没有举世公
认的、放之四海而皆准的地平线。

一、做回自己

老子和庄子想告诉我们,应该学会悄悄地从人群走出来,真正找回自己。
没有了热闹,便没有了浮躁;没有了喧嚣,便守住了宁静;没有了人云亦云,便

有了从容不迫的自己。

从前有个父亲带着儿子去市场卖驴子。驴子走在前头,父子俩随行在后。村里的一位老人看后笑道:"真傻啊!骑着驴子去多好,却在这沙尘滚滚的路上漫步。""对啊!说的对啊!"父亲突然觉得很有道理。"孩子,骑上驴子吧!我会跟在旁边,不会让你掉下来的!"父亲让孩子骑在驴子上,自己则跟在旁边走着。这时,对面走来两个父亲的朋友,朋友大声地说:"喂!让孩子骑驴,自己却徒步,现在就这么宠孩子将来还得了?为了孩子的健康,应该叫他走路才对。"于是,父亲让孩子下来,自己则骑上驴背。

走着走着,碰见几个同去赶集的妇人。女人们用责备的口吻说:"哎唷!世间竟有这么残酷的父亲,自己轻轻松松的骑在驴背上,却让那么小的孩子走路,真可怜!"父亲听到后也觉得不妥,于是叫孩子也骑到驴背上。驴子载着两个人,渐渐的举步维艰,吃力地走到一庙前。站在门前的老和尚看不过眼了,拦住驴指着父亲嚷道:"让这么干瘦的动物驮两个人,是不是心狠了些。你们要去哪里呢?""我们正要去市场卖这头驴啊!"父亲赶紧解释。"哦,要是这样不等到市场,驴子就先累死了,还卖什么?"老和尚戏弄地说:"扛着驴子去吧!"

父子俩立刻从驴背上跳下来,在过路人的帮助下把驴子四腿绑起来,然后用棒子扛着继续向前走着。父子俩累得涨红了脸,直喘粗气,这情景旁人都惊呆了。"真是奇怪的人啊!"扛着驴子的父子走上一座桥时,父亲鼓励儿子说:"孩子,再坚持一会儿就到市场了!"虽是这么说,可还是累得筋疲力尽。驴子毕竟是驴子,被倒吊着反而痛苦得不得了,还粗暴的扭动起来。结果棒子"啪"的一声断了,绳子也跟着断了,驴子掉进了河里。

人生一世,听到他人的品评和议论是正常的。但不能因为别人的议论和异议自己就无所适从,没有了自己的主见;同时也不能过于抵触外人的建议乃至批评,固执己见。重要的是在坚持自己主见的基础上,善于分析和吸纳别人的合理意见和建议,走自己的路。

一位远途而来、饥饿不堪的官吏,与一位几日未餐的得道高僧一同用饭,桌子上摆着一大一小两碗面。官吏将大碗的推到高僧面前,以示敬重。这位高僧毫不客气地将这碗面很快吃下。官吏又将小碗推过去说:"师父,您如果没有饱,就将这碗也吃了吧。"高僧又是毫不犹豫地将这碗面吃下。此时,饿极的官吏很是恼火,呵斥道:"您既是得道高僧,看来实在徒有虚名,连起码的谦让礼貌都不懂得。您饿,我更饿。您非但不替人排忧解难,反而加难于人,谈何得道? 出家人慈悲为怀,您又何以普度众生?"高僧缓缓地笑道:"先前,你推让大碗的给我,而我原本就是愿吃大碗的。我若再推回给你,这非我的本愿,我何必要去那样做呢? 后来,你又将小碗的让给我吃,而我的本愿也是想再吃下这个小碗的,所以我又没有推辞。而你两次对我的谦让,是出于你的真心吗?"官吏顿时大悟,谢过高僧的教诲。

中国人大多都有谦虚的习惯,谦虚不是坏事,但有时候过于谦虚就成了假谦虚,偏离了人的本性。明明心里非常地想,却不敢去做,压制本欲,表面上是礼貌的,可内心却在背叛自己。礼仪只是一种形式,而拘泥于礼仪的形式不过是虚假的表现。当然,做回真我不仅要求我们摆脱虚假礼仪的束缚,还要有主见,不要人云亦云,敢于体现出自己独特的品格。

如果总是把目光盯在别人身上,就会在失去做自己的同时,也失去了做人的快乐,做回自己才是最好。有两个人,一个是体弱的富翁,一个是健康的穷汉,两个人相互羡慕着对方。富翁为了得到健康,乐意让出他的财富;穷汉为了成为富翁,随时愿意舍弃健康。一位闻名世界的外科医生发现了人脑交换方法。富翁赶紧提出要和穷汉交换大脑。这样做的结果,富翁会变穷,但能得到健康的身体;穷汉会富有,但将病魔缠身。手术成功了。穷汉成为富翁,富翁变成了穷汉。但不久,成为穷汉的富翁由于有了强健的体魄,又有着成功的意识,渐渐地又积累起了财富。可同时,他总是担忧着自己的健康,一感到轻微的不舒服便大惊小怪。由于他总是那样担惊受怕,久而久之,他那极好的身体又回到原来那多病的状态中。那位新富翁,总算有了钱,但身体虚弱。然而,他总是忘不了自己是个穷汉,有着失败的意识。他不想用换脑得来的钱建立一种新生活,而是不断地把钱浪费在无用的投资里。钱不久便挥霍殆尽,他又变成原来的穷汉。然而,由于他无忧无虑,换脑时带来的疾病不知不觉地消失了,他又像以前那样有了一副健康的身子骨。

二、放下执著于成佛的念头

所有的佛法只有一句话:"放下。"弟子请教百丈禅师成佛之道,禅师回答:

"放下。放下你执著于成佛的念头。"有一则富有禅理的故事:师父领着徒弟云游四海,某天来到一条河前,碰到一名女子想过河却又怕弄湿衣服,站在岸边为难。师父便主动上前帮忙,背着女子过河了。徒弟看了吃惊不已,一个劲儿地犯嘀咕:不是说不近女色吗?过河后又走了很久,徒弟终于忍不住了问道:师父,你怎么背一个女人呢,这不是犯戒吗?师父边走路边说:我过河后就已经把她放下了,而你现在还在背着啊!

外在的事物是客观存在的,对此,我们不能否认,有目标不是坏事,目标往往会成为人渴望超越的一种原动力,但是人一旦不能放下,目标往往又会成为自己前进路上的沉重包袱。

世界上首次不使用氧气成功登上世界第一高峰的登山者下山后,人们纷纷请教他成功登上珠穆朗玛峰的诀窍。登山者回答:说不上是诀窍,只不过是成功地控制了大脑这个重要的耗氧源。科学理论表明:人的大脑在思考问题时会消耗掉人们全部吸入氧气的四成。为了控制氧气消耗,登山者保持脑海一片清明,只抱定向前走这个念头,而不去想任何事。放下杂念,大脑运转慢了,需氧量自然就低了,所以登山者能轻松攀登,成功登顶。登山者是智慧的,在爬山的过程中他放下了荣辱和功利,放下了死亡威胁,心中只留下一个愿望:向前,向前,不断向前,而他的成功可以说是因为他战胜了自己的杂念。

翻开历史,其实有许多先人为我们演绎了"放下"的智慧与艺术。宋朝时的吕蒙正被皇帝任为宰相后,他第一次上朝就有人大声讥刺他:"啊,像这样的人也能入朝为相啊,真是不可思议!"而吕蒙正置若罔闻,只是低头前行。跟在后边的官员却为他鸣起不平,说要帮他弄清楚是谁如此放肆,敢在朝廷之上出言不逊讥刺宰相。吕蒙正却谢绝他人的好意:"此事不必放在心上。我也怕一旦知道是谁说我坏话而心生芥蒂,以后难以在朝中共事啊。"

吕蒙正能够成为宋朝名相,其根源就在于他有一颗能放下一切荣辱得失的心,用一句俗话来评价吕蒙正,那就是"拿得起,放得下"。历朝历代,不少当官的人拼命地揽权往上爬,但并不是因为他们更有能力,只是他们的贪心更重,对欲望的渴望更重。一旦这类人掌权,他们多是嫉贤妒能之人,不愿放权,从而束缚下属才能的发挥。

现实生活中,拿得起,放得下,实在是难,做到的人也是少之又少。法国入侵俄国失利后从莫斯科撤军,沿途遗失众多物资。农夫和商人一起到街上寻找发财的机会。运气不错,他们找到了一堆羊毛,二人平分后背在肩上回家。回去的路上他们又看到好几匹丝绸,农夫就将沉重的羊毛抛开,挑选了几匹精美的丝绸;商人却动起了贪婪的念头,他把农夫扔掉的羊毛和剩下的丝绸全都背在身上,气喘吁吁地往回走。没走多远,他们又发现了许多银质餐具,农夫没有犹豫,把丝绸扔掉,挑选银器。而商人虽然重物压身难以弯腰,仍要费力地捡东西。不巧的是风雨大作,农夫见状连忙赶回家去,之后变卖了银具,过上富足的生活。而商人身上的羊毛和丝绸被淋湿后更加沉重,疲惫不堪的他一个跟跄跌在泥泞之中。

这就是不能放下的悲哀。大千世界有太多的未知诱惑,欲望太多会让人痛苦不堪,要懂得该放就放,才能度过轻松快乐的一生。有的选择看似一种失去,但从长远来看却可能是放下了包袱,比起不肯放下的人来说,他是智者,能够站在成功的山头丢下重物,面带微笑走向更高处。

放手是一种"拾级而上"的从容,"闲庭信步"的淡然。放手是一种智慧。历史上很多学会放手的人后来都取得了成功:爱因斯坦曾经拒绝去当以色列的总统。大文豪马克·吐温也放弃了自己并不擅长的经济活动;鲁迅和契诃夫弃医从文,班超投笔从戎,都是放弃了自己原来的事业后才取得了巨大的成功。所以有的时候,学会放弃,才能使自己更睿智,更靠近成功的彼岸。

放下输赢天地宽。古希腊诗人荷马曾说过:"过去的事已经过去,过去的事无法挽回。"人生没有返程票。令人后悔的事情,在生活中经常出现。许多事情做了后悔,不做也后悔;许多人遇到要后悔,错过了更后悔;许多话说出来后悔,说不出来也后悔……人的遗憾与后悔情绪仿佛是与生俱来的,正像苦难伴随生命的始终一样,遗憾与悔恨也与生命同在。《资治通鉴》中有这样一个故事:汉灵帝时,太守孟敏出行,途中不慎失手打碎瓦罐,只见他掉头不顾,径直前行。名士郭泰奇之,问其故,他答曰:"瓦甑已破,不复能用,顾之何益?"打碎了瓦罐,的确是件让人懊悔的事。但故事中的孟敏却偏偏"掉头不顾,径直前行",他善于权衡利弊,深知后悔埋怨远不如轻装前进,不再计较已有的损失,而且干脆利落,只管向前!

这个故事的启示是,在前进的征程中,我们应该学会权衡利弊,并认定豁达开通远胜于独自悔恨。做了错事,走了弯路之后,有后悔情绪是很正常的,这是一种自我反省,是自我解剖与抛弃的前奏曲,正因为有了这种"积极的后悔",我们才会在以后的人生之路上走得更好、更稳。

三、别羡慕他人的繁华

别羡慕他人的繁华,只享受自己的清净。有一则寓言是这样写的:猪说假如让我再活一次,我要做一头牛,工作虽然累点,但名声好,让人爱怜;牛说假如让我再活一次,我要做一头猪,吃罢睡,睡罢吃,不出力,也没有汗水,活得赛神仙;鹰说假如让我再活一次,我要做一只鸡,渴有水,饿有米,住有房,还受人保护;鸡说假如让我再活一次,我要做一只鹰,可以翱翔天空,云游四海,任意捕兔杀鸡。

这是一种既可笑又可悲的现象。很多人和寓言里的动物一样,只看见别人幸福,却看不到自己的幸福。

诗人卞之琳《断章》中的经典诗句:"你在桥上看风景,看风景的人在楼上看你。明月装饰了你的窗子,你装饰了别人的梦。"阐述了诗性的哲学,当你欣赏别人那道风景时,其实自己也成了别人欣赏的风景。别人的存在,点缀着、吸引着你的视野,而你也悄然地构成了别人眼里的美丽景致。

适合自己生活的才是最好的。倘若我们一味地羡慕别人拥有的,而丢失自己已经存在的,那只不过是一种类似的交替,一种得与失的互补。生活中有太多值得羡慕的东西,其实有时并不一定适合自己。不适合自己的东西就算拥有了,也不一定能给自己带来幸福和快乐,或许给自己带来的反而是一种烦恼、一种累赘。

人在刚刚出生的时候,小小的拳头是握紧的;人在生气的时候,愤怒的拳头更是握得紧紧的。人生在世,好像总想要抓住什么似的,好像只有这样才能缓解心里的紧张和不安,好像抓住点什么才不枉到世上走一遭。

歌德说过:"生命的全部奥秘就在于为了生存而放弃生存。"人生就是选择,放手并不意味着终结,或许是另一扇门的打开,当千千万万人都在挤独木桥的时候,与其挤得头破血流,不如潇洒地放手,或许桥的这头还有你未曾领略过的风采。放手不代表失去,放手是为了更好地拥有。

不必羡慕他人，多看看自己拥有的。上帝是公平的，不必为别人的拥有而失意，应该多为自己的拥有而开怀。某欧洲国家一位著名的女高音歌唱家，仅仅三十多岁就已经红得发紫，誉满全球，而且郎君如意，家庭美满。一次她到邻国来开独唱音乐会，入场券早在一年以前就被抢购一空，当晚的演出也受到极为热烈的欢迎。演出结束之后，歌唱家和丈夫、儿子从剧场里走出来的时候，一下子被早已等在那里的观众团团围住。人们七嘴八舌地与歌唱家攀谈着，其中不乏赞美和羡慕之词。有的人恭维歌唱家大学刚刚毕业就开始走红进入了国家级的歌剧院，成为扮演主要角色的演员；有的人恭维歌唱家有个腰缠万贯的某大公司老板作丈夫，而膝下又有个活泼可爱、脸上总带着微笑的小男孩。

在人们议论的时候，歌唱家只是在听，并没有表示什么。等人们把话说完以后，才缓缓地说："我首先要谢谢大家对我和我的家人的赞美，我希望在这些方面能够和你们共享快乐。但是，你们看到的只是一个方面，还有另外的一个方面没有看到。那就是你们夸奖的活泼可爱、脸上总带着微笑的这个小男孩，不幸是一个不会说话的哑巴，而且，在我的家里他还有一个姐姐，是需要长年关在装有铁窗房间里的精神分裂症患者。"歌唱家的一席话使人们震惊得说不出话来，你看看我，我看看你。似乎是很难接受这样的事实。这时，歌唱家又心平气和地对人们说："这一切说明什么呢？恐怕只能说明一个道理：那就是上帝给谁的都不会太多。"上帝是公平的，给予每一个人的欢乐与痛苦都与他的付出成正比。有时我们所拥有的，别人不一定拥有，每个人有他自己的长处，每个人也都有他自身的不足，所以，不要去盲目地羡慕别人，而应多看看自己拥有的，幸福和快乐才会永远伴随着你。

羡慕他人的时候也有人在羡慕你。从前，有一个年轻人要去远方串亲戚，他的亲戚住的那个村庄很偏僻，途中要经过茂密的树林，还要经过一座险峻的大山。出门前，家人嘱咐他：路途遥远，路上一定要小心谨慎，万一遇到野兽也不要过分惊慌，爬到树上，野兽便奈何不了你了。年轻人将家人的话牢记在心，跟家人简单道别后便一个人上路了。走了很长时间，并没有发现有野兽出现。他放下心来，脚步也轻松了几分。

就在这时，他突然听到一声虎啸，随之看到一只猛虎向着他飞驰而来，他于是连忙爬到树上。老虎并没有走开,而是围着树干咆哮不已,拼命往上跳。年轻人在树上越来越害怕,因为惊慌过度,一个不小心从树上跌了下来,刚好跌在猛虎背上。他只得抱住虎身不放,而老虎也受了惊吓,立即拔腿狂奔。一个过路人不知事情的缘由,看到一个年轻人居然骑着一只老虎在跑,十分羡慕这个年轻人,并赞叹不已:"这个人骑着老虎多威风啊!简直就像神仙一般快活。我从小到大只骑过牛,连马也没骑过,什么时候才能尝尝骑在老虎身上的滋味儿啊!"骑在虎背上的年轻人真是苦不堪言,他苦笑道:"你看我威风快活,却不知我是骑虎难下,心里惶恐万分,怕得要死呢!"

第三节　不折腾

人人都知道治理一个家不容易,治理一个企业更不容易,治理一个国家尤其不容易,治理一个大国那是谈何容易!但是老子就是跟别人不一样,提醒人们忽略的一面,那就是当人们只看到"难"时,却忽略了它的反面"易"的一面。老子就从管理中"最难"级别的"治大国"为典型剖视,而且只用了"治大国若烹小鲜"七个字就揭示出管理的大道理。这就是老子的卓越智慧。

一、治大国若烹小鲜

我们综合古代诸多的注解,关于"治大国若烹小鲜"向人们解读出来的治理,管理智慧,主要有:管理中不可人为地干扰;管理中不能急躁骚动;管理中要能静定;管理中法规不能朝令夕改地频繁变动;管理中不可自我矜持;管理的范围越大,那么越是要做到上面所说的"要"和"不要"。

如果从中国文化的深层来解读,那么就可以发现老子的这一智慧不是无本之木,无源之水,中国远古时代的思想家、政治家就是把治理一个国家和烹饪挂起钩来的。商代最杰出的大政治家伊尹,传说他的母亲因为躲避水灾,在桑林中生下他,自己就死去了。伊尹被收养在有莘氏的庖人家里,因而学得一手高超的烹饪技艺,后来他作为有莘氏之女的陪嫁奴仆,来到了商汤那里,伊尹是个高明的厨师,又是一个有杰出管理智慧的政治家,由作"小臣"开始,到商汤委以国政。他帮助汤灭了夏。《史记·殷本纪》中记载,伊尹曾经"负鼎俎,以滋味说汤,致于王道"。这就是用烹饪、饮食之道来解读政治之道。如今保留在《吕氏春秋·本味》中的有关内容被看做是他给商汤说烹饪、美味与政治的遗文。

钱钟书《写在人生边上》写了一段非常有意趣的文字:"伊尹是中国第一个哲学家厨师,在他眼里,整个人间好比是做菜的厨房。《吕氏春秋·本味篇》记伊尹以至味说汤那一大段,把最伟大的统治哲学讲成惹人垂涎的食谱。这个观念渗透了中国古代政治意识,所以自从《商书·顾命》起,做宰相总比为'和羹调鼎',老子也说'治大国若烹小鲜'。孟子曾赞伊尹为'圣之任者',柳下惠为'圣之和者'……而伊尹倒当得起'和'字—这个'和',当然还带些下厨上灶、调和五味的含义。"钱钟书把伊尹、老子的那种理念看为一种"统治哲学",当下我们似乎更可以广而化之看成"管理哲学";烹调美食要讲究"和",管理的哲学也要讲究"和"字;而"治大国若烹小鲜"中不困扰而使鱼散架是"和"不"贱其泽"是"和",成为一道美饵就是"和"。

"治大国若烹小鲜"就是最能说明"有为"与"无为"关系的。烹饪小鱼的全过程,充满了老子所说的哲学智慧。"有为"与"无为"在交替为用,环环相扣。"有为"是为了"无为","无为"又是为了"有为"。该"有为"时,就"有为",不能失其时。该"无为"时就"无为",要能知其时。"无为"并非真的什么都不干,而是另一种形式的"有为"。"无为"含着"有为",因此"无为而无不为"。"有为"若成了一种妄为、乱为、胡作非为,那么正如老子所说的"为者败之,执者失之"了。一切运作管理要尊其道,贵其德,合其时,顺其势,自然而然。能至于这样的境界,那么管理已经成为一种艺术,就像烹调成为一种艺术一样。能达到这样的理想,那么管理已进入哲学的王国。

美国《独立宣言》的起草人之一杰斐逊总统说过这样的话:"世界上最好的政府是管事最少的政府。"这也令人想起一句谚语"天下本无事,庸人自扰之"。如果不作"庸人",不去"自扰之",那就是顺其自然,和谐地发展了。

美国的里根总统非常看重老子的这一智慧,就把老子的"治大国若烹小鲜",写进他的国情咨文中去了。美国这样一个发达的大国,国情也不同于其他的大国,但他的总统愿意接纳千年前老子的管理智慧,这就从一个侧面说明老子的智慧确有其永恒的价值。如果正确地运用它,也就会产生当下的价值。

美国有一个叫约翰·赫德的,曾经向现代英语民族读者介绍老子《道德经》,颇有特色。他把《道德经》定性为"关于事物怎样发生或运转的书",把"道"定义为事物怎样发生的自然法则,并从中引申出一种生活方式—即怎样生活在与自然法则的自然和谐中,和一种领导方式—即怎样按照自然法则去管理和教育别人。所以他把书名叫做《领导者之道》。那么,在他的眼里《道德经》的重要内涵之一就是管理的智慧。不过中译者认为,赫德的书介绍的既是老子思想,又不完全是老子的思想,而时赫德所理解的老子思想,所以定名为《一个美国人眼中的"道"》

对于"治大国若烹小鲜",赫德是这样解读的:"不要挑起事端。细心地管理团体,如同你在煎小鱼。竭尽可能地让团体进程自然地呈现。不要受任何诱惑去制造争端,也不要诱发他们自己尚未表露的激情。如果你去干扰事情的发展,你将在不正当的压力下过早地释放力量。它们可能成为属于其他人或其他地方的感情;也可能成为目标不明或混乱的能量,这种能量作为你的压力的反应,攻打并击中任何可以达到的目标。这些力量实实在在地存在于团体内部。但是不要推动它,让它们在酝酿成熟时自行出现。当酝酿着的争端和情绪自然在出现时,它们会自然地解决。它们是无害的,事实上它们与任何其他的思想或感情没有区别。所有的能量自然地兴起、形成、壮大、达到新的转化,而且最终消失了。"

这段话强调,治理大国就像煮小活鱼一样。老子是要告诫执政者,要遵从社会自然秩序,不能朝令夕改、随意搅动、胡乱折腾,否则国家就会出乱。从经济学人的立场来说,经济繁荣的动因源于放松政府管制,实施自由主义的经济政策,从而达到无为而治的理想效果。"治大国若烹小鲜"中的"小鲜"是整体数量的概念是指大多数,比喻芸芸众生。与小国寡民相反的,是大国多民,民众多如过江之鲫,人满为患。河上公说:"烹小鱼,不去肠,不去鳞,不敢挠,恐其糜也。"也就是说国家的施政纲领必须是简单和有效的,必须持续稳定。

二、不折腾的内涵

在2008年12月召开的纪念改革开放30周年大会上,中共中央总书记、国家主席胡锦涛在讲话中的一句中国俗语"不折腾",难倒了专业翻译以及境内境外媒体的双语精英。

在表明中国走社会主义道路的坚定不移决心时,胡锦涛连续用了三个"不";"只要我们不动摇、不懈怠、不折腾,坚定不移地推进改革开放,坚定不移地走中国特色社会主义道路,就一定能够胜利实现这一宏伟蓝图和奋斗目标。"据报道,在当时的大会现场,"不折腾"三个字刚落音,人民大会堂观众席随即传来会心的笑声。

有媒体人士指出,在正式的场合宣示重大发展方向时,一贯严肃的胡锦涛突然冒出一句很普通的口语,显然让大家觉得十分亲切。但笑声也说明观众是听懂了"折腾"二字的所指,也听懂了"不折腾"的含义。新中国成立以来,因内外因素而走的冤枉路并不少。历次政治运动、反右、大跃进都给国家政治、经济发展造成不少损伤,"文化大革命"是损伤最大的一次。即使是改革开放的决议,也曾在1989年后受挫,直到1992年邓小平南方谈话后才再次开启。如今,将过去的曲折、错误一律以"折腾"称之,表明中国不再做与经济发展无关的、内耗的路线辩论或政治斗争,"不折腾"的确有现实针对性,而且微妙贴切。

胡锦涛的一句"不折腾",从问世开始就立即引起全社会的广泛关注和热议,成为当时使用频率最高的流行语。但是问题也就来了,对于从事新闻发布以及外宣的部门,还有境内境外媒体的英文、外文媒体,"不折腾"三个字该如何翻译呢?网络上,有人主动搜集了各种媒体的多种译法,可谓五花八门。有趣的是,大学者季羡林先生,也注意到了"不折腾"的翻译问题,并提出了自己的译法。季先生的译法是"no trouble making",直译为"不找麻烦"。

而在2008年12月30日国务院新闻办的发布会上,当有记者问到与"不折腾"有关的问题时,现场翻译干脆根据汉语拼音念出"bu zheteng",让这三字用语再引来一轮现场笑声。其实,老子说过,很多东西用言语说出来都会失真,更何况是再经过一层由母语翻译成非母语的折腾。有政情分析人士认为"不折腾"的提法,应视为是胡锦涛以及作为执政党的中国共产党,对于自身治国理念和执政经验的反思之后的智慧。与"和谐社会"、"科学发展观"是同等重要的新概念。和谐社会是目标;科学发展观是方法;不折腾是行动准则,目的是排除各种干扰,避免无谓的内耗和争论,防止和避免各级政府官员做劳民伤财的无用功和负功,保证前进方向和道路的正确性。

胡锦涛提出的"三不":不动摇、不懈怠、不折腾,不动摇是立场,不懈怠是责任,不折腾是思维方式。治国如治企,思维方式如果不正确,好折腾,一个执政团队、一个领导班子,能力越强,可能对国家、企业的伤害也越大。所以,还是老子说得好,大仁不仁,处静守中。我无为而民自化,我好静而民自正,我无事而民自富。我不折腾让老百姓自个去折腾,改革开放30多年取得的经济发展成果,不就是"不折腾"而来的吗?

(三)乱收费折腾了百姓的好日子

2011年9月21日,《法制日报》上有篇文章题目是"乱收费折腾了百姓的好日子"。

为进一步减轻企业负担、降低肉类产品流通环节成本,从而下调肉价的市场价格,国家发展改革委、财政部发出通知,要求大幅下调动物及动物产品检疫收费标准。猪、牛、羊、犬、鸡、鸭等家畜、家禽的检疫收费标准降幅都在30%以上。

恐怕国人都记忆深刻了:猪肉价格创三年来历史新高,甚至成为推高CPI的主要因素。专家表示,肉价的上涨与流通环节的层层加价不无关系。所以,两部委下调检疫收费、降低肉类产品流通环节成本的举措,可谓是一场及时雨,令人欣慰。两部委同时还指出,各地价格、财政主管部门要认真清理涉及生猪饲养、流通环节的各项收费,严禁收取商业定点屠宰办管理费、商业监督管理费等不合法、不合理的费用,切实降低生猪等农副产品流通环节成本。

猪肉价格因为新高不断,引发职能部门下调有关收费项目,可是,顺着这个思路一想,在百姓日常生活中,那些不清不楚的收费项目,真的是太多了、太折腾了一还有多少"费"该及时"废"掉?

银行,现在和我们联系够密切吧,可那些银行收费,真的是五花八门。2003年出台的《商业银行服务价格管理暂行办法》明确银行收费项目仅300多种,而现在《商业银行服务价格管理办法》中列出的收费项目,已多达3000种,7年多时间银行收费项目竟增长了10倍。这样的增长速度,在世界上也堪称奇迹了！3000 种收费项目，有多少该下调？有多少该"废"掉？商品房呢？去年全国"两会"期间，重庆市政协副主席陈万志代表披露，据初步统计，我国现阶段涉及房地产的税种有 12 项之多，涉及房地产的收费多达 50 项，两者共计 62 项。我们一直在埋怨税负负担，其实，仔细分析，涉及房地产的收费是税种的 4 倍，如果这些费用能及时清理、整顿，那一直令百姓"恐高"的房价，是不是也会给力地降一些呢？

读书问题上，更不用一一罗列那些教育乱收费项目了。"择校费"、"赞助费"、"建校费"、"捐资助校费"名目繁多，而且价目更是随行就市，越涨越离谱，家长也是敢怒不敢言，没见北京的最高择校费已经飙涨到 25 万了吗？读书不容易，看个病也是令人烦恼，什么乱七八糟的检查费，男性患者可能被收女性检查项目，女性患者也可能被收男性检查项目。不是么，前不久媒体披露，江苏省物价局启动医药卫生服务价格大检查。在检查告一段落时，医院向手术病人收取乙肝、艾滋等检查费用是否违规的问题引起社会争议。省物价局认为医院向手术病人收取这些检查费用是没有依据的，而省卫生厅人士却认定这个问题"不是物价部门说了算"，"官司"已经打到了国家发改委。

吃穿住行，日常生活，我们身边的"费"，真的是太令人费心了！认真梳理一下，恐怕会吓得我们直哆嗦——还有多少"费"该及时"废"掉？这是一道民生考题，更是一张民心的试卷。

第四节　行"不言之教"

《道德经》第二章："是以圣人处无为之事，行不言之教"。圣人用无为的态度处理世事，实行不言的教导。这一命题主要有两层含义：一是在教育方法上，强调"身教重于言教"，"贵行而不贵言"。圣人"行不言之教"，并不是一般地反对用语言进行教化，只是强调身教比言教更为有效，实践比空谈更为宝贵。二是言教上，强调"希言"重于"多言"。

《道德经》第二十三章中，老子指出："希言自然。"第十七章中他又指出："悠兮其贵言，功成事遂，百姓皆谓'我自然'。"最好的统治者是多么的悠闲啊，它很少发号施令。事情办成功了，百姓都说，"我们本来就是这样的。""希言"即少言、罕言、寡言；"贵言"即不轻易说话、发号施令。珍惜言谈和号令，就是珍惜你的权力和声誉。在公众面前嗜好讲话，错话难免过多，即使说错一字，你的声誉也会在部下心目中一落千丈。所以圣人治天下，要少说话，要少些声教法令，这是出于自然、合乎自然的。圣人为什么要"希言"、"贵言"、"行不言之教"呢？因为老子在《道德经》第五章中说，"多言数穷，不如守中"。即认为圣人多说话，多烦琐政令，只能言多必失，加速穷困与败亡，所以不如操守心中清净之道，实施无为的"不言之教。"

一、"不言之教"与以身作则

老子从"希言"与"多言"的比较中，论证了"不言之教"的重要性。《道德经》第五十六章："知者不言，言者不知。"知作智解，知即智慧之智。这句话的意思是最有智慧的人少说话，不向民众实施繁多政令，来炫耀自己。而喋喋不休，施加政令来炫耀自己的就是愚笨之人。少言与多言是区别智者与愚者的重要标准之一。《道德经》第八十一章："信言不美，美言不信。"意谓诚信之言，出于真心，多尚质朴，故不美；华美之言多尚伪饰，以悦世，故不信。信言因朴真而少言，美言因伪饰而多言。如果漂亮话说得太多，又无法一一兑现，就会使自己成为口惠而实不至的伪君子，陷入"美言不信"的怪圈。《道德经》第八十一章："善者不辩，辩者不善。"这里所谓"善者不辩"也就是庄子所说的"大辩不言"和第四十五章中说的"大辩若讷"。即善辩者不逞口舌之辩，宛如木讷之人语言迟钝，徒逞口舌之辩者，则不是善辩者。因为辩论之优劣，不在于多，而在于精，即要求字字珠玑，句句掷地有声。

美国历史上著名的总统林肯虽然有说话结巴的语言障碍，但他具有"大辩若讷"的优秀品格，发表演讲既简朴又明快。南北战争胜利后，林肯在歇里斯堡"悼念阵亡者"大会上发表了演讲，此演讲虽然只有15分钟，却被人们视为无可挑剔的精彩演讲。毛泽东在选派驻外大使时，也把"大辩若讷"作为选人的重要标准，有一次，他选派一位同志担任外交使节，而这位同志向毛泽东报告自己不善言谈，不适合于做外交官。毛泽东对他说：这正是你的优点，作为驻外使节就应该少言慎行。所以，少说为妙。俗话说："病从口入，祸从口出。"

生病还能治好,但说出来的话犹如泼出去的水,恐怕会造成很严重的后果。

领导者行"不言之教",就必须以身作则才能赢得拥戴。领导者不能总以自己的观点处事,而是要用以身作则的行为来赢得下属的信任和拥戴。在企业中,管理者最大的职责自然是要管人,但从人的内心分析,人们永远喜欢管人,而不喜欢被管。但是,当人们从心底佩服某个人时,自然不会抵触这个人对他的管理,而会主动服从。因此,聪明的管理者总能够从自身寻找办法,正人先正己,"行不言之教",让员工心甘情愿地服从。

1942 年,二战进行得如火如荼。盟军与德军即将在北非展开决战。盟军将领巴顿将军意识到自己的部队可能无法适应北非酷热的天气,一旦开战,盟军士兵的战斗力很可能因酷热的天气而减弱。为了让部队尽早适应战场变化,巴顿建立了一个类似北非沙漠环境的训练基地,让士兵们在 48 摄氏度的环境下每天跑一英里,而且只给他们配备一壶水。巴顿的训练演说词就是:"战争就是杀人,你们必须杀死敌人,否则他们就会杀死你们! 如果你们在平时流出一品脱的汗水,那么战时你们就会少流一加仑的鲜血。"虽然人人都意识到战争的残酷性,但严格的训练还是让许多士兵暗地里抱怨不已。巴顿从不为训练解释,他以身作则,和士兵们一样在酷热的环境中坚持训练。当士兵们看到巴顿每次都毫不犹豫地钻进闷罐头一样的坦克车中时,再多的怨言也只能变成服从。

巴顿作为美军历史上最善战的装甲部队指挥官,如此能打仗的原因就在于:巴顿作为统帅人物,他用自己的个性成功地影响了整个部队。如果一个企业想要发展、壮大,乃至腾飞,企业的领导者也必须学会在管理工作中向内看,从自己做起。不能只依赖权力来指挥下属,不言之教才是指挥的高级阶段。要管理好下属,一部分靠权,以权管理,名正言顺,这属于"硬件",而另一部分就得靠己,这属于"软件"。一个领导者只有正人之前先修己,才能上行下效,使大家心甘情愿地听其指挥。

二、子不语

《论语·述而》中说:"子不语:怪、力、乱、神。"后来就有一本书的名字叫《子不语》,里面全是各种不合常理,超乎想象的怪诞事件。孔子不谈这一类的事,并不代表这一类的事不存在或不能发生,而是表示孔子的谨慎态度与理性精神。他曾劝诫子路:"知之为知之,不知为不知,是知也。"(《论语·为政》)对于"怪、力、乱、神"则应该根据"不知为不知"的原则,闭口不谈。

第一,"怪"代表反常的、怪异的现象。《左传》出现过"六鹢退飞过宋都"六只鸟鹢退着飞过宋朝的都城。鸟是往前飞的,怎么往后飞呢?因为风速大于它的飞速,看的时候是觉得它是倒着飞的。古代有阴阳家,喜欢在自然界与人世间寻找相关联的线索,真相如何,则不得而知。西洋思想有"自然界不跳跃"之说,即任何现象都在因果关系的网中,即使看似突变,也非无迹可寻。因此,理性昌明、科学进步之后,我们可以见怪不怪,或者找出合理的解释。最怕的是自己对怪像加以玄妙的臆测,造成庸人自扰。孔子对这类事情是不谈论的。

第二,"力"代表勇力。孟子所谓"以力服人者霸,以德服人者王",用力量来让别人听我的话叫霸道,用德行让别人听我的话才可以称王。武力或者霸道不符合儒家的原则。有人让孟子谈谈齐桓公的事情。孟子说孔子的学生没有人谈齐桓公、晋文公这些春秋五霸的事情。因为儒家认为靠武力征服别人不是正途,将来一定会有不当的后果。儒家"尚德不尚力",德是可大可久的人文思想,力则必有后患。

第三,"乱"在古代专指作乱造反的事情。春秋时代,礼坏乐崩,昏上乱向固然不少,乱臣贼子到处可见。孔子不去谈论这些事情,因为谈多了,好像心里也受到了干扰,人性的负面情绪受到刺激,以为天下都是不正常的人。孔子维护及稳定社会秩序都来不及,当然绝口不谈"乱"了。

最后,"神"可以指鬼神,也可以指神秘事件。孔子谈"鬼神"谈了很多次,如"非其鬼而祭之,谄也"不属于自己应该祭祀的鬼神,你去祭拜,那就是谄媚;也即人对鬼神不应该有谄媚或者求福之心。孔子说禹很伟大,《论语·泰伯》中说:"菲饮食而致孝乎鬼神",自己吃的很简单,对鬼神祭品却办得非常丰盛。这些都是在谈论鬼神。孔子从未怀疑鬼神的存在及意义,那是属于信仰的领域。信仰需要诚敬之心和实践之志,光靠言行是不够的。孔子不谈一些灵异事件,包括算命迷信这些事情。以今日来说,求神拜佛或者烧香算命,不仅于事无补,反而可能使人疏忽自己的责任。

总之,孔子不谈怪、力、乱、神,是因为他是一个脚踏实地、理性清明的人文主义者。他认为人生有正路要走,不要费太多心思在"怪、力、乱、神"上面。在人的能力所及范围,绝不逃避责任;在人的能力所不及的范围,则乐天知命,不再徒逞口舌或强辩说辞。

《论语·子罕》里还有一段话说"子罕言利与命与仁。"孔子很少主动谈起有关利益、命运与仁行的问题。"罕言"不是不谈,是很少谈。有时学生问到这些问题,孔子也会答复。但很少主动去说,表示慎重之意。因为这三者皆为世人所关怀,又因为听者有个别差异者而容易引起误解,所以不宜做泛泛而论。

第一,"利"代表利益。利是人之所欲,孔子并不盲目反对利,而是强调"见利思义",利须与义配合。但义与利的分辨不是一件简单的事,直接谈利,容易使听者误入歧途,如"见小利则大事不成",你看到小的利益就很难规划大的目标,因为很多人听到"利",马上就心动了,所以孔子不愿意多谈。

第二,"命",人生际遇的穷达顺逆以及生老病死等很多时候非理性所能解释。孔子认为,人应该凭着自己的能耐,努力完成天赋、潜能,要坚持既定目标,"知其不可而为之"。如果多谈"命",难免使人妄图侥幸或灰心丧志,以为一切即已注定,又何必做无谓的挣扎? 这与儒家的理性精神和刚健态度是背道而驰的。而且,孔子所谓的"命"兼指命运和使命,命运是盲目及被动的,使命是清明和主动的。重要的是如何在面对命运时,把握自己的使命。但命运与使命的分辨更是微妙,不能不慎言之。

第三,"仁",孔子也很少谈。"仁"在《论语》里出现一百零四次,怎能算罕言呢? 但是如果我们仔细去看,会发现孔子很少主动去谈论"仁",都是学生问了,他才回的,而且每次答案都不一样。换句话说,孔子很少主动谈"仁",是因为仁代表道德理想,而道德以"实践"为主,多谈无益,"我欲仁,斯仁至矣",我要走上"仁"的路,"行仁"的机会会自然出现。而且"仁"与每个人的具体情况有关,谈"仁"要因材施教,看这个人处境如何,怎样做对他而言才是正确选择,因此最好留待学生请教时再做说明。

总之,"罕言"并非像"子不言"一样,完全不谈,但要谨慎。因为多谈"利"将使人忽视"义";多谈"命",将减低理性成分及奋斗意志;多谈"仁"于事无补,因为"仁"必须终身力行。

三、少开会、开小会、开短会、说短话

2010 年,北京市政府办公厅发出通知,要求各区县政府和委办局科学安排会议议题,树立良好会风,提倡"少开会、开小会、开短会、说短话"。北京市政府办公厅通知,为切实提高行政效能,增强科学、民主决策效力,北京市政府将做到"少开会、开小会、开短会、说短话"。

少开会。原则上每月召开的北京市政府常务会不超过 2 次,每月召开的市政府专题会不超过 3 次。

开小会。适当增加参会人员较少的市政府专题会次数,使政府专题会占北京市政府例会比重达到 60%。提倡采用电视电话会议形式,严格控制由市长主持召开的全市性工作会议数量和规模,原则上全年不超过 5 次,每次会期不超过半天。

开短会,说短话。汇报单位准备汇报材料时要做到主题突出、言简意赅。书面汇报材料严格控制在 2000 字左右,汇报时间不超过 10 分钟;与会人员发言直述观点,语言精练,时间不超过 5 分钟。

2010 年,北京市政府例会研究议题控制在 200 项左右,其中计划议题占到 50% 以上。北京市政府办公厅将加强对会议议题审核工作,属主管副市长或部门职权范围内的事项,由主管副市长或部门研究决定,一般不安排市政府例会讨论;一般汇报类的议题不安排市政府例会讨论。会议议题涉及多个部门、单位的,主办部门应在会前进行充分协调,协调一致意见后,方可提交市政府会议审议。同时,要求参加市政府会议的人员应该是部门、单位主要负责人,因出访、出差、病假等原因不能参加市政府会议的人员,需严格履行请假手续。

2010 年北京市政府在重要会议议题安排上,确立了"紧紧围绕中心和大局,突出加快经济发展方式转变"的工作原则。全年,北京市政府共安排 106 项议题。其中,加快经济发展方式转变的议题 46 项,占总数的 43.4%;加强社会建设和改善民生的议题 28 项,占 26.4%。其他还包括统筹城乡区域协调发展、法制建设等内容。

其实,我国历史上的"无声的会议"早就发挥过它巨大的作用。

1978 年冬,当"史无前例"的那场运动结束两年多,党的工作还在"两个凡

是"指导思想下徘徊的时候,尽管在这一历史的转折关头由《光明日报》发起的实践是检验真理唯一标准的大讨论打破了思想僵化,但经济改革的行动还在坚冰冻土下缓缓涌动。这一年,安徽凤阳县小岗村这个全县最穷的村子,夏收之后每个劳动力分到3.5公斤麦子。据说小岗村18户人,只有两户没讨过饭,一户是当教师的李学桐,每年大约有几个零用钱可勉强度日,一户是在县银行工作的严宝才,由于吃的是公家饭,微薄工资在那个年代完全可以养家糊口。

这年秋天,严俊昌当上了队长。这个倔犟的汉子几经琢磨,在冬末的一个晚上硬是把18个户主集中在家里,开了个"无声的会议"。会议的中心内容就是一张条子:"我们分田到户,每户户主签字盖章。如此后能干不在(再)向国家伸手要钱粮。如不成,我们干部作(坐)牢杀头也干(甘)心。大家社员们也保证把我们的小孩养到18岁。"

就是这么一张条子,标点符号是后加上的。错别字不少。在18个人手中传来传去,不识字的就由别人在耳朵边悄悄嘀咕一番。满屋子里,除了十几个旱烟袋吧嗒吧嗒地冒烟儿,再没有别的声响。最后,严旗顺这个全村德高望重的老汉第一个在条子上摁了手印,大家随即仿效。把个白纸条摁了红红的一片。就这样,大包干誓言在严俊昌主持下秘密诞生了。

小岗村人为了保命,偷偷地将土地包产到户,这个秘密并没有维持多久。当时村里许多人为严俊昌捏着一把汗,担心这样下去会犯事;周围的村民也很快发现小岗村人干活尽是一家一户,他们莫不是分田了?终于纸包不住火,小岗村一下子成了人们关注的焦点,引得各级领导都跑来了。由于历史原因,领导们态度自然形成了四种情况:一种是不打招呼,看完了就走人;一种是也看了也听了,临走时靠眼神说话,使足劲同严俊昌告别;再下来的不是公开支持便是非常恼怒,当时公社书记一气之下,把给小岗村的化肥、农药等农用物资也给扣下了。县、地区和省里不少领导均以不同方式支持了大包干,默认便是一种最好的支持。不过他们感到忐忑不安的是,一旦老天不帮忙,收成不及上年,大包干就会被一棍子打死,政治生命也就跟着完了。

1979年秋天,县委书记陈庭元满面春风,将一份统计数据交到省委:1979年全县的粮食产量比上年增产67%,油料增产1.4倍;小岗村粮食总产6万多公斤,相当于1957年至1970年14年粮食产量总和,自1956年合作化以来第一次向国家上缴粮食 12488 公斤。

秋末的时节,在陈庭元的积极倡导下,省委决定在凤阳召开一次"不讲话的现场会"。与会的全区四级干部不听报告、不讨论、不总结,包括小岗村在内实行大包干的几个村子,你愿看哪家就看哪家,愿找谁谈就找谁谈。结果在这次"会议"之后,分歧统一了,争议平息了,犹豫者坚定了,等待观望者"披挂上阵"了,大包干在整个安徽很快推开了。

第五节 沉静型领导

西方的管理研究者发现,领袖也有各种各样的。既有被喻为"中子杰克"的 GE 前 CEO 杰克·韦尔奇和惠普的原 CEO 卡莉·菲奥莉娜那样个性张扬的领袖,也有另外一种,看着很安静、很内敛,不是很强势,学者们叫做"沉静型领导"。

一、沉静型领导的特征

哈佛商学院教授约瑟夫·小巴达拉克经过四年潜心研究沉静型领导之道后,出版了《沉静领导》,为我们深刻地描述了沉静型领导的特征和为人处世之道。沉静型领导拥有利他和利己交错的混合动机,他们在组织工作和做出决策时,会考虑自己的地位和前途,他们常常采取谨慎的步骤来解决复杂的问题,一般不做大胆和英勇的决定,以便保护组织、同事、部属和自己。沉静型领导没有英雄主义者的浪漫,也很少站在舞台上接受公众的歌颂。然而巴达拉克教授认为,真正推动世界进步的力量来自于那些不为众人所知的无数沉静型领导人,正是这种领导每天所做的"正确决策"的积累,才推动着世界的前进。巴达拉克总结了沉静型领导三种不平凡的品质特质,正是这三种品质,维持着组织的和谐与进步。

第一,克制的品质。沉静型领导坚持原则,但他们绝不用英雄式的强硬态度达到目的,相反他们却选择了自我克制。当他们遇到复杂问题和令人恼怒的事件时,他们不会直接说出自己真正的想法。"他们知道立即泄露出自己的想法和情绪,大多数时候无异于在战争中为了拯救一个村庄而去轰炸它的做法。沉静型领导者并不打算压抑他们的感觉,但他们的确希望能够尽可能有效地控制和引导它。他们认识到,用强硬的态度坚持原则可能是最简单的解决问题的方法,但也很可能使情况变糟,因此他们选择了自我克制,当人们走上歧途的时候,急速前行会是个极大的错误。"

保持克制,使他们能争取到更多的时间去了解复杂问题的真相,寻找和思考有效解决问题的方案;保持克制,使他们能够倾听直觉和良心的沉静声音,因为这种声音极易被急迫的要求和强烈的情绪所淹没;保持克制也使他们变得更加积极、警觉,总能激发他们的创造性。沉静型领导试图区分正确的直觉和强烈的冲动。"即使在他认为有些事情显然是错误或者失误的时候,他们也尽可能地试着停下来,环顾四周,聆听、了解。强烈的反应,有时是瞬间的顿悟,有时却是一种偏见或者误解;而靠着耐心和克制的习惯,人们可以得到更充分的时间来对这二者加以区分。"

第二,谦逊的品质。沉静型领导是现实主义者,他们既不会抬高自己努力的重要性,也不会高估成功的可能性。他们并不强烈追求永恒的光荣和胜利。他们认为世界上每一件事情都比自己能力所能解决的要更复杂和充满变数,事情最后的成功,事实上是由许多力量共同作用的结果。每一个个人的努力,不过是沙滩上留下的一个足迹罢了,不要试图去拯救世界,即便你对组织的发展起了巨大作用,然而比起世界的变化而言,你仅仅是起一点点作用。

由于沉静型领导没有过高估计自己和未来,因而他们更能忍受挫折,他们会争取时间、深入钻研问题,并且循序渐进地推进。沉静型领导者会经常反思自己的工作,他们不仅不会过高估计成功的可能性,而且还会对"成功"和"胜利"的概念表示怀疑,他们认识到许多值得去做的事情,就像在沙滩上留下的足迹一样,既不伟大,也难持久。他们清楚地知道,最周密的计划也并非无懈可击。深入反思,你也许会发现曾经认为是成功的东西可能是错误的。沉静型领导作为现实主义者的另一个表现是他们用一种非常实际的,着眼于当前的方式来迎接挑战。

第三,执著的品质。每一个领导者都会遇到这样一些问题、决定或事情,这些问题、决定或事情对他们来说有着切肤之痛,使他们觉得自己必须做些什么，因为它们强烈地影响着他们。这就是沉静型领导者产生执著品质的背景。沉静型领导者能够执著，"因为沉静型领导者们常常会面对艰难的战斗，而在战斗中他们的力量相对薄弱。他们往往会觉得自己更像是小虫子而不是挡风玻璃。在大多数情况下，他们是独来独往的、被人孤立的，而且必须通过长期而艰苦的努力才能得到他们认为重要的东西。总之，他们的奋斗像是一场长期的游击战争，而不是一次光荣的骑兵冲锋。这种前景使一些人知难而退或是半途而废，但无法阻拦沉静型领导者们"。

　　沉静型领导在追求自己的目标时，他们是灵活的，注重实效的，而且往往是乐观的。"他们要确保自己的动机足够强烈，能够使他们克服困难。沉静型领导者争取时间和深入钻研他们面前的问题。他们明智地用他们的政治资本进行投资。他们投石问路、审时度势、循序渐进。他们必要的时候想方设法去变通规则，他们把妥协视作领导艺术和创造力的很高境界。"即便在妥协的过程中，他们也会高水平地发挥创造力，使所有的努力都能指向最终的目标。他们把精神集中在理性的能达成的事物上，而不是理想化的境界，因而他们可以接受较不完美的结果。沉静型领导的妥协不是随波逐流，反而是因为执著，所以妥协。

　　沉静型领导的三种品质相辅相成。"克制与谦逊是刹车系统，而只装了刹车系统的车辆是不会跑得太远的。反过来，执著是一个加速器，但是只有加速器的车是危险的。克制、谦逊和执著，每一个都需要高明的驾驭，而沉静型领导者之所以会成功则是因为他们做到了所有这一切。"总结所有沉静型领导者，除了具有以上三种品质以外，还有一些共同的行为特征，如面对困难和问题，他们都能勇于面对；在考虑解决这些问题时，他常常是快动脑缓动手，细心观察，深思熟虑；在动手解决这些问题时，他们投石问路、审时度势、循序渐进；在遇到困难和压力时，他们会采取适当的灵活和恰当的妥协，给自己留有回旋的余地；在他们遇到矛盾冲突时，则会"两害相权取其轻"，等等。只要有足够的时间，水可以融化一切。沉静型领导之道，就像穿石的滴水，就像无声的润物之水，默默地改变着世界。

二、沉静型领导的美德

　　《沉思录》的作者安东尼，是罗马帝国后期的一个帝王。性格比较内敛，而且特别讲究勤俭、内省。《沉思录》就是安东尼在打仗的间歇坐在自己帐篷里一点点写出来的。他个性沉静，为人也非常好，他一直和另外一个人共同执政。因为他是原来皇帝的养子，所以后来他坚持和原来皇帝的亲儿子共同执政，两个人一直在一起，融洽相处。他为了罗马帝国的拓展去打仗，并且总是冲锋在前。虽然他不太善言谈，却深受部下的爱戴，直到最后战死在战场。

像这样思想沉静的领导者还有美国前总统亚伯拉罕·林肯、吉米·卡特等，这些人甚至有些羞涩，不太擅长和别人打交道，性格内敛、沉静。但是他们却很成功。在企业方面，单在 IBM 就有两个很著名的沉静型领导，一个是创始人托马斯·约翰·沃森，他脾气很坏，但是他很内敛，很沉静，不是那种张扬的人。另一个就是后来带领 IBM 改革成功的 CEO 郭士纳，他后来成为凯雷集团的董事局主席，2008 年又从凯雷集团退下来做顾问。为什么很多人愿意让他到 IBM 做 CEO 呢？因为他团结人的能力很强，而且不张扬。他几乎没有敌人，因为他太低调了。他坐 CEO 的位置，能够把更多的人才吸纳进来。而个性太强的人容易树敌，事情反而不容易成功。

当初在 IBM 那么艰难的情况下，连美国总统克林顿都出面盛邀郭士纳出任 IBM 的 CEO，这不仅仅是看他的资历和经验，更可能是因为觉得他这种内敛、沉静、包容的个性，更适合在危机情况下来挽救 IBM。西方企业界的管理实践之所以成熟，就是因为有一批既很张扬如杰克·韦尔奇的企业领袖，也有一批像郭士纳这样的沉稳、沉静、内敛的企业领导人。

沉静型领导具有三种美德：第一种美德是克制。冷静、理性、不张扬，很注意自我克制，他们总是寻找更加合理的解决问题方式。

第二种美德是谦逊。这类领袖总是很谦虚，他们不看重那些短暂的光荣和胜利。他们不像罗马帝国的恺撒，恺撒是要征服，他如果不打仗就会很难受。包括与恺撒大帝争权夺利的安东尼，他如果不打仗就得在家喝酒、狂欢。他们只扮演两种角色，不是酒鬼就是战神。恺撒时代的安东尼平时就是喝酒，酒量奇大，要不就是打仗，他就是追求这种打胜仗以后的那种快乐。这样的领导，冷静，不太喜欢追求那种很张扬的胜利，他似乎更关注怎么样长久，对人比较谦虚、内敛、沉静。

第三种美德是执著。坚持原则，但不用英雄式的强硬手段达到目的。不要认为沉静型领袖就软弱。在西方有一句话："因为执著所以妥协"。就是说因为他执著于长远的目标，所以他在眼前利益上妥协。这种妥协是为了更长远的执著，这不是说我软弱，而是为了更长远的目标，因为领导者知道大与小、强与弱、盛与衰，因为执著于长远的目标，所以做近期的妥协。这更不是袖手旁观，不是太极拳式的推挡，而是创造性解决问题。比如，刘邦之所以和项羽妥协，是为了获得江山。他的妥协不是为了眼前，而是为了更长远的利益。

　　惠普创始人之一休利特就是一个典型的沉静型领导者，他属于典型的工程师性格，喜欢钻研，冷静，很谦虚。面对部下的时候，他的领导方式就跟惠普的另一位创始人帕卡德不一样。帕卡德很强势，而休利特会用很柔软的方式来做事。他最典型的沟通方式叫三顶帽子。什么叫三顶帽子呢？当你给他提建议的时候，他首先给你的是高帽：哦，你这个建议太好了！你接着说。这是高帽，让提建议者戴着很高兴，心想这领导多好，然后就没有丝毫保留，会说很多，这时休利特就会说，很好很好，我考虑一下啊。这就是第一顶高帽。等他想通以后会找提议者来，我跟你谈谈，上次你提的那个建议。如果你说上次是随便提的，他以后就不再理你了。第二顶帽子叫质疑的帽子。他不断地问你问题，来考察你对这个建议的思考。过了一段时间，第三顶帽子就来了，这叫决断的帽子。他会找到提议者，跟你谈那个问题：我仔细考虑了，这个好像目前还不是很成熟，如果时机成熟，你这个建议我们会采用的，这是一种决断的帽子。还有一种结果：你上次那个建议我考虑了，觉得很好，公司准备实施。总之，会给你一个交代。

第三章

柔弱胜刚强

老子的老师在病重了快不行的时候,张开嘴巴给老子看,然后问老子:"我的舌头还在吗?"老子说:"在的!"老师继续问:"我的牙齿还在吗?"老子说:"没了!"老师问:"你知道为什么吗?"老子说:"舌头的生存之道,不正在于它的柔韧吗?牙齿会掉,不正在于它太过刚强吗?"老师笑笑说:"天下事情的道理,都在里面了,我已经没有什么可以再对你说的了。"老子的老师就是用比喻的方法来教导老子,而老子也能心领神会。所以有学者认为整个《道德经》其实就是一本柔学。

第一节 弱者道之用

《道德经》第七十八章:"天下莫柔弱于水。而攻坚强者,莫之能胜。以其无以易之。弱之胜强,柔之胜刚。天下莫不知,莫能行。"天下没有什么东西比水更柔弱,但是用以攻打坚强的东西,没有比水更难以战胜的了。原因在于,水本身、水性是对方无法改变、无法予以变化的。都知道以弱胜强、以柔克刚的道理,但是没有谁能做得到。

刘邦在与项羽争夺天下的过程中,一直处于被动挨打的局面,但刘邦不馁不躁,善守其柔,最后一战而胜。毛泽东在领导中国革命的过程中,不走城市路线,退往农村,建立农村根据地,经过二十年的奋斗,最后以农村包围城市,夺取全国胜利,把国民党蒋介石赶到孤岛台湾。

一、反者道之动,弱者道之用

《道德经》第四十章:"反者道之动,弱者道之用"。大道的运动往往是走向自己的反面,返回到本态。而道的应用、作用,是柔弱的、渐进的、低调的,即非强硬非凌厉非高调的。

汉文帝有一天做了一个梦,梦中想要升天,但是力气不够。这时有一个头戴黄巾的人在身后推他,居然让他顺利升到天上。文帝回头一看,只见那个头戴黄巾的人所穿的衣服,在后腰部分破了一大块。汉文帝对这个梦一直记忆深刻。后来有一天,他刚巧发现了头戴黄巾的邓通,衣服也和梦中所见相同。文帝于是从此就特别照顾他。邓通本来就是个没有才能的人,但文帝还是屡次赏赐他,共给了他几十万的金钱。有一次,文帝要相士论断邓通的命运,相士说:"邓通以后会因贫穷而饿死。"文帝说:"我是皇帝,要谁富谁就富。现在我要邓通富裕,他又怎么可能会贫穷呢?"于是把四川严道县北面三里处的一座铜山赐给邓通,并准许他可以自行铸造铜钱。一时之间,"邓通钱"遍行天下,邓通成了全国最有钱的人。

汉文帝过世以后,汉景帝继位。景帝对邓通的富裕感到极度不满,有人检举邓通不法,于是景帝革了他的职,抄了他的家。于是邓通立刻变得一文不名。文帝的女儿馆陶公主可怜邓通,于是派人拿钱接济他,没想到那些钱全部被小吏侵吞,所以邓通到头来还是因贫穷而饿死了。天道循环,没有永远的权势,也没有永远的富贵。即使是拥有最高权力的皇帝也无法改变天道,所以顺应天道的人懂得时常保有谦下柔弱之心,以免因满盈而招致失败,这就是老子所说的:"反者道之动,弱者道之用。"

庞涓和孙膑是同门师兄弟。庞涓因为妒忌孙膑的才能,于是设计陷害,使孙膑被削去膝盖。为了保命,孙膑逃到齐国,并得到齐王的重用。不久,齐国和魏国发生战争。魏国任命庞涓为主将,而齐国方面则由孙膑担任军师。因为齐国军队一向怯懦,所以魏国军队并没有把齐军放在眼里。孙膑就利用魏军的轻敌心理,设下了"减灶诱敌"之计。齐军与魏军才一接触,孙膑就立即命令军队撤退。第一天,当部队休息用餐时,孙膑下令挖十万个煮饭用的灶,第二天,减少为五万个灶,到了第三天,又减少为三万个灶。

庞涓发现齐军煮饭用的灶一天天减少,心想齐军已开始溃逃了,就放心地一路追赶。一路追到马陵附近,发现那儿的道路狭窄,而且树木茂盛,本是个适合埋伏偷袭的好地点。可是庞涓认为齐军毫不足惧,就放心进攻。庞涓进入马陵已是晚上,他遍寻不着齐军的踪影,后来隐约看到有棵树的树皮被剥去,树上仿佛有字。他下令举起火把检视树上的字,当他看到"庞涓死于此树之下"几个字时,大吃一惊。同时,齐国的埋伏部队早已接到命令,纷纷朝举起火把的地方射箭,庞涓就这样死在乱箭之中。当庞涓占尽上风,使孙膑遭受刑罚时,其实也埋下自己后来败亡的种子。果然,日后形势逆转,庞涓的下场反而比孙膑更加凄惨,这是因为"反者道之动",优胜劣败,循环反复,谁也无法永远占上风。而孙膑也善于将老子的"弱者道之用"理论发挥在兵法上,面对敌人故意示弱以骄敌之心,所以他才能得到最后的胜利,这也就是《孙子兵法》里所说的:"能而示之不能,用而示之不用。"

二、柔弱处上

《道德经》第七十六章:"人之生也柔弱,其死也坚强。万物草木之生也柔脆,其死也枯槁。故坚强者死之徒,柔弱者生之徒。是以兵强则灭,木强则折。强大处下,柔弱处上。"一个人,活着的时候是很柔弱的,而他死后才会变得坚硬难以弯曲。就像草木,活着的时候是柔软脆弱的,死了也就枯干坚硬了。所以说,坚硬与强直,是死的结果、残废的派生物。而柔软与易于弯曲,才是生的表现、生的结果。所以说,兵强硬了,就会灭亡,树木强硬了就会折断。强大的位置在下边,而柔软弯曲的位置才是高出一头的。

《道德经》第三十六章:"柔弱胜刚强。鱼不可脱于渊,国之利器不可示于人"。柔弱常常能战胜刚强。鱼儿是不能离开深水的。国家的最有效的手段,最厉害的武器或者本领,是要保密的。《道德经》第四十三章"天下之至柔,驰骋天下之至坚。无有入无间。吾是以知无为之有益。不言之教,无为之益天下希及之。"天下最柔弱的东西,能够进入、自行运转、左右与带动世上最坚硬强固的东西。没有存在的痕迹,无形无声的东西,能够进入细密无间、绝无穷隙的东西而发挥自己的作用。从中,我们可以知道,无为的作用与好处,不说话不立言的作用与好处,真是别的一切实有的东西所难以比拟的呀。当台风过后,受力最强、受摧残最严重的,往往是体积愈大,看起来愈是刚强的高达树木;而最不受强风影响的,往往是随风飘摇、看起来柔弱不起眼的小草。大自然的启示,常告诫我们"柔弱可以战胜刚强","以柔克刚"乃是大智慧的表现。

中国历来对外族的政策,常讲究"柔远怀近"的政策,安抚远方的民族,亲善近处的人民。在西汉初年吕后专政时,南边的南越国赵陀自立为帝,与汉朝分庭抗礼。汉文帝即位后,采取"怀柔"的政策,为赵陀修葺祖坟,并派出使者出使南越,赐书赵陀。后来赵陀主动放弃了帝位,归附汉王朝。因此,两强相争必有一伤,唯有以"至柔"才能"驰骋天下之至坚",不"以力服人",方能化解危机于无形。

《伊索寓言》有一则"北风与太阳"的故事,北风和太阳较量彼此的本领,比赛看谁能使行人脱掉衣服为胜。当北风"呼呼"地鼓起力气,地面刮起一阵强劲的风力,吹得行人几乎站不住脚。行人虽然被风吹得东倒西歪,帽子被吹飞了,可是扔紧紧地捉住衣服不放。而当太阳释放出阵阵温暖的阳光,行人却很自然地脱下了衣服。所以,温和的诉求,往往比严厉的手段、暴力的途径,更让人心悦诚服,这就是一种"柔性"的原则。

"强大处下,柔弱处上"是老子一再强调的观念,他对于那些没有用的东西很感兴趣,他认为没有用的就是受到保护,成为有用的反而是危险的。有一回老子和弟子经过一个村庄,看到一位驼背的人,老子知道当地强迫年轻力壮者加入军队,所以请弟子去问问那位驼背的人有什么想法。驼背的人说:"还好我驼背,不用被迫从军,我很高兴呢!"老子听了之后说:"记住了,要变成没有用的,才不会成为战争的牺牲品。"树根是坚硬的,但它却处于下方;花朵是柔软的,但它却处于上方。

老子说,想处于上方的,就要成为柔弱的,要像草一样柔弱、柔软,而不是像大树一样坚强。春秋时,晋公子重耳曾经流浪到楚国,楚成王预见重耳可能当国君,因此未把他视为一个落难公子,反而以诸侯国君的礼节对待他。在重耳离开楚国时,楚王设宴问重耳,未来若是当上了国君,将如何报答自己?重耳回答:"万一晋、楚不得已交战,在战场上我会命令晋军退避三舍以做报答;如果退避三舍还不能得到您的谅解,那我们晋军会全力以赴的。"重耳回到晋国继位为王,称晋文公。而楚、晋两国为称霸中原发生了春秋规模最大的一场战争——城濮之战。晋文公履行承诺,命全军退避三舍,后撤九十里,而楚军亦紧追在后九十里。这样的举动,使楚军骄纵,上下骄横之气四溢,自以为胜券在握。晋军将士们倍感委屈,反而个个义愤填膺、摩拳擦掌。大战爆发,楚军先发动攻势,却落得兵败如山倒,从此楚国势力退出中原,晋国成了中原霸主,晋文公在历史上列为春秋五霸之一。晋文公"以退为进",后发制人的谋略,创造了一个以劣胜优的战例。

三、见小曰明,守柔曰强

《道德经》第五十二章:"见小曰明,守柔曰强。"能看见细小的东西才是明,能保持住低调与柔弱的姿态才是坚强。《淮南子·道应训》上记载,鲁国的法律规定,鲁国女子如果有给别国诸侯做妾的,只要可以用金钱赎回,鲁人便可以向鲁国的国库去申请这笔钱去当做赎金。经商致富的子贡,从别的诸侯处赎回了一些鲁国的女子,但却不愿接受国库拨给他的赎金。孔子知道这件事后,认为子贡这样做就不对了,因为一个崇高的人的一举一动,对风俗习惯都可以产生潜移默化的影响作用,不能只考虑自己可以接不接受就好。孔子担心的是,像子贡这样对社会有影响力的人不愿去领国库给的赎金,其他一般老板姓恐怕也不好意思去拿;然而,鲁国的富人已经不多了,穷人如果不领钱去将人赎回来,那么谁还会去赎回鲁国的人呢?《淮南子·道应训》称赞,孔子就是懂得事情发展变化的人,也就是老子说的"见小曰明",能够察觉小事情带来的变化,孔子真不愧是一位真正的智者。

有经验的人多能观天色而知风雨,有智慧的人也大多懂得察微知著。《易经》中将这一点称为"知几其神",其中的"几"指的就是事物细微的变动,也是指吉凶祸福的预兆。有智慧的人不会消极地等待事情的自然结果,他们能够见机而作。依据事物细微的变化,判断事态的发展情况,以便及时掌控事态的进展方向与速度,趋吉避凶。

事物之间不是孤立的,而是有着各种各样的联系。从大自然的一草一羽中我们可以体察出一些即使极细微、不能为人显而易见的情况。有人曾就我国古代历史总结出了"中国历史十大定律",其中一个重要的定律就是"象牙筷定律"。这个定律讲的是有关箕子的一段历史故事。殷纣王即位不久,命工匠为他琢一双象牙筷。身为太师的箕子一听说象牙筷。就吓得脸色发青,直打哆嗦。下朝后有人问他,他说:"象牙筷肯定不能配瓦器,而要配犀牛角雕的碗、白玉琢的杯子。有了玉杯,肯定不能盛野菜粗粮,而要盛山珍海味才相配。吃了山珍海味就不愿再穿粗葛短衣,也不愿再住茅屋陋室,而要穿锦绣的衣服,乘华丽的车马,住高楼大厦。这样下去,我们国境内的物品将无法满足他的欲望,就要到境外各国去搜求奇珍异宝。从象牙筷子开端,我预测到了日后发展的结果,我不禁为他担心。"

事态的发展不出箕子所料,纣王的贪欲果然越来越大。纣王命人抓了上千万的劳工,修建占地三里的鹿台和白玉为门的琼室,并从各处搜求奇珍异宝、奇禽怪兽充塞其中。同时以酒为池、悬肉为林,让男女赤身裸体嬉逐其中,再由一帮侍臣、后宫佳丽陪着自己,通宵畅饮。忠臣比干数次劝谏,纣王恼怒之下,把他的心肝剜出。箕子复谏无效,就装疯扮傻起来,披散头发,胡言乱语,被纣王关在囚牢里。终于,百姓怨而诸侯叛,纣王遂亡其国。新朝周武王释放囚徒,邀箕子再出来做官,箕子不愿,去深山隐居去了。

箕子察微知著,只从一双象牙筷便预测到了日后发展的恶性结果。箕子是如何能够做到如此准确的预测的呢? 原来,他根据的就是人的本性,人的欲望的规律而总结出了如此事态发展的必然规律。他知道,世人的贪欲,没有止境。当第一个欲望被满足之后,第二欲望接踵而来。最后的结果,是"贪心不足蛇吞象",是洪水决堤,难以收场。

清朝雍正年间的大将年羹尧在镇守西安时,广求天下之士,厚养于其府中。有一位孝廉叫蒋衡,应聘前往。年羹尧非常爱惜他的才华,对他说:"下科状元一定非你莫属。"年羹尧说话口气如此之大,正是依仗他自己的功劳以及与皇帝的特殊关系。蒋衡见他威福自用,骄奢之极,不顾同僚劝阻,执意称病回家。年羹尧挽留不住,取千两黄金相赠,蒋衡坚辞不受,最后在年羹尧的坚持下,只接受了一百两黄金。蒋衡回到家不久,年羹尧果然就出事了。而年羹尧一向奢华,送人不到五百两黄金的,从来不登记,蒋衡因为只接受了百两之赠,从而确保了自己平安无事。能够从他人的一句话中看出他人的品性,并且预见出他日后的命运,蒋衡真可谓人生的智者。他从年羹尧骄横跋扈,倚功自傲这点上测知其大祸必至,可谓目光长远。人生就像一盘棋局,错综复杂。仅仅能够看清下一两步走法的棋手谈不上怎么高明；要下好这盘棋，必须要有一双慧眼，能够通盘掌握棋局，要能够看清接下来的多步走法，能够预测事态的发展方向。

第二节 上善若水

《道德经》第八章："上善若水。水善利万物而不争，处众人之所恶，故几于道。居善地，心善渊，与善仁，言善信，政善治，事善能，动善时。夫唯不争，故无尤"。最好的状态是水的状态，最好的品德是水的品德，水善于给万物以好处，却不争取自身的利益。它不拒绝待在别人不愿意待的地方，所以接近大道。它总是待在最适合的地方，给自己的定位恰到好处，它的心胸深远阔大，它的交往和善亲切，它说话诚信可靠，它为政为得良好、做事做得成功、行动符合时宜。由于它不争夺什么，不与谁发生争执，也就不会有什么过错或被埋怨。

俄国著名文学家托尔斯泰在他的日记中，十分称赞"上善若水"的人格，指出"做人应该像老子所说的如水一般"。在老子看来，如果要在世界上找一样东西来描写"道"，最适合的应该是水；孔子也称赞过水，如"仁者乐山，智者乐水"。

儒家、道家对水都非常推崇，说它与智慧有关。道家是强调智慧的学派，儒家是强调道德的学派——人性向善，除了努力行善避恶，没有第二条路，这是很合理的一种逻辑的发展。谈道家时，老庄不会教人行善避恶，因为一谈行善避恶就必须接受现成的规范，而这些规范往往是人定的。"窃钩者诛，窃国者侯"说的就是这个道理。"钩"，带钩，是指古时候男人衣服外饰，很贵重，代表身份地位。偷一个带钩就诛杀；但是偷一个国家却变诸侯，不管用什么手段当了国君之后，就有很多人效忠，这样的故事古今都有。老子用水描写一种智慧，这种智慧表现在外好像是无为，事实上没有什么事做不到。

水是生命之源，是人类社会存在和发展不可缺少的物质条件。在古代就有许多关于水本原的哲学思想，哲学家在探讨自然时，由于水与人的关系而突出水的作用。中国古代"五行"学说认为"水、木、金、火、土"是世界本原,水乃五行之首。古印度认为"地、水、风、火"乃是世界四大,是组成世界的四要素,而水居其一。被黑格尔称为第一个自然哲学家的泰利士认为:宇宙的本源就是水。他的理由是:凡是有生命之物都需要湿气,没有水的话,植物无法生长;没有植物的话,动物无法生存。老子作为中国第一位自然哲学家当然也不例外。老子在论述水时,更多强调的是个体生命的存在,强调人的自然生命是人最本真的存在形式,人应该如水一样保持自然的天性,效法天道,以求生命的本真。

日本的黑田孝高曾写过水五则,他认为水有五性:自己活动并推动别人的,是水;经常探求自己的方向的,是水;遇到障碍物时,能发挥百倍力量的,是水;以自己的清洁洗净他人的污浊,有容清纳浊的宽大度量的,是水;汪洋大海,能蒸发为云,变成雨、雪,或化而为雾,又或凝结成一面如晶莹明镜的冰,不论其变化如何,仍不失其本性的,也是水。他的论述正是对老子水之善性的最好佐证。

一、水的七善

苏轼的弟弟苏辙解说过水的"七善":

第一,"避高趋下,未尝有所逆,善地也"。水往下流,它绝对不会违背这个原则,擅长选择一个地方。"水善利万物而不争"。选择了一个地方待着,不争,不求任何回报。战国时中山国君有一次宴请都城里的军士,唯独在座的大夫司马子期没有分到羊肉汤。一怒之下,他跑到楚国劝楚王攻打中山国。中山国被攻破后,中山君只好逃走。有两个手拿武器的人跟在他后边保护他。中山君问这是为什么? 两人答曰:"我们的父亲有一次快饿死了,你把一壶水泡饭给他吃,救活了他。所以,我们父亲临终时,嘱咐我们:中山君若遭事变,你们一定要尽死力报效他。"中山君仰天而感慨地说:"给予,不在多少,而在于正当别人困厄急需之际;怨怒,不在深浅,而在于恰好损伤了别人的心灵。我因为一杯羊汤而逃亡国外,也因为一碗剩饭而得到两个救我的人。"这件历史实事,辩证地说明了"予"与"得"的关系。在现代管理中,有所失必有所得,有所得也必有所失。舍得舍得,有舍才有得。这就是《道德经》第三十六章所说的"将欲取之,必固与之"。

第二,"空虚寂寞,深不可测,善渊也"。一个水潭,表面上风平浪静,里面却深不可测。"心善渊",指人心境无私无心,既能容事,又能容人,具有大度宽容的美德。这也就是老子大力提倡的"上德若谷"的内涵。大江大海所以能为"百谷王者",是因为它能对沿途的河流、小溪兼容并蓄,不论河流清与浊、大与小皆能接纳。企业家和管理者应如江海一样,容物、容事、容人。切不可眼光如豆,心胸狭窄,排斥他人,孤芳自赏。地位越高,心胸越要大度,真正做到"宰相肚里能撑船"。美国王安电脑公司和日本八佰伴公司,都曾是成功的家族式企业。但在接班人问题上,总是走不出"传子不传贤"的怪圈。正是这种"不兼容"的狭隘心胸,王安将公司总裁的高位钦定为只有 36 岁而又缺乏管理经验的儿子王列,八佰伴前总裁和田一夫让位于他的弟弟,导致公司破产。所以"有容乃大"是一条成功之道。

第三,"利泽万物,施而不求报,善仁也"。善仁就是爱护诸多生命。"与善仁",是说水善养万物,无论植物还是动物皆受水的恩惠,而水只施恩但不求回报。圣人亦应如水那样,以仁慈之心待人接物。对待他人如同对待自己的朋友一样,相亲相爱。这是一种可贵的仁慈精神。这也就是老子的"三宝"之一:慈德。老子说,"我有三宝持而保之:一曰慈,二曰俭,三曰不敢为天下先。"一位工商管理学教授在课堂上向学生提出一个问题:在市场经济中,是应该做"狼"还是应该做"羊"呢? 多数学生选择做"狼",少数选择做"羊"。教授告诉学生:既不要做"狼",也不要做"羊",而应该做"人"。近年来,"狼性文化"甚为盛行,主张在市场经济中张扬狼性:无视人性,残酷无情,为了战胜竞争对手,可以不择手段,置对方于死地而后快。但从企业长远利益来说,"狼性文化"是一剂致命的毒药。它在击倒对手的同时,也会大伤自己的元气,形成"双输"的结局,而且在企业内部,由于人性缺失,人与人之间容易形成互相猜疑,互不信任的内耗局面。

第四,"圆必旋,方必折,塞必止,决必流,善信也"。信是见证。水可以印证,它进入圆的地方就会旋转,进入方的地方就会转弯。塞住水源,水流就会停下来。所谓"言善信",是说水是言而有信之物。江河汛期来往有时,海水潮起潮落应时而至,这就是《道德经》第七十三章所说"不言而善应,不召而自来"。所以，古人将它称为"信水"。圣人说话也应如水那样，心口一致，言行一致，诚实守信。老子在《道德经》一书中，多次谈到"信"的问题。如第二十三章"信不足焉，有不信焉"，统治者的诚信不足，人民就不信任他；第六十三章"轻诺必寡信"，轻易就许诺的，一定很少能守信；第八十一章"信言不美，美言不信"，实在的话不动听，动听的话不实在；第四十九章"信者吾信之，不信者吾亦信之，德善"，守信的人，我信任他；不守信的人，我也信任他；这样可使人人守信。东西文化虽在许多方面有差异，但在"诚信"上有着惊人的一致，"诚信"这一人的美德具有普世性和永恒性。诚实是最好的政策，也是一种最有效的商业资源。因此，不论是个人还是企业，信誉都是安身立命之本。

老子认为统治者的诚信不足，人民就不会信赖他。这与孔子的观点一样。子贡向孔子请教政治的做法，孔子在《论语·颜渊篇》中说："足食，足兵，民信之矣。"使粮食充足，使军备充足，是百姓信赖政府。子贡问："如果迫不得已要去掉一项，先去掉这三项里面的哪一项？"孔子说，先去掉军备。因为老百姓一定要先吃饭，饭都吃不饱，准备那么多武器干什么？再问，如果还要去掉一项呢？孔子说，去掉粮食，"自古皆有死，民无信不立"，自古以来，人难免一死，但老百姓如果不能信赖政府，国家就不能成立，那时候你比死还难过，变成亡国奴了。

在古代，那些善于治政的人都懂得言而有信的重要性。我们知道，商鞅在秦国变法的开篇阶段，就是从为自己的立信开始的。当时，商鞅费尽心机起草了一个改革的法令，但是怕老百姓不信任他，不按照新法令去做，就先叫人在都城的南门竖了一根三尺高的木头，下命令说："谁能把这根木头扛到北门去，就赏十两金子。"不一会儿，南门口围了一大群人，大家议论纷纷。有的说："这根木头谁都拿得动，哪儿用得着十两赏金？"有的说："这大概是左庶长成心开玩笑吧。"大伙儿你瞧我，我瞧你，就是没有一个人敢上前扛木头的。商鞅知道老百姓还不相信他下的命令，就把赏金提到50两，没想到赏金越高，看热闹的人越觉得不近情理，仍旧没人敢去扛。正在大伙儿议论纷纷的时候，人群中有个人跑出来，说："我来试试。"他说着，真的把木头扛起来，直奔北门。商鞅立刻派人传出话来，赏给扛木头的人50两黄澄澄的金子，一分也没少。这件事立刻传了开来，一下子轰动了秦国。老百姓说："左庶长的命令不含糊。"有了这个信用的基础,商鞅的变法政令才得以推行,可见人无信不立。这个关于守信的千古绝唱一直传为美谈,并成为启发和激励人们重诺守信的经典源泉。

儒家思想的传播者,曾子杀猪曾子的夫人到集市上去,她的儿子哭着闹着要跟着去。他的母亲对他说:"你回家,等我回来杀猪给你吃。"她刚从集市上回来,曾子就马上要捉猪杀猪。他的妻子阻止他说:"不过是和孩子开玩笑罢了。"曾子说:"小孩是不能和他开玩笑啊! 小孩子没有思考和判断能力,等着父母去教他,听从父母亲的教导。今天你欺骗孩子,就是在教他欺骗别人。母亲欺骗了孩子,孩子就不会相信他的母亲,这不是用来教育孩子成为正人君子的方法。"于是曾子就杀猪煮肉给孩子吃。

现代也有这样的故事:在德国的中国留学生中,有一名非常聪明的学生,发现德国售票系统的漏洞,多次逃票,三次被抓,均被德国记录下来。当他毕业后,去跨国公司求职,均被拒绝。这是为什么呢? 请看最后一次面试失败后双方的一次对话:"你们不录取我,是不是种族歧视的原因?""先生,我们不是种族歧视,相反我们很重视你。公司一直在开拓亚洲市场,你正是我们所需要的人。""那为什么不录取我?""我们查了你的信用记录,你共有三次逃票记录。""我不否认,但谁会相信你们就因为这件小事,而放弃了一个你们急需的人才?""你逃票记录证明了两点:第一,你不遵守规则,却善于发现规则中的漏洞,并恶意使用;第二,你不值得信赖。公司很多工作是要靠信任进行的,如果你负责某地区的市场开发,公司将赋予你很多职权,为了节省成本,公司无法设置复杂的监察制度,所以我们无法雇用你。而我相信在整个德国甚至整个欧盟,你可能找不到雇用你的公司,因为没有人会冒这个险。"

第五,"洗涤群秽,平准高下,善治也"。水可以洗清一切的脏东西,城市的灰尘和污浊的空气,一场大雨过后一切就如新了。水平可以分高下,山倒影在水面上,就看得很清楚,何者在前、在后、在高、在低。

第六,"遇物赋形,而不留于一,善能也"。指为政能力,即善于治理。任何东西在水面上都会显出形状。古人没有镜子就用水代替。不会特意要什么样的形象留在上面,牛来照就看到牛头,马来照就看到马面。水不会选择,只是适应能力很强,怎么变化都可以。"事善能"这一命题,主要有两层含义:一是,"随圆就方"。水无常形,水能够根据客观环境的差异性而改变自己的形态,以适应不同的环境。因此,圣人做事应像水那样,在不同的客观环境里,应做到"随圆就方",达到方圆有致的人生境界。这叫为人处世的"方圆之道"。如果只有"方"而无"圆",必然会碰壁,一事无成;只有"圆"而无"方",成为圆滑的墙头草,也会一事无成。中国古代钱币铜钱是内方外圆,这是对中国人为人处世的"方圆之道"的形象说明。人活在世上,一生无非是做两件事,即做人与做事。中国人信奉"做事要方,做人要圆"的人生哲学。"方"不是呆板,是以不变应万变,"方"中有"圆";"圆"不是奸猾,是以万变应不变,"圆"中有"方"。"方"是做人的脊梁,"圆"是处事的锦囊。要善于把"方"与"圆"巧妙地结合起来,该方则方,该圆则圆。二是"因势随形"。"水无常形"这一事实说明,世界上没有不变的东西,唯一永远不变的是"变"。因此,圣人应如水那样,根据客观环境的变化,不断地改变自己,与时俱进,以适应环境,做到"因势随形"的目的。

第七,"冬凝春水,涸溢不失节,善时也"。水在冬天凝固,春天结冰,"不失节"就是什么季节应该缺水就缺水,应该满出来就像洪水就变洪水,水配合节气,能够把握时机,善于待时。圣人行动也应像水那样,善于发现机遇,抓住机遇,不失时机,做到动静有时。水在流行中,遇阻则让,逢高绕行,从不强求。圣人遇强则积蓄力量,等待时机,动静皆随机而行,最终达到自己的目的。

孔子说管理一个国家要"使民以时",选择适当的时候征用老百姓服劳役。古代是农业社会,春耕、夏耘、秋收、冬藏,让老百姓在春天盖长城、筑水坝,那农田怎么办?到了秋天,没有收成,明年怎么办?所以孔子说,让老百姓去服劳役,也要找适当的时机,不要违背农业社会的基本原则。孔子教导学生,能够做到随时点拨,因材施教。有一次他带着弟子经过一座山上的桥梁,看到几只山鸡"色斯举矣,翔而后集",人的脸色稍有变化,山鸡就飞起来了,在天空盘旋一阵之后,再聚到一起。为什么人的脸色一变,山鸡就飞走了呢?人一有意念之后,就有一种力量表现出来。念头也是一种力量,动物很敏感,看到人的脸色一变,知道这个人恐怕要对自己不利了,立刻飞走。飞走之后,看看没事,再飞回来。孔子看到这种情况,称赞这些会看脸色的山鸡,说他们懂得时宜,该飞就飞,该停就停,能够判断时机。因此,我们也要注意"时机"的重要性,随时随地去寻找启发自己的机会。只要有任何一点可以让你学习的,就要在生活中加以实践印证。人生其实没有秘诀,就看你如何把握时机,"学而时习之",用心专注,不断提高能力,让自己不断成长。这样的人生,肯定会愈来愈丰富。

苏辙的解说很有趣,从七个角度说明水的七善,也就是无往而不利的境界。用水来对照人生很贴切,学会这七种善,就是天下第一人。

二、水的品质

总的来说,水的品质可以归结为以下三点。

第一,无声无息,滋润万物。据传,年轻的孔子曾经长途跋涉来到都城,请教老子。相聚的时间永远是短暂的,该告别了。老子将孔子送到黄河岸边。望着浩瀚奔流的河水,想起了短暂的相会,想起了长久的分别,想起来老子的谆谆教诲,想起了人生的短暂,百感交集的孔子长叹一声:逝者如斯,不舍昼夜! 看着伤感的孔子,老子平静地说,河水,不是真的流逝,而是流动,它养育着数不清的生命,生命离不开它,就像婴儿离不开母亲。水,无声无息,绵延不断,将自身慷慨的浸润、渗透并保存在自然的生命之中,所以,它不会流失或丢失。如果水也是一种生命的话,那么,它的不朽,正是因为它自身的无私。

听罢此言,孔子似乎豁然开通,好像明白了高足曾子曾经的高论,圣人的不死,就是因为他们像流淌的河水一样,通过"立功、立德、立言"而流芳百世! 同样,《史记》还记载,孔子曾"问礼于老子"。老子对孔子说,不要一天到晚老是充满斗志想要成就事业,想着将来要如何如何,这样其实无益于自身,恐怕也不容易活得久;在社会上发展得好,将来难免有后遗症。孔子听了他的话,说:"吾今日见老子,其犹龙邪。"龙可以"乘风云而上天"孔子觉得老子的境界深不可测,高不可攀。

第二,谦卑不争,胸襟广阔。有一次,老子骑牛回老籍宋国,途遇以为当年的门生阳子居,门生大概是事业有成,骑着高头骏马,十分威风。师生相见,各自有礼,正好都去宋国,于是结伴而行。攀谈之中,老子得知,阳子居此行是去来家省亲,并置田购房招聘佣人,显耀门庭,光大祖业。途中观察,见阳子居接人待物,矜持高傲,少有谦和。老子心中十分不安,深感自己"教导"的失败。一日,在河边的渡口,老子牵着阳子居的手,指着河水,再话当年。最后说道,

"君子与人处,若冰释于水,与人共事,如童仆谦下;洁白无瑕而似含垢藏污,德性丰富而似鄙俗平常"。阳子居终于开悟。从此,人们发现,其貌不矜也不恭,其言不骄也不媚,并放弃了在老家大张旗鼓地大兴土木建设豪宅深院的奢靡计划。

　　许多年来,日本流行着一种修身之术—忍术,其修炼者称为"忍者"。忍术,顾名思义,容忍的"艺术"。追根溯源,其起源还是汉文化,具体说来,是源于汉学的"兵家"。提到兵家,人们可能立即联想到军事斗争带兵打仗。其实,汉学的兵家,并不刻意于如何去领兵打仗,而倾情于"斗争"的"道义"、艺术和哲学。真正说来,"兵家"的真正老祖宗,不是别人,而正是老子。孙武也好,孙膑也好,都可以算是道家学说的继承人和运用者。因为,"不战而屈人之兵"孙武的战争理想,以及作为军事斗争策略的最成功计谋"走为上计",都是老子"水"哲学的逻辑延伸。像水一样,成功的"妥协",胜过百万雄兵。忍术,可以理解为一种主动的"妥协",不过一个"忍"字,已经显得有些被动和无奈。妥协,主动而自然的妥协,是水海纳百川的一种无私无畏的胸怀。无私才能无畏,无私是原因,无畏是结果。水的谦卑,不是一种刻意的姿态,而是发乎内里形乎外表的自然流露。"妥协"至少有三种状态,一是不得已而为之的让步,像嫌疑犯"不得已"的"自首"。二是一种着眼长远的短期忍耐的策略,如勾践"卧薪尝胆",指望东山再起。这两者都还算不上"水"的兼备。第三才是没有特定人为目的的、自发的生存方式,没有不得已的被动,也没有忍耐的痛楚,只有自然而然,没有任何的雕饰。这才是水的"妥协"。

　　第三,因势成形,随遇而安。水没有形状,只要低洼,给它什么形状,它就是什么形状。按照物理学的说法,"形状"是"固态"事物的基本特征之一,而气态和液态,则没有"固定的"形状或形态。水的物理性质,是液态,因此,没有自己的固定模样。人们可以说,什么像水,却很难说,水像什么。水,这种没有固定尺度和标准的"模样",给了它自由和自如。水,可以无孔不入,可以滴水穿石,可以劈开高山,可以汇成河流。于是,水,可以随处安家,可以随处扎根,可以随处发挥滋养万物的作用。

　　人们做事,大多总是先定下了规则,给了模样,就像工业生产,先有了产品标准,一旦"形状"被固定下来了,就难以改变了;一旦模样或者模式确定了,

"做事",也就成了照猫画虎往模具里填充材料了。定型的事物固然具有自己的"长处",但也顺便生出了"短处",最显的"短处",就是对自身生存的环境有了专门的"要求",失去了纵横万里,随处扎根的"自由",所谓"龙困浅滩被虾戏,虎落平川被犬欺",说的就是这一道理。难怪,庄子曾经无限感慨的教育弟子说,大柱可以撞破城门却不能塞住洞口,用途不同也;骐骥一日奔驰千里,捕鼠不如狸猫,技能有别也;猫头鹰夜能抓蚤,明察毫末,但白天即使即使双目圆睁却不见丘山,因为性能有限。有了"长处",就有了"短处",这是"有模有样"事物不可摆脱的宿命。

生活中,人们大多并不满意于自己的"现状",不断地自我超越,不断地改变现状,成为人们风雨兼程的追求。这本无可厚非。但是,如果只有目标,眼睛总是盯着"下一个"目标,而忽视了"现在"忽视了"今天",那么他便没有幸福的那"一天"。因为,时间的唯一真实性,就是"现在",就是"今天"!"过去"的真实,是因为他是曾经的"现在";"未来"如果真实,也是因为它成了"现在"。须知,"未来",并不一定真的会来,真正的"未来"从未来过。于是,抓住了现在,也就抓住了一切,丢失了现在,也就丢失了一切。随遇而安,并不是停止了追求,放弃了前程,而是珍惜"现在",倾情"现在",品味"现在",并牢牢抓住"现在"。

三、柔的道术

《道德经》的"柔",是一种"道术",是一种真智慧、大智慧,老子的"柔"的智慧具体分为三个方面,即:"等待"、"节制"、和"放弃"。

当越王勾践为了报仇雪恨再三地想提前攻打吴国时,范蠡却一直劝他"等待",不是说天时未到,地利不够,就是说人和有问题。他这样做,不是有意为难勾践,而是顾忌一种时机,一种天时、地利、人和的平衡,也就是顾忌是否符合于"道"。与"道"合一,绝不是一蹴而就的,它需要一个过程,一个不断消除妄念的过程,只有将勾践头脑中急于求成的不切实际的想法清除掉,天时、地利、人和的平衡之"道",才能完整地呈现出来。很显然,这里说的"等待"是等待"道"的到来。

与"等待"、"放弃"相比,"节制"显得更重要些,因为在某种程度上,它包含了后两者。"节制"实际上是一种心态上的控制。要节制就要能做到"光而不耀"。光代表着光芒、成功、权力、才干、美丽等等。有光的人总是有些耀眼，但要注意别太耀眼。过于耀眼，刺得别人睁不开眼睛，就容易引起反弹，反过来伤害自己。这是一个矛盾，但能够处理好才是智慧的标志。这个标志在老子这里就体现为自我节制。所以一个人自我节制的程度和其智慧程度是成正比的。所以，有才的人不必炫耀他的才，他应知道，有才本身已经是罪恶，因为他显得别人不是那么的有才。如果他还恃才傲物的话，就是罪上加罪了。前一种罪是天作孽，后一种罪却是自作孽。天作孽，犹可活；自作孽，不可活。权力、财富等的拥有者都应有如此的认识。正是在这样的基础之上，老子提出了以节制权力为核心的无为和自然的理论。

"放弃"也是老子"柔"的智慧的一个重要之点。讲到它，很自然地就会想到范蠡，因为他放弃的太多太多。首先，他放弃了权力。这表现在辅佐勾践攻打吴国时，勾践要跟他平分国家，他毅然地拒绝了。再次，他放弃了财富。大家知道，范蠡既是一位大政治家，又是一位大商人。在他经商的 19 年中，有一个"三聚三散"的经历，就是说，他曾"三致千金"，而又三次把大量资财散掉，以结人心。"放弃"，是个大智慧。有时候，"放弃"是为了"保存"。有时候，只有放弃了，你才能给自己找到更大的生存空间，这就是常说的，"退一步海阔天空"。在范蠡看来，"散"其实就是"聚"，而"聚"其实就是"散"。这正如蒙牛的牛根生至理名言："财聚人散，财散人聚"，他认为，财产是必须要流动的，该散的钱一定得散，这样才能聚得了人。

老子认为，人应效法水，才能更真实地接近和体现"大道"，水是"大道"在自然中本质的再现。在现实生活中，"道"是"惟恍惟惚"的，是不可见、不可闻、不可得的抽象之实体，是无法仿效的，而能仿效的是现实的自然之水，它是"大道"的真正体现。老子作为一位朴素的自然主义者，他的高明之处就在于：用自然中的水，来描述生命，体现大道，实现对理想生命的追求。老子以水性来比喻人的生命，认为人的生命应该像水一样，具有水的自然性。水柔弱而不争，养育万物，无所不容，无所不用而泽被万物。水行天道，顺自然，处卑下地位而不亢，始终如一而勇往直前。

"柔"是老子生命哲学最重要的特征，而水又集"柔"于一身，突出体现了老子贵柔的思想。水是至柔的东西,却具有攻不破的特点,比如水中抽刀,无论费多大的力气,永远是切不断的。老子认为世间没有比水更柔弱的,而攻击坚强的东西,没有别的东西能胜过它的。故"天下之至柔,驰骋天下之至坚。"即柔弱的东西能够在坚硬的世界中通行无阻,所以水无孔不入、充盈于宇宙万物之间,这正是老子重水贵柔的原因所在。

"柔"体现在人生命上便是一种韧性,只有具备韧性的人,才能够屈伸自如、游刃有余,故"小不忍,则乱大谋",人生都是"退一步,海阔天空",而这种退的目的恰恰是为了更好的进。老子常说:"将欲夺之,必固与之"。这种以退为进、以弱胜强的思想正是老子贵柔思想的体现。而这里所说的"柔"的韧性便是生命所要具有的意志力,它是老子生命理想最高层次的追求,即对生命之美的向往,表现了老子以柔胜刚的理想目标,达到了生命韧度的真正再现。老子十分强调生命的韧度,注重水的柔性,越是在困难与挫折面前,越能显示柔性的力量。"柔"既是水的法则,又是力的象征。在老子看来,"柔弱"并不是"懦弱",而是真正意义上的强大。

"弱者道之用。"柔弱却正是道的普遍应用,是人生命和意志力的最充分体现,因为正是柔弱才表现出了人生命的真正力量。有如弓箭一样,其弓柔性越强,其箭才能射得越远。生命有如水一样,其所蓄有的势能越多,其所爆发的力量就越大,世界万物都无法阻挡它的发展。当巨浪滔天、无坚不摧的时候,也正是生命力最强大的时候。所以,当生命处在柔弱时,并不是没有力量,却是他最坚强、最有力的时候。总体上看来,老子生命哲学突出体现了水之道的自然内涵:谷、清、柔,体现了人生命的三维:广度、深度、韧度,实现了"上善若水"的最高生命理想。老子抓住水的本质,突出水的三性:柔弱、谦下、洁静,并将水性与人生命紧密地结合在一起,来强调自然生命的三种能力,实现了理想生命中的真、善、美的统一。

1879 年,美国纽约中央铁路总裁威廉·范得比特在接受记者采访时,当被问及为什么不为公众着想,加开从纽约到芝加哥那班不赚钱的特快邮车时,他竟破口大骂,"社会公众该死!"于是就有了所谓的"社会公众该死"时期。这样强硬的态度自然不可能取得好的公关效果,对组织本身的形象声誉都是一种伤害,可谓是领导公关的大忌。老子所说的"柔"、"弱"并不是我们正常意义的柔弱，而是如老子所说的"弱者道之用"，这里的柔弱其实是一种策略，一种手段或者说是一种战略。

　　大亚湾核电站建设之初正值1958年苏联切尔诺贝利核电站发生泄漏之后，导致临近大亚湾的香港市民恐慌乃至百万人签名反对，组成请愿团上京请愿，我国政府及时地与香港民众沟通，宣传核电知识，请著名人士参观大亚湾核电站，与请愿团代表会谈等一系列的"怀柔"措施使不利舆论很快平息并转向支持。可见，沟通是公关活动最重要的手段，而良好的沟通需要公关人员有谦下的德行、宽容的态度、正直的品格，这也是老子所提倡的。在公共中要沟通各种关系，有些时候自己一方处于优势，也不能倚强凌弱，而应该"报怨以德"；就算处于劣势，懂得委曲求全，以柔克刚，不争一时痛快而损害长远利益。

第三节　我有三宝

　　《道德经》第六十七章："天下皆谓我道大，似不肖，夫唯大，故似不肖；若肖，久矣其细也夫！我有三宝，持而保之：一曰慈，二曰俭，三曰不敢为天下先。慈，故能勇；俭，故能广；不敢为天下先，故能成器长。今舍慈且勇，舍俭且广，舍后且先，死矣。夫慈，以战则胜，以守则固。天将救之，以慈卫之。"这一章的意思是，天下的人都说我的道是大的，但不像任何具体的东西。正因为大，所以才不像具体的东西。如果像的话，它早就显得渺小了。我有三件法宝，守持并珍视它们：第一件叫做慈爱，第二件叫做俭啬，第三件叫做不敢为天下先。慈爱，所以能勇敢；俭啬所以能宽广；不敢为天下先，所以能成为众人的君长。如果现在舍弃慈爱而争取勇敢，舍弃俭啬争取宽广，舍弃后退而争取居先，那就走向死地了。慈爱用来战争就能胜利，用来守卫就能巩固。上天要救助他，用慈爱来护卫他。

一、慈故能勇

　　所谓"慈"，是指"仁慈"，即要求管理者对自己的下属和社会民众要有慈爱之心，关怀之情。中国自古以来，管理者皆知仁慈与威严是管理不可或缺的两种重要手段。在两种管理手段中,老子更倾向于"仁慈",指出:"慈故能勇"这是说,领导的仁慈之心会激发部下的非凡勇气,赴汤蹈火,在所不惜。这就是古人所说的"士为知己者死,女为悦己者容"的社会效应。吴起带兵即是一个典型事例。

吴起爱兵如子,跪下为受伤士兵吮吸伤口脓血,深深感动了士兵,他们纷纷勇猛杀敌。所以当这个士兵的母亲听说了这件事的时候就哭了,她就说她儿子的命已经不多了。因为吴起这样做,必定换来她儿子的英勇作战,越是英勇,越是有可能牺牲。这就是"慈故能勇"的一次成功展现。

《韩诗外传》卷七中讲述了这样一个故事。一次,楚庄王跟群臣在日暮时喝酒,大家都喝高了,突然殿上的蜡烛灭了,大将唐狡借机调戏楚庄王身边的妃子,妃子大惊之下摘下唐狡头上将缨,哭告楚王无红缨者即为调戏人,那时烛还没重亮,楚庄王却没有处罚这位失礼的将军,反而下令宴间群臣,凡顶有红缨者尽数摘下,这样,除了唐狡自己外,没人知道刚才大胆犯上之人是谁,此后也无人再提此事。事隔多年,楚庄王被攻危殆,幸有一将军奋身杀至,救回楚王,原来将军就是唐狡,他对庄王没有惩办他一直心怀感激,故而冒死报恩。以仁慈待人,实际上是一种高超的柔性管理。

老子之所以提出第一个法宝是"慈",是因为他所处的时代缺乏"慈",君王与统治者缺乏"慈",社会上人际交往也缺乏"慈"。当时那种战乱、动荡、民不聊生、哀鸿遍野的大背景促使老子去深思,从而提出并倡导了这一"慈"。

在老子看来,上对下的慈爱更为重要,尤其是统治者对被统治者的慈爱更重要。著名的德国社会学家韦伯对老子有深刻的见解,在《中国的宗教》中曾说:"对老子而言,人民的幸福,同样的,终究要仰赖于统治者的素质。"韦伯的这一句话可以点醒,为什么在《道德经》里面有那么多的话是对统治者说的,谆谆而教,侃侃而谈,娓娓而道,不就是要统治者提高治理与管理的素质吗?这慈爱就是统治者的最大的素质了,也是他们的一个吉祥的法宝。试想,他们如果没有慈爱,甚至相反以杀戮之死来威胁镇压人民,那么老子严肃地说:"民不畏死,奈何以死惧之?"这种历史的例子充斥中外。

老子"三宝"中首先提倡慈,是要人们能够慈爱、慈悲、仁慈。这里有上对下的慈,有下对上的爱,亦有彼此平行间的爱。有此慈心、爱心,则百姓就不会因为没有饭吃、税敛太重、高压太甚而轻死，而反抗，国与国之间也没有给百姓带来深重灾难的战争，人与人之间也可以和谐相处。这些内容常贯穿在《道德经》中。

为什么"慈故能勇"？慈爱从内心深处滋长，从人道最美妙的地方辐射出来，这是一种不自以为德的"德"，是老子所说的"上德不德的"的"上德"，是"得"诸"道"的伟大的功用。从君王言之，正因为君王对百姓有深广的慈爱，才会最无畏惧地保护百姓。相反百姓也正因为爱君王，才会产生大勇，舍身保卫国家。

再由慈母喻理之，从母亲一方言之，慈爱子女，则无不精心调理、养育、保护子女，无论有多少艰难危险，都不放在眼里，表现出女性最大的奉献与勇敢。莎士比亚说过："女子虽弱，为母则强。"同样有一个故事，美国一位母亲带女儿带超市买东西，出来的时候，女儿跑在前面，忽然一辆卡车疾驰过而来，把她压在车轮之下。千钧一发之际，母亲立刻奔上去把卡车车头抬起来。这说明在一刹那间，慈爱所带来的勇气实在是难以想象的强大。孔子说："仁者必有勇。"有仁德的人一定会有勇气去做他该做的事。老子也说："慈故能勇。"一个慈爱的人，一定能够勇敢地去帮助别人。

《道德经》第二十七章："是以圣人常善救人，故无弃人；常善济物，故无弃物。是谓袭明。故善人者，不善人之师；不善人者，善人之资。不贵其师，不爱其资，虽智打迷，是谓要妙。"因此，圣人总是善于帮助人，所以没有被遗弃的人；总是善于实用物，所以没有被丢弃的物。这叫做保持启明状态。因此，善人是不善人的老师，不善人是善人的借鉴。不尊重老师，不珍惜借鉴，即使再聪明也不免陷于困惑。这是精微奥妙的道理。

圣人为什么善于帮助别人，善于使用物，而使人不被遗弃，使物不被丢弃呢？因为圣人有慈爱，圣人领悟了"道"。从"道"的角度看，每个人每一样物都起源于"道"，"道"让这些人和物出现，一定有其存在的理由和价值。从这个意义上讲，没有所谓的"弃人"与"弃物"。"弃"与"不弃"是由人的眼光来判断的，喜欢这个或者讨厌那个，但人的眼光常常是片面和短浅的。所以要"袭明"，保持启明的状态，以一种慈悲的胸怀，宽容的心态，对每一个人每一样物都能尊重和珍惜。

"故善人者,不善人之师;不善人者,善人之资",我们现在常说的"师资"二字就出于此。"善人"是先了解道理的人,走在前面;"不善人"像学生一样,跟在后面。学生向老师学习,老师向学生借鉴,等于双方要互相学习,互相尊重。因为每个人都可能因为某一方面的长处在此为师,又因为另一方面的不足在彼为师。所以两者都要接纳,这样一来,就不会陷于迷惑了。强调相辅相成、相对相重的观念,是老子思想的特色。

总之,我们对"道"的学习,首先要在心态上学习"道"的慈爱,学会用慈爱的心对待天下所有的人,不分善、恶、美、丑都要照顾和关怀,由此形成一种普遍的、平等的同情。这是老子的第一宝"慈"的深意。

为什么老子又说"夫慈,以战则胜,以守则固。天将救之,以慈卫之"?因为"慈"是道的大用,是其有生生之德的。与慈相反的莫如战争,但是逼不得已用兵的话,那么守恃慈道的人以战则胜,以守则固。因为保守慈道的人,是最爱惜民命的,既然如此,民反乐为之助,民助即是天助,所以说"天将救之,以慈卫之"。"以慈卫之",并不是天来以慈维护你,因为你时时保守慈道,甚至用兵时,还是以慈为主,这慈就来保护你了。我们可以想见"慈"之道蕴涵的无比的力量与价值了。

人类在每次灾难性的战后、动乱后,都有对"慈爱"的深思,并对这一人文主题加以深沉地发掘,比如二次大战后的创作、"文革"后的文学作品,都有大量的典型在。人们还记得一部电视剧《渴望》曾如此掀起千万百姓的心灵,正是对没有爱心的动荡年代反思以后,再度渴望爱心的折射!人类的优秀理念往往表现出极大的传承性,因此老子所说的一宝,对于今人以及将来的人来说,有永恒的意义。慈,不仅道家看重,儒家看重,佛家也重视。"慈悲"一语,原来就是佛教用语,就是要给人快乐,将人从苦难中拯救出来。

多少顶尖的风云人物在历史中淹没,然而让我们歌颂的,却是常常奉献自我,成就他人,不计较得失的耕耘者。"提灯天使"南丁格尔,原是出身名门贵族,在十九世纪中叶的英国,护士的地位低下,只有穷人女孩愿意担任,而南丁格尔放弃了自身的享受,自愿担任护士。当时正值英俄战争,南丁格尔前往前线,她发现伤患病人吃着发霉的面包,穿着血迹斑斑的肮脏衣裤,医护环境恶劣。她不嫌辛劳,亲自为伤患清洗伤口、消毒、包扎,并且按时换药,努力改善他们的伙食。不但如此,她经常跪在地上擦洗地板,洗涤伤患带有血迹的衣物,维护环境的卫生。南丁格尔每天晚上提着一盏油灯,在四公里的巡诊线上逐一查看患者的病情,为他们唱歌,给他们温暖与安慰。繁重的工作,她不以为苦,常常一天工作二十小时以上。也因为她的努力,伤兵的死亡率大为降低,从60%下降至0.3%,她一直坚持着,直到英、俄停战,最后一名士兵离开战场,她才回到家乡。回国后,南丁格尔又把英国人民为鼓励她而募捐的五万英镑全部拿出来,创办了世界上第一所护士学校。因她的贡献良多,世界红十字会在她逝世后,将她的生日5月20日定为"国际护士节"。她对病患的慈爱,让她拥有更巨大的勇气,因为这份大爱,让这位柔弱女子成为勇敢的巨人!

二、俭故能广

俭,是人生一宝。老子讲"俭",也讲"啬"。《道德经》第五十九章:"治人事天,莫若啬。"俭与啬,是同一的。这一法宝也是老子对历史与现状反思的智慧结晶。为什么"俭故能广"?《韩非子·解老》有这样的解读:"智士俭用其财家富,圣人宝爱其神则精盛,人君重战其卒则民众,民众则国广。是以举之曰'俭故能广'。"智慧者节俭地使用财物,那么家庭就会富裕;圣人宝爱精神,那么精神就旺盛;人君看重战斗的士卒,那么人民就会众多;人民众多,那么国家就会广阔。老子认为对于一个国家来说,俭啬是"有国之母","可以长久"。这就像大树之根深扎而不可动摇。同样俭啬对于一个家庭、企业都能广而大之的,就像根深则能枝繁叶茂一样。

很多人把道家跟环保联系起来,就因为这个字。"俭"是要人收敛和约束欲望。老子对于"俭"的观点和他本身的哲学思想相呼应。"慈"从"道"而来,因为"道"是万物的母亲,所以"慈"是一种普遍的关怀或者同情;"俭"则是我们对待世界的态度。人在消耗这个世界的能量和能源的时要尽量借鉴和珍惜,因为每样东西都来自"道",怎么可以浪费?而且也只有"俭",才能使每个人都普遍地使用到世界的资源,所以老子说:"俭故能广"。

道家的基本原则是"少私寡欲",一个人多思多欲,不可能快乐。因为欲望得到满足会痛苦,因为一旦满足之后又生出更多的欲望,然后更痛苦。况且,即使所有欲望都能满足,人就快乐吗?《道德经》第四十四章:"名与身孰亲?

身与货孰多？得与亡孰病？是故甚爱必大费，多藏必厚亡。知足不辱，知止不殆，可以长久。"名声与身体，哪一个更亲近？身体与钱财，哪一个更贵重？获得与丧失，哪一个更有害？过分爱惜必定造成极大的耗费；储存丰富必定招致惨重的损失。所以，知道满足，就不会收到羞辱；知道停止，就不会碰上危险，这样可以保持长久。为追求"名"或"货"而劳累伤害身体，可谓得不偿失。

为政者若能勤俭爱民，体悟到"俭故能广"的道理，将更能获得百姓的爱戴！唐太宗便是一个好例子。唐太宗认为身为国君必须先以人民生活安定为念，压榨人民满足自己奢侈浪费的生活，无疑是割取自己腿上的肉来吃一样，虽然吃饱了，但是身体也糟蹋了。一个国家会灭亡的原因，不外乎是君王为了达成自身的欲望罢了：有了山珍海味，有了歌舞笙箫，欲望会愈来愈膨胀，需要的费用也会随之增加，这么一来将会陷人民于困苦之中。于是唐太宗自我提醒，不要掉入欲望的深渊。一日，大臣们向唐太宗建议，"夏之月可以居台榭"认为宫中湿气太重，对唐太宗的身体有所影响，因此希望唐太宗赶快建筑高殿。但是唐太宗婉拒了，他说："在湿气重的地方虽然对我的健康不好，但是建造一座宫殿需要一笔庞大的费用。从前汉文帝打算营造宫殿时，发现需要的费用相当于十户普通人家的资产，就打消念头了。而我的德行远远不及汉文帝，却要花费更多来建宫殿，这怎么行呢？如果这么做，将是身为百姓父母的天子失职的地方！"唐太宗不愧为明君，他以俭朴自居，为百姓带来富足的生活，进一步缔造了大唐盛世！

从是否节俭，可以看出一位领导的情操。爱好浮华奢侈的领导，难以养成节俭的德行；贪得无厌的领导，难以养成清廉的作风。孔子说他"四十而不惑"，孟子说他"四十不动心"，不惑、不动心，就是心中有主宰，不受外物的迷惑。领导在生活上要能勤劳节俭，并且要有冰清玉洁的操守。只有生活节俭，才能永保廉洁作风；只有操守冰洁，才能长久处世。生活节俭，操守冰洁，在贫贱时可以独善其身，在富贵时可以兼善天下。所以老子以节俭为宝贝。

元世祖忽必烈因为想念成吉思汗创业的艰难，到草原上挖来一盆青草，放在皇宫御座前。他告诉群臣说，这是节俭草，后世子孙应懂得勤俭的道理。元英宗硕德八剌曾经在御用大安阁看到先祖的遗物、衣服都是用普通的木棉纺织而成的，上面还打了补丁，英宗感慨地说："祖宗创业维艰啊！身上穿的衣服也这样节俭,我哪里敢奢侈呀!"

东汉明帝马皇后,是伏波将军马援的小女儿。她 10 岁即开始理家,13 岁入太子宫,行止合矩,德冠后宫,被立为皇后。虽贵为皇后,她仍身穿粗丝衣服,饮食不求香甜,左右随从之人只穿普通帛布,不使用熏香饰物,目的就是要亲自做下面的表率,树立节俭之风。隋文帝的妻子独孤皇后也非常俭朴节约,隋文帝配制止泻药,须用胡椒粉一两,这种东西平时宫中不用,多方搜求,最后还是没有得到。隋文帝曾经想赏赐柱国刘嵩的妻子一件织成的衣服,因宫中没有只好作罢。南北朝时齐高帝萧道成自继位后,便以节俭表率天下,他说:"我希望在我的领导下,市场上的黄金和泥土的价值一样。"到齐武帝萧赜时,全国百姓生活富裕,国家太平,找不出一个盗贼,这是以节俭治国的结果。宋仁宗时的宰相张知白,虽有高官厚禄,但仍保持过去做地方小官时的生活水平。人们对他感到不理解,张知白坦率地说:"我如今的收入,全家锦衣玉食也办得到。然而'由俭入奢易,由奢入俭难'。我今天的收入不可能永久保持,一旦收入不如今天,家人久已过惯了奢侈生活,习惯后一下子改不过来,家室和后代就可能出事。"张知白真是深谋远虑。"由俭入奢易,由奢入俭难"由此成为家教警钟。

刘少奇曾经高声疾呼,在一切企业中,在一切国家机关中,在整个社会生活中,都必须提倡节俭,反对浪费。他说:"浪费在任何时候都会妨碍生产的发展和生活的改善。"他指出,勤俭建国,勤俭办企业,勤俭办一切事业,是我国社会主义建设的长远方针。厉行节俭,开源节流,这对于领导工作来说无疑是非常重要的措施。一个国家,一个企业,一个组织,无论多大的家底,如果不节流,金山银山都要流走。当然节俭不单是节约财力、物力,还应包括人力,应该珍重大家的创造力,爱惜大家的劳动热忱,节约大家的劳动时间。提高劳动生产率应同节约活动与物化劳动联系起来。过去讲节俭,多是强调节衣缩食,这是小方面的,从全局来说,应是节俭劳动力,节俭原材料,节俭劳动时间。这样节俭,意义更大。

三、不敢为天下先

老子的第三个法宝是"不敢为天下先"。不敢为天下先,可以理解为不敢做天下的头,也可理解为不敢走在天下之先,这里至少还有三层意思:一是,还没有处在天下之先的位置上,那么你就应该采取"不敢为天下先"的理念与做法。二是,已经处在天下之先的位置之上,那你也应该采取"不敢为天下先"的理念与做法。三是,《道德经》第六十七章:"不敢为天下先,故能成器长。"正因为不敢为天下先,故反而能成为"器长",即万物之长。王弼注:"唯后外其身,为物所归,然后乃能立,成器为天下利,为物之长。"这就是说,作为管理者,应把自己摆在适当的位置,在承担更多责任上应"敢为天下先",在个人物质享受上"不敢为天下先",做到"先天下之忧而忧,后天下之乐而乐"。这样,才能做到"圣人处上而民不重,处前而民不害"。"以其无私,故能成其私",这是道家管理学的高明之处。

老子把"不敢为天下先"的原则运用于战争,《道德经》六十九章主张"吾不敢为主而为客,不敢进寸而退尺"。毛泽东在《中国革命战争的战略问题》一文中充分肯定了这一点。认为在优势军队进攻面前,劣势军队为了保存兵力,待机破敌,而采取战略退却的方针,是完全必要的。正如两个拳师相对,聪明的拳师往往退让一步,而愚蠢的人则气势汹汹,劈头就使出全部本领,结果往往被退让者打败。

因为要去争为天下先,那么势必是整个身心投入地争,无休不止地不断地争,全方位地残酷地争,争个你死我活,争个鱼死网破。老子的智慧是"处下"、"不争"、"和光同尘"。人在社会上,如果锋芒太露,语言过苛,过于突出自己,就会败亡,正如刀锥磨得太锐利,就会折断一样。所以,第五十六章认为"知者不言,言者不知。塞其兑,闭其门,挫其锐,解其纷,和其光,同其尘,是谓玄同。故不可得而亲,不可得而疏;不可得而利,不可得而害;不可得而贵,不可得而贱。故为天下贵。"了解的不去讨论;讨论的并不了解;塞住出口,关上门径,收敛锐气,排除纷杂,调和光芒,混同尘垢,这就是神奇的同化境界。对于这样的人,人们无法与他亲近,也无从与他疏远;人们不能让他得利,也不能让他受害;无法使他高贵,也无法使他卑贱,因此他收到天下人重视。

《道德经》第五十八章说:"圣人方而不割,廉而不列,直而不肆,光而不耀。"圣人虽然方正,但能"大方无隅",与世推移,随俗方圆,所以"方而不割"。凡是有棱角的东西都会伤人,圣人虽然有棱角,但能谦而不争,所以"廉而不列";圣人虽然直率,但能"大直若屈",所以"直而不肆";圣人虽然有光彩,但能"和其光",所以"光而不耀"。"和光同尘",实际上是一种不露锋芒,与世无争,"以民心为心"的处世哲学。

"知者不言,言者不知",道家是把说话当成一种方便法门,说的时候尽量用比喻,因为很难直接去说清楚到底什么是"道"。"塞其兑,闭其门",塞住和关上的是感官的欲望,意思是眼睛不要看太多,耳朵也不要听太多;因为如果看太多听太多,心会乱,欲望就增加了。然后,收敛锐气,排除纷杂,"和光同尘"。我们都知道要调和光芒,不要太明亮,一个有才华的人太亮眼了,别人看了会刺眼,会对付你。当领导也是这样,要知道有人上台,就会有人下台;上台是机缘凑巧,条件成熟,一旦任务完成,要懂得下台,让别人上来。至于"同尘",混同尘垢,一般人都爱干净,不喜欢尘垢,但有时候在社会上做事,不能太清高;要知道别人有一些小毛病,你同样也有,只要无伤大雅,就不要太计较。

《孟子》里有这样一个故事,齐国有一个叫陈子仲的人,非常有节操,他认为哥哥收了别人的好处,不跟哥哥来往,自己搬到外头去住。有一天他回家探望母亲,正好有人给哥哥送了一只鹅。过了几天,母亲把鹅杀了,做饭给他吃。正吃着,哥哥从外面回来了,说:"你不是说收别人的鹅不好吗,干吗吃呢?"他听了立刻跑到门外,把鹅肉吐出来。孟子批评他"若仲子者,蚓而后充其操也"只有变成蚯蚓才能做到他这种操守。不管儒家道家,都认为人在这个世界上生存,必须尊重世俗的一般规范,和光同尘。这不是虚伪,而是一种谦卑,一种愿意体谅别人难处的处事态度。

接着,老子说了六个词:亲、疏、利、害、贵、贱。这六个词刚好两两相对:有亲就有疏,有利就有害,有贵就有贱。人要学会不受外界的操控和影响。孟子说:"赵孟之所贵,赵孟能贱之。"如果别人很容易影响你,让你觉得自己很不错,那别人也很容易让你觉得自己不行;因为你价值观的来源在外不在内。而亲疏、厉害、贵贱如果都操之于自己,你自己心中有谱,知道自己为什么活在这个世界上,知道自己现在的处境如何,跟别人的关系如何,对自己有基本的了解和信心,就不会随便受别人操纵。

这里所说的"别人"一般指大众或媒体,说你几句好话,你就开心;倒过来批评你几句,你就难过。庄子说"举世誉之而不加劝",天下人都称赞我,也不会使我更加振奋;相反,天下人都批评我,也不会使我更加沮丧。最高境界是从"重外轻内"到"重内轻外",最后到"有内无外"。"内"是一种智慧的启发,是经过某些生命修炼而了解了"道"。从"道"的角度看待宇宙人生,会发现人生其实根本没有所谓的得失、成败、来去这些问题,更没有什么亲疏、利害、贵贱之分。

这种觉悟的境界,老子称作"玄同",玄妙的同化境界。你觉悟了"道",不再生起"分别心"和"比较心",也不再觉得自己缺乏什么,你本身圆满具足,与"道"同在。庄子说"上与造物者游","道"是万物的来源,同它一起游玩,生命怎么会落空呢?"善吾生者,乃所以善吾死也",能够让我好好拥有这么一个生命的,也可以好好让我把生命结束。这样一来,就把人生的悲情转化为喜悦之情,这正是道家高明的地方。

因为不敢居于天下人之先,所以能够成为众人的领袖。也就是说,在一个社会或一个团体里,你要做到谦退礼让,不与人争,能够居于人之后,才能成为真正的领袖。《道德经》第六十八章:"善为士者,不武;善战者,不怒;善胜敌者,不与;善用人者,为之下。是谓不争之德,是谓用人之力,是谓配天,古之极也。"善于担任将帅的人,不崇尚武力;善于作战的人,不轻易发怒;善于克敌制胜的人,不直接交战;善于用人的人,对人的态度谦下。这叫做不与人争的操守。这叫做运用别人的力量,这叫做符合天道的规则,这是自古已有的最高理想。

前三句话和战争有关。老子说,善于担任将帅的人,不崇尚武力。崇尚武力等于是靠自己有多少军队、多少武器来打仗,不见得有制胜的把握。优秀的将帅带兵时要带"心",用慈爱的心来对待部下,作战的时候别人才愿意为你效命。然后,善于作战的人也不轻易发怒。两军交战,你还没有准备好,别人知道你的弱点,故意激怒你,你去应战,结果陷于劣势。历史上很多战役都是因为自己稳不住阵脚,不到关键时刻就轻易用兵,最后造成惨败。最后,善于克敌制胜的人,根本不直接交战。《孙子兵法》的最高境界是"不战而屈人之兵",不用武力,而是用谋略、外交去赢得胜利。因为两军作战就算打赢了,死伤也很惨重,杀敌一千,自己损失五百,到最后还是两败俱伤。

老子用三个"不"字:不武、不怒、不与,他所要强调的是收敛。不要仗着人多势众、兵强马壮，就急着跟人作战，而是要用一些间接、柔和的方法克敌制胜。接着，老子提到"用人"问题，一个领导要使唤别人，自己先要言语谦虚，态度卑下；否则，你态度傲慢，高高在上，别人就算不得不听命于你，心里恐怕也不会服气，等到具体做事的时候，不见得照你的意思来做，反而误事。

接着老子连说三个"是谓"，这叫做不与人争的操守，运用别人的力量，符合天道的规则。"无为而治"是这么来的。你如果能善用每个人的才华，让他们自由发挥，没有什么压力，在适当的岗位做适合的事，再权责划分，分层负责，那么你自己几乎不用做什么事，说不定只要说几句话，甚至什么也不用说，你任用的人就自然而然把事情做好了。这是自古已有的最高理想。

第四章

谦卑处下

第一节 "善下"的要义

《道德经》第六十六章"江海之所以能为百谷王者,以其善下之,故能为百谷王。是以圣人之欲上民,必以言下之。欲先民,必以身后之。是以圣人处上而民不重,处前而民不害。是以天下乐推而不厌。以其不争,故天下莫能与之争。"江海为什么是千溪百谷之王呢?因为江海的位置在下边,它们愿意也习惯处于下边。同样,圣人打算比民众站得高看得远,那就先要处于民众之下,用谦卑礼让低调的语言言说。圣人想走到民众前面,想带头做什么事情,必然要先把自身摆在民众的后边,先做到跟随着民众的愿望说话做事。这样,圣人站得再高,地位、思路与权势再高,而民众不觉得是沉重的负担。圣人位置再靠前,再提出超前目标与任务,民众也不觉得对自身有什么妨碍,老百姓从来不会觉得圣人碍眼。这样的圣人,天下人愿意推崇他而不觉得厌烦。这同样是由于圣人不与谁争夺什么,所以也就没有什么人能够与他争夺什么。

在这一章中,老子认为,领导者由于站得高地位高论调高权势高而成为人民的负担,成为压迫者,异化成为人民的对立面。同样,领导者由于要带领人民做这做那,老是站到人民的前头,也会令人民讨厌,让人民不快因而不服。所以老子提出领导者要善于处下,把自己的地位降到像江像海像山谷那么低下,善于用谦卑礼让的语言说话,同时还要做到不争。

一、善下就是不争

善下的思想在《道德经》中还有很多体现,第六十八章:"善为士者不武,善战者不怒,善胜敌者不与,善用人者为之下。是谓不争之德,是谓用人之力,是谓配天,古之极"。高明的武士、军官,是不会耀武扬威的。会打仗的人,是不会怒气冲天的。懂得怎么样才能战胜敌手的人,绝对不给敌手以可乘之机。善于用人的人,能做到甘心处于你所要用的人的下面,或至少对之谦卑礼让。这就是一种不争斗的德性;这就叫做借力打力,四两拨千斤;这就叫做与天道为伍,与天道匹配,这是自古以来的准则与极致。

老子认为,以冷静的态度来进行战争,才能制定出合理的计划,才能避免不必要的损失,才能取得最好结果。善于克敌制胜的人,不是要寸土必争,斤斤计较于一时一地之得失,而是要获得最后胜利,所以,能够以不争的态度来指挥战事,就往往能够把持全局、操纵战机、进退自如。善于用人的人应该在态度上表现得谦下,也是高明的策略。老子认为,领导者表示谦下是一种获得人心的最佳方式,一名领导者不能以自己的力量完成所有工作,尤其是一名军事指挥官不可能独立进行一场战争。所以,他们必须依靠众人的力量,而依靠众人便需要有一种态度来把众人的力量凝聚在一起。在一般情形下,无论是政治领袖还是军事指挥官,他们往往采取极端严厉的态度来确立自己的威信和权威,但老子认为,采取谦下的态度才是真正的善于用人。

人生于世,若是能够学会不争,懂得以退为进,就会得到一个更广阔的空间。康熙末年,皇族内部对皇位的争夺进入白热化阶段。以皇长子胤禔为首的"大千岁党"、以皇太子胤礽为首的"太子党"、以八阿哥胤禩为首的"八爷党"、以皇四子胤禛为首的"四爷党",相互之间明争暗斗、兄弟相残,上演了我国历史上几乎最为激烈、最为复杂的权力之争,世称"九王夺嫡"。最终,皇四子胤禛脱颖而出。当时的雍亲王在帝位之争中尽敛锋芒,深藏争权之心,甚至常与青灯古佛为伴,精研禅理,俨然一副"看淡权位"、"心忧天下"的贤达模样。时已被诸子间你争我夺折磨得心力交瘁的康熙皇帝看到此景,自然心有所动,遂几番考验这个四儿子,恰恰他又做得有理有条、滴水不漏。于是,康熙皇帝遗诏传位于四子胤禛,雍正终得偿所愿,继承了大统。

当然,雍正的"不争"源于权谋之术。但有一个事实必须要认清:争强好胜者未必掌握真理,而懂得退避的人,往往能给人一种修养深厚,胸襟坦荡之感,因而也更容易获得别人青睐,成就自己的一番事业。

古代江南有一富豪,有很多个儿子。眼看自己一天比一天老去,富豪便开始思索为自己挑选一位继承人。众儿子也知道老富豪时日不多了,为了能执掌家业,便开始明争暗斗,你争我夺起来。在此其中,只有一个儿子从未参与争夺。他只是默默站在老富豪身旁,竭尽所能地帮老富豪办事。眼看着儿子们的争斗,老富豪终于想明白了,这把管家的钥匙交给争吵中的任何一个儿子,都会使家道败落。最后,他将所有家业都托付给了那个不争的儿子。这正如有首诗描绘农家插秧时的情景,"手把青秧插满田,低头便见水中天;身心清净方为道,退步原来是向前。"

美国有位"面包女王",原是一个普通的家庭主妇。这位妇女叫凯瑟琳－克拉克,开了一个家庭小面包店,经过十多年的努力后来发展成为一个现代化的大企业。她在激烈的商业竞争中,不是千方百计地怎样去挤垮人家,而是想办法提高自我的竞争能力,从而胜之。她当初开店的原则是"诚实不欺",专门销售"最新鲜的食品"。这就是她非常朴实的"广告"。她每天在面包上注明生产日期,公开宣布决不卖超过三天的面包,若有人发现出售有超过三天的面包,当众奖励一千美元,结果生意越来越兴隆。

有一年那个地方遭受大水灾,面包缺货,该店连日加班生产,但是有的地方洪水阻隔而且路途遥远,有些面包运到目的地已经过了期限。按照该店的宗旨,凡是超过三天的面包,绝对不能出售,凯瑟琳就派人把超期的面包拉回来销毁。然而途中饥饿的人们围上来非要买不可。押货员就是不肯,说"我们老板规定太严了,如果明知面包过期而卖给顾客,一律开除"。所以他坚持不卖。人们责骂押货员是个大笨蛋,有钱不赚。这件事恰好被过路的记者碰上了,当即拍下了照片,一经宣传,凯瑟琳信誉大增,面包销售与日俱增。几个月后,面包制作设备扩大 6 倍,后来变成了具有相当规模的现代企业,每年的营业额由 2.3 万美元猛增到 400 万美元,凯瑟琳成了人们交口称赞的"面包女王"了。以信用去赢得顾客的信赖,用爱心去关怀顾客食品的新鲜,就用这种

"不争"的方法去取胜。

二、善下就是谦卑

《道德经》第二十八章:"知其雄,守其雌,为天下溪。为天下溪,常德不离,复归于婴儿。知其白,守其黑,为天下式。为天下式,常德不忒,复归于无极。知其荣,守其辱,为天下谷。为天下谷,常德乃足,复归于朴"。知道怎样去称雄取胜,但是宁愿保持温和谦让,把自己定位于与低下的溪涧差不多。能定位低下,保持低调,则与永久的德性同在,回到单纯无瑕的婴儿状态。

一切看得清楚明白,如临永昼,但是我们宁愿保持难得糊涂,韬光养晦,如同生活在黑夜中,形成当今天下的另一种处世模式。成就了这样的模式,也就不会背离恒常的德性,不会与德性不一致,同时可以回到无为的顶峰—极致。知道怎样去获取光荣、为何理应得到光荣,但是我们却宁愿忍辱负重,把荣誉让给旁人,把困难和误解留给自己,要把自己定位于天下的山谷。做到了如山谷一样地虚空谦卑,保持谦卑与可容受、可承担的状态,恒久的德性才会圆满充足,回到最本初最朴素无华的品质。

《道德经》第三十九章:"故贵以贱为本,高以下为基,是以侯王自称孤、寡、不谷。此非以贱为本邪?非乎?故至誉无誉"。所以富贵是以低贱为基本的,高尚是以卑下为基本的。所以越是高贵的侯王,越是要谦称自己为孤、寡、不善,这不就是以贱为本吗?所以说最高的、最完满的名誉是名誉的消失。

美国学者小约瑟夫·巴达拉克的新著《沉静领导》,在2003年初登陆中国企业界。它在国外被命名为"第五级经理人",而国内则把它命名为"沉静领导"。谁能真正成功?是那些不为人所知的"沉静领导",归纳起来,沉静领导具有3大品格特征:低调、克制、谦虚和执著。低调、沉静的领导之道,与我们传统的东方处世哲学很相近,令国内企业管理者所思:这是不是管理思想的返璞归真。

毛泽东说:"卑贱者最聪明、高贵者最愚蠢。卑贱者更实际,卑贱者更注意体察信息,卑贱者更谦虚谨慎,卑贱者更不得不作出实事求是的分析与判断。把自己看得低下一些,更容易接近真理。而高贵者更容易闹骄娇二气,犯刚愎自用、脱离实际、希图侥幸、'大意失荆州'的错误"。所以毛泽东动辄要求把知识分子、高官轰到农村去,甚至是"派一个团兵力轰下去"。毛泽东是一个极有主见的人,不能把他的动辄要人下去的主张看成是出自纯惩罚或羞辱的动机。在卑贱者最聪明这一点上,老子与毛泽东一致,但他们得出的结论针锋相对:老子因颂卑贱而谦卑柔弱到底,毛泽东则鼓动卑贱者奋起抗争,斗它个天昏地暗。卑贱者最聪明,也最有力量。历史属于卑贱者,要把被历史颠倒了的一切再颠倒过来。这是毛泽东的观点。

2012 年,中宣部等五部门贯彻落实胡锦涛总书记"七一"重要讲话精神,部署新闻战线"走基层、转作风、改文风"活动。新华社要求各单位选择在当地有突出特色或偏远贫困地区的县、乡、镇、村作为基层联系点,定期组织编辑记者开展蹲点调研活动。光明日报要求每个部门至少在基层县、乡、村、镇设定 5个联系点,包括乡镇、村庄、中小学校、卫生院所、文化馆站、图书馆、敬老院等。中国国际广播电台将结合对外报道特点,通过"CRI 中外记者·中国行"采访报道活动,组织记者深入田间地头、厂矿企业、百姓人家进行采访。这些活动的核心都是要新闻工作者下到最基层,倾听人民的声音。

三、善下与低调

"善下"的观点其实很好地反映了老子的相对观。善下的目的并不是不做领导,最终的目的反而是为了把领导做得更好。老子的这种相对观全书中有很多体现。如第二章:"天下皆知美之为美,斯恶矣;皆知善之为善,斯不善矣。故有无相生,难易相成,长短相形,高下相倾,音声相和,前后相随。是以圣人处无为之事,行不言之教。万物做焉而不辞,生而不有,为而弗恃,功成而弗居。夫惟弗居,是以不去。"都知道什么是美,就丑恶了,因为知道了美也就等于知道了美与丑的区别,就有扬美贬丑的事情出现,就造成了纷争、夸大或缩小、伪与饰各种美的其实非美丽的弱点。都知道什么是善,就不善了。同样,就有了善与恶以及中间无数细微的等级差别,就有扬善抑恶、隐恶扬善或隐善扬恶,就要纷争、夸大或缩小、伪、饰这个善。而这是不善的。所以说,有与无、难与易、长与短、高与下、音与声、前与后,都是相反相成、相克相生、相比较而存在,谁也离不了谁的概念。要一个不要另一个,根本不可能。

所以有道行的人、得道之人,不做那些虚妄的事情,不说那些无用的蠢话空话假话。不硬较劲而使事情做成,不声嘶力竭而使教化润物细无声。让万物自然发展运作。有了创造和成绩,并不据为己有。有了功劳,不因而自傲膨胀。越是不争夺不膨胀,你就越有威望。

《新京报》有篇报道。芮成钢主持达沃斯分论坛时用英文调侃美国新任驻华大使骆家辉,问他坐经济舱来参会是否有意在提醒"美国欠中国钱",并顺势引入论坛第一话题:美元贬值和欧美债务危机对中国资产影响。这个玩笑的幽默效果让不少现场观众大笑。而骆家辉的回复也很"机智",他表示,作为政府官员,不管是其领事馆的官员还是北京大使馆的,也包括总统的内阁成员,一般的规则就是坐飞机时坐经济舱。

既然美国仍旧是世界第一经济体,美国政府显然不至于"差钱"到连"商务舱"都坐不起的地步。对于骆家辉来说,既然美国的所有政府官员,坐飞机时坐经济舱就是一般的规则,他只不过是按照美国的规则办事罢了。不过,骆家辉坐经济舱之所以引发国人的热议,归之于文化习惯上的差异,显然忽略了背后的制度因素。当国内相应级别的官员早已成为商务舱的座上嘉宾,甚至还有"让领导先飞"的特权时,坐经济舱的骆家辉显然不仅仅是一种低调,而更关系到政府的身份意识。

靠税收供养的政府,天生就应该是个廉价政府,也就是一个成本很低的、不浪费纳税人金钱的政府。廉价政府,当然首先要有起码的成本意识。廉价政府为了实现公共事务成本最小化的目标,绝不会去考虑官员的享受,而必定会选择最经济廉价的舱位,经济舱成为官员出行的一般规则,也就并不意外了。同样的原则,也适用于公务车的配置,甚至是政府办公楼的建设与装修等所有环节中。

官员出行坐什么档次的飞机,什么等级的舱位,与其说是展示了国家财政的经济实力,毋宁说更多是政府的身份意识的体现。政府究竟是昂贵还是廉价,官员究竟是不是把自己当仆人,从官员出行的舱位,就不难看出。当然,廉价政府从来都不能靠政府自己的主观意愿来实现,而必须通过完善的外部监督与约束机制来构建。

华人首富李嘉诚曾经说过:"保持低调,才能避免树大招风,才能避免成为别人进攻的靶子。如果你不过分显示自己,就不会招惹别人的敌意,别人也就无法弄清你的虚实。"李嘉诚经商多年却始终能够立于不败之地,当有人向他请教成功的技巧时,李嘉诚回答说:"低调,低调,再低调!"正是因为李嘉诚深知树大招风的道理,所以他才能够始终坚持低调做人的作风,甘于平凡,使他赢得了别人的敬畏与尊重。

古往今来,有很多人都是因为太爱炫耀自己的才华而目空一切,最终因树大招风而惹祸上身,《三国演义》中的杨修就很能说明问题。杨修本是当时的文学才子,在曹操的手下做主簿,他的聪慧过人、思维敏捷很是令曹操赏识。因七步成诗而闻名于世的曹植也曾是杨修的学生,由此可见杨修的文学天赋确实非同一般,更有些史书中把杨修称为"三国时期第一聪明人"。然而,也许是"聪明反被聪明误"吧,杨修却不懂得低调做人、甘于平凡的意义所在,他虽才华横溢,但却总仗着自己才华出众而不把别人放在眼里,经常会做诗讽刺别人,有时甚至不给曹操留面子,时常会自作聪明地向别人解释曹操的意图,最终惹怒了曹操,以扰乱军心的罪名把他处以死刑。

《红楼梦》也是对高调做事的贾氏家族由盛到衰的详细描述,他的这本书揭示的其中一个道理就是:高调做事的人必然走向衰败灭亡。从这本书中我们看贾府办秦可卿丧事、建大观园等事务、工程上的挥金如土,看到王熙凤、贾政等贾府主要领导的贪婪本性,可看到贾琏、贾珍等一班人的荒淫无度,看到王熙凤、王氏等对奴仆、平民的凶残面目。贾府的衰败不是偶然的政治事件,而是由于贾府上层人物做事太高调,太自命不凡、太自以为是、太狂妄自大的必然结果。

第二节 谦卑的含义

谦卑是人际交往中的一种明智的策略。与人相处时,谦卑是一种重要的品质。一个谦卑的人,对别人毫无威胁,因此,最容易得到别人的接纳和支持。而骄傲的人,目空一切,常常因为无法接纳他人的意见,而失去他人的支持,最终常常沦落到"孤家寡人"的地步。

一、谦卑是一种大智慧

托尔斯泰出身贵族，又是俄国文坛泰斗，但是他却喜欢与平民百姓在一起，从不摆大作家的架子。一次，在他长途旅行时，路过一个小火车站，正当他慢慢散步的时候，一列客车正要开动。忽然，一位女士急匆匆地跑过来冲他喊："老头儿！快帮我搬一下行李！"这位女士把托尔斯泰当做车站的搬运工了。托尔斯泰什么也没说，连忙跑进候车室帮这位女士提行李。女士感激地随手递给托尔斯泰一枚硬币。托尔斯泰接过硬币，随手装进了口袋。

这时，有位旅客认出了这位"搬运工"是大文豪托尔斯泰，就对女士叫道："太太，他是列夫·托尔斯泰呀！""天呀！"女士惊呼起来："托尔斯泰先生，看在上帝的面儿上，请您原谅我吧！我怎么会给您小费呢？请把硬币还给我吧！"托尔斯泰平静地说："这个硬币是我挣来的，我得收下。"

谦卑是一种大智慧，它的另一层含义是做人要低调。谦卑者懂得韬光养晦、示人以弱，他们隐藏自己的光芒，处在一个相对不显眼的位置，甘愿屈居别人之下。没有人能知道他们的真正实力，因此他们往往能够一鸣惊人、出人意料。《易经》中只有乾卦六爻皆吉，这也符合"满招损，谦受益"的道理。西方也有同样的智慧，所罗门王说："败坏之先，人心骄傲，尊荣之前，必有谦卑。"意思就是骄傲招致失败，谦卑才能获得尊荣。

处在领导位置上，人要学会谦卑，才会赢得大家的尊重和爱戴。三国时期的刘备算得上是一个谦卑的君主了。刘备从一个卖草鞋的落魄小贩，到雄踞一方的豪杰，全赖众多侠肝义胆的武将和足智多谋的文臣的辅佐。这些人之所以死心塌地地辅佐刘备，主要是因为他谦卑的姿态让他们感觉受到尊重。从三顾茅庐请诸葛亮出山便可见一斑。白帝城托孤时，刘备对诸葛亮说，"如果你看阿斗是当皇帝的料，你就辅佐他。如果他不是当皇帝的料子，你就罢黜他，自己当皇帝吧！"如此的嘱托让聪明绝顶的诸葛亮誓死效忠。

古今中外很多卓有成就的人，无不推崇谦卑。但谦卑不是对任何事、任何人都退让妥协。谦卑不等于绝对忍受任何的屈辱，更不是谄媚奉承、奴颜婢膝、趋炎附势。谦卑是以一种成熟的姿态和宽厚的胸怀来面对自己和别人的不同，谦卑是一种修养，是一种美德。一个真正文质彬彬、谦恭有礼的人，不是故作姿态,而是怀着一颗超凡脱俗的赤子之心。因此,心智清明、阅历丰富、看透世事沧桑的人才能真正做到谦卑。

二、以谦卑的心面对一切

莎士比亚说:"骄傲的人们总是在骄傲里毁灭了自己。"当我们以一颗谦卑的心面对一切时,会发现自己的微不足道。一天,苏格拉底的弟子们聚在一起聊天。一位富有的学生在其他同学面前夸耀他家在雅典附近拥有一片广阔的田地。当他在吹嘘的时候,一直在旁边不动声色的苏格拉底拿出一张地图说:"麻烦你指给我看,欧洲在哪里?""这一大片全是。"那位学生指着地图洋洋得意地说。"那么,希腊在哪里?"苏格拉底问。学生好不容易才在地图上找出一小块地方来。"雅典在哪儿?"苏格拉底又问。"雅典,这就更小了,好像是在这儿。"学生指着一个小点说道。最后,苏格拉底看着他说:"现在,请你指给我看,你那片广阔的田地在哪里呢?"学生满头大汗地找了半天,他的田地在地图上连一点儿影子也没有。

一个人不管拥有多丰富的知识、取得多大的成绩,或是有了何等显赫的地位,都要谦虚谨慎,不能自视过高。无论何时,我们都应心胸宽广、博采众长,这样才能获得更大的成绩。谦虚是成大事者所必须具备的一种品质。

在一个很大的葡萄园里,农夫种植着数以千计的葡萄。为了让葡萄健康地生长,农夫用竹枝精心地架设了牢固的葡萄架。园中大多数的葡萄都爬到农夫特意为它们架设的葡萄架上,唯有一株骄傲的葡萄动了个怪念头。它经过认真考虑和观察,终于想到了一个能表现自己的好办法。它看到葡萄架附近有一棵老树,便想:我只要爬到那棵树上去,就再也不用与大家挤在一起了,而且我还可以爬得比其他的葡萄都高,让它们看看我的本事。于是,它离开了葡萄架,悄悄地爬到了那棵老树上。伙伴们看到它盘绕到那棵老树上,都好心地劝它还是赶快回到这牢固安全的葡萄架上来。这株葡萄不但不感谢,反而粗鲁地把大家数落了一顿。有一天,一阵大风把这棵老树吹倒了,而攀附在老树身上的那株自以为比别人都聪明的葡萄也被倒下的大树压死了。

一个人若种下骄傲的种子,他必将收获失败的果子。"谦虚使人进步,骄傲使人落后",一意孤行不听规劝,到头来只会自我耽误。所以,以谦卑的心来面对一切,才是人生的大智慧。

三、谦卑就是具有空杯心态

南隐是日本明治时代的一位著名禅师。有一天,一位自大得出名的大学教授特意来向他"请教"禅学问题,名为请教,实为借机自吹。南隐禅师当然知道这位教授的来意,不过还是以茶相待。他把茶水注入这位教授的杯中,茶杯中的水很快就满了,他却没有停手,还是继续往里倒。那位教授眼睁睁地看着茶水不停地从杯中溢出来,觉得再也不能沉默下去了,终于说道:"不要再倒了,水已经满出来了!"南隐禅师听了,不再注水了。"你就像这只杯子一样,里面已经装满了你自己的看法和想法。你不先把你自己杯子里的水倒空,叫我如何对你说禅呢?"

要谦卑就得具有"空杯心态"。

"空杯心态"之一,就是自我"洗脑",是对一切"成见"的过滤和清洗,是让灵魂保持空灵和开阔的一种方法,是对偏执和满溢的一种批判。生活中的"成见",多数表现为人们的"共识"和"熟知",几乎没有什么人去质疑它的真实性或"真理性"。这种已经"板结"了的"知识",一旦盘踞于人们的精神世界。一旦遇上与之相左或相互对立的"知识",就会坚决拒绝。有位大学哲学老师,精通中西哲学,讲起课来,可谓如数家珍,出口成章。某次课后,有位学生满脸茫然而又十分惶恐地请教他:"老师,您的课,我爱听,可您讲的这些,怎么让我越听越糊涂呢?"这位先生从容微笑回答说:"觉得'糊涂'了,说明你认真听课了。没听本课之前,你自己觉得的'明白',只是种种先入为主的成见的结果,或者说,是'习以为常'的结果;现在听了本课,觉得'糊涂'了,那是之前的'成见'受到挑战的自然结果。郑板桥说,难得糊涂,意思就是说,一个人,守着成见容易,但挑战成见困难啊!人类文化之所以诞生哲学,就是因为它具有批判的功能,能不断挑战那些人们习以为常的成见和偏见……"

一次,庄子带自己的一位学生,来到郊外,看见一位农夫正在砍树。庄子指着旁边一棵更大的树,问农夫:"你砍的那棵树,比这棵小多了。为什么不砍这棵大树呢?"农夫回答说:"这树虽大,但没有用途,做家具生虫,做房屋油脂不干,做寿料(棺材)极易腐烂,所以没人砍它。"听罢,庄子似乎悟到什么,于是,指教身边的学生说:"听到了么? 这棵大树之所以能够愉快而没有伤害的活到现在,原因就是'没用',没用,原来也是一种生存之道啊,是一种幸福!"听着先生理论联系实际的教诲,学生只有点头的份。师生二人继续赶路。不知不觉遇到庄子久违的老友。老友热情无比,吩咐儿子杀鸭煮酒招待二位。儿子问道:"爹,家里有两只鸭,一只是健康的,另一只因疾失声,可能快不行了,杀哪只?"爹说:"还用问么,杀那只快不行了的!"

留宿一晚,告别老友,两人又开始上路了。途中,学生终于将憋了一个晚上的疑惑倒出来:"先生,前面您告诫我,树的长寿是因为无用,可那只鸭子为何因为无用而短寿呢?"庄子看着自己这位"一根筋"认死理的学生,耐心地说:"一龙一蛇,与时俱化。任何一个结论,都有具体的环境和条件,都不是最后的终极真理,不是随处有效,不可随时套用。不要固守某一见解,此亦一是非,彼亦一是非,一切都是相对的。"

"空杯心态"之二,就是价值和情感取向上,不偏执,不骄横,不走极端,松弛自然,胸襟开阔。一般说来,人与人之间,没有利益的冲突,没有色相的争风吃醋,可以相安无事,从容相待。可是,一旦结怨生恨,便拿得起放不下了,厌恨之心耿耿于怀,瞬间失去了平常态和宽容心了。俗话说:"恶有四端,酒色财气"。四者之中,"色"和"财"是祸根,"酒"往往是诱因,"气"则从中推波助澜,火上浇油。如此一来,整个胸膛,扎扎实实的被莫名的愤恨和强烈的冲动占满了。大到阶级仇民族恨,小到同学吵架夫妻斗嘴,表现形式虽有不同,造成的后果程度也各有轻重,可其间的原理都是一样的。都是"空杯"不空了,里面溢满了"仇恨"。

四、谦卑善下让领导者立于不败

马克思不仅非常重视对子女的教育,而且总是选择恰当的方式。一次,马克思发现女儿劳拉法格有骄傲情绪,就写了一封信给她,信中引用了一则阿拉伯寓言:湍急的河上有条小船,小船上坐着一位哲学家和一位船夫。哲学家问:"船夫,你学过外语吗?"船夫答:"没有。"哲学家又问:"你研究过历史吗?"船夫答:"没有。"哲学家摇摇头说:"那么你失去了一半生命。"接着,哲学家又问:"你学过数学吗?"船夫答:"没有。"哲学家说:"你简直失去了一半以上的生命。"天有不测风云。这时候，突然刮来一阵大风把船掀翻了。船夫喊着问道："你会游泳吗？"哲学家答："不会。"船夫说："那你就要失去整个生命。"

劳拉法格看过了这则寓言后沉思许久，她从中受到了启示，也明白了马克思为什么要给她讲这则寓言的道理：无论什么人，都既有所长又有所短，只有互相学习，取长补短，才能使自己立于不败之地。

人不能无傲骨，但不可有傲气。处草野之日，不可将自身看得太低；居廊庙之时，不可将自身看得太高。能大能小是条龙，只大不小是条虫。永远不可轻视他人，包括远远不如自己的人；永远不可把自己看成是价值连城的稀世珍宝，因为那样不仅会使自己陷入怀才不遇的感情痛苦之中，而且还是跌跤、垮台的前奏。

谦卑的领导者，真正关心下属的疾苦，满足其期望，也才能让其自愿追随！吴起是春秋战国时期的大军事家，和留下不朽军事著作《孙子兵法》的孙武齐名。史载：起之为将，与士卒最下者同衣食，卧不设席，行不骑乘，亲裹赢粮，与士卒分劳苦。士卒有伤口感染化脓的，吴起亲自替他用嘴吸吮。士卒的母亲闻而哭之。别人劝她："子，卒也，而将军自吮其疽，何哭为？"其母回答说："当年吴公曾经为这孩子的父亲吸脓，结果其父为吴公拼命死战，遂死于敌。吴公现在又为我的儿子这样做，我儿子一定也会拼命报答，这孩子死定了啊！"堂堂一军主帅竟然亲自用嘴为伤口感染的士兵吸除脓血，古今中外有第二个吗？这样的主帅，什么样的士兵能不为他粉身碎骨呢？

在成功时候的谦卑尤其重要！朱德元帅是中国人民解放军缔造者之一，是德高望重的元勋。他被授予元帅军衔后对高级将领们说："目前中国革命已取得了基本的胜利。同志们，如果我们要问天下是谁打下来的，这份功劳应该归在谁身上，那我就要说，这个天下是全党同志和群众一起打下来的，这份功劳应该首先归在人民大众身上。""人家把功劳归给我，我就把功劳往下推，我想你们也要这样推才好。"

我们可以通过以下几个小故事来了解谦卑善下的好处。

秦兵马俑坑至今已出土清理各种陶俑1000多尊，除跪射俑外，皆有不同程度的损坏，需要人工修复。而这尊跪射俑是保存最完整的唯一一尊未经人工修复的。跪射俑何以能保存得如此完整？这得益于它的低姿态。首先，兵马俑坑都是地下道式土木结构建筑,当棚顶塌陷,土木俱下时,高大的立姿俑首当其冲,低姿的跪射俑受损害就小一些。其次,跪射俑作蹲跪姿,右膝、右足、左足三个支点呈等腰三角形支撑着上体,重心在下,增加了稳定性,与两足站立的立姿俑相比,不容易倾倒,破碎。因此,在经历了两千年的岁月风霜后,它依然能完整地呈现在我们面前。

做人也一样,如果能低调一点,宽容一点,就更容易为人们所容纳、所赞赏、所钦佩,这正是人能做人处世的根基。根基既固,才有枝繁叶茂,硕果累累;倘若根基浅薄,便难免枝衰叶弱,经不住任何风吹雨打。

被称为美国人之父的富兰克林,年轻时曾去拜访一位德高望重的老前辈。那时他年轻气盛,挺胸抬头迈着大步,一进门,他的头就狠狠地撞在门框上,疼得他一边不住地用手揉搓,一边看着比他的身子矮一大截的门。出来迎接他的前辈看到他这副样子,笑笑说,"很痛吧!可是,这将是你今天访问我的最大收获。一个人要想平安无事地活在世上,就必须时刻记住:该低头时就低头。这也是我要教你的事情。"富兰克林把这次拜访得到的教导看成是一生最大的收获,并把它列为一生的生活准则之一。富兰克林从这一准则中受益终生,后来,他的功勋卓越,成为一代伟人。他在他的一次谈话中说:"这一启发帮了我的大忙。"这个故事说明,无论你是一个多么伟大的人物,你都必须懂得低调做人的哲学,这是一种做人的智慧。

同样,某高考模卷作文材料大意如下:第一次到印度孟买神学院的人都有一次终生难忘的经历,他们不能走大门进入,而是由人带着从旁边一个窄小的门,弯腰、侧身,方能登堂入室。去过的人都说,这次经历让他们受益终身。请以"弯腰、侧身进小门"为话题,写一篇不少于800字的作文一。"小门"在这里应该指一种艰苦的磨难,历经一番磨炼后方可登堂入室。实际写作中,学生出现这样几种情况:写成"大门与小门"、把"小门"理解为不正当的后门、把"小门"理解为变节人格而求生的"狗洞"。

美国学者小约瑟夫·巴达拉克的新著《沉静领导》,在2003年初登陆中国企业界。它在国外被命名为"第五级经理人",而国内则把它命名为"沉静领导"。谁能真正成功?是那些不为人所知的"沉静领导",归纳起来,沉静领导具有3大品格特征:低调、克制、谦虚和执著。低调、沉静的领导之道,与我们传统的东方处世哲学很相近,令国内企业管理者所思:这是不是管理思想的返璞归真。

第三节　低调做领导

《易经》中说:"谦谦君子,卑以自牧也。"意思是说,谦谦君子,保持低调,加强自我管理。真正的谦虚是不容易做到的,圣人洞彻天地的无穷变化、觉悟到自己的渺小,于是变得谦之又谦、虚之又虚,但那不是一般人可以达到的境界。保持谦虚的态度和低调的作风,则是人人可以做到的。对于立身处世的好处,假谦虚胜过不谦虚,扮低调好过唱高调。学谦虚,学低调,其实不只是表面工夫,确有实际功用。谦虚可以容人,低调不会伤人,容人又不伤人,自然让大家觉得放心;如果加上善心善行,大家进而会喜欢你、信赖你、追随你,于是,你就有资格做领导者了。

如果不会学谦虚、学低调,一味依仗自己的才力、智商,做人必然张狂,做事必然用强,随时可能伤到别人,也会招来别人的反击。曾国藩的本事不能说不大,可他刚开始办团练时,唯独欠缺一点谦虚、低调,做人做事过于刚直、激进,伤害了不少人,结果在湖南跟当地的官员关系不好,在江西跟地方的官员闹意见,在湖北跟地方的官员"不对付",以至处处受掣肘,焦头烂额。后来学《道德经》、《庄子》,悟出了"大柔非柔,至刚无刚"的真谛,心火没那么大了,姿态也低下去了。自从懂得谦退之道,他做人做事的风格为之一变,很快便跟各省官员搞好了关系,取得了他们的全力支持,终于剿灭太平天国,建立了奇功。

一、处事低调的林肯

美国历史上杰出的总统之一林肯年轻时曾开办过律师事务所。一天,律师事务所来了一个满面愁容的贵妇人。贵妇人向林肯诉说了自己的委屈:她的小儿子阿姆斯特丹不小心结识了一批恶人,整天与他们混在一起,还把他们当成自己的好朋友,其中有一个名叫福尔逊的,别人借了他钱,他要阿姆斯特丹与他一起去讨债。一天晚上,他们俩趁那个人刚从酒店里喝得醉醺醺出来,把他劫到一个僻静处,由阿姆斯特丹放哨,福尔逊"审讯"那个人,向他索要钱财,那个人声称自己没有钱,福尔逊一气恼捡起一个酒瓶子便使劲砸下去,谁知,竟将那人砸死了。后来,福尔逊主动投案,竟诬陷阿姆斯特丹是杀人凶手,警方对此深信不疑,即将判刑。

贵妇人心急如焚,接连跑了好几家律师事务所,但没有人出来受理,最后她说:"先生,救救我的儿子吧!他是无辜的。如果官司打赢了,我决定付10万美元的报酬。"对于濒临倒闭的林肯的律师事务所来说,10万美元,这可不是个小数目!但他还是不停地来回踱着步,面冷如冰地说:"尊敬的女士,事实是律师的金子,事实是律师行路的拐杖。没有事实,任何一个高明的律师也打不赢官司。所以,在没有获得事实以前,我只能是半个哑巴,不能对你有任何承诺。"林肯没有向这位肯付高额律师费的贵妇人夸夸其谈,炫耀自己的办案才能,而是认为,必须以事实说话,他见贵妇疑惑不解,就进一步向贵妇人说:"假如您说的是事实,而且也有确凿的证据证明它是事实,那么事情就成功了,您的儿子就有救了。"贵妇人凝噎片刻,才说:"先生,您的稳健、诚实和低调,使我看到了生命的希望。"林肯就是这样的一个人,他处事低调、稳健,从不轻言许诺。

据说,林肯在参加美国第16任总统选举时,因为没有钱,竞选时没有坐专车,只是买票乘车。每到一站,朋友们为他准备好一辆耕田用的马拉车。有一次,他站在车上向选民们做了这样一番演说:有人写信问我有多少财产,我有一位妻子和一个儿子都是无价之宝。此外还有一个办公室,有桌子一张、椅子三把,墙脚还有大书架一个,架子上的书值得每人一读。我本人既穷又瘦,脸蛋又很大,不会发福。我实在没有什么可依靠,唯一可依靠的就是你们。这就是林肯低调的、但又真实的、能够打动人的"处下"的竞选演说。林肯的低调处下,不是在作秀,而是他的一种素质与素养的真实流露。

二、善用低调战略

古往今来,无论取得了多大成就的人,很少一生总能高高在上,颐指气使,每个人都有必须保持低调、忍耐低头的时候。埃及总统萨达特是1952年埃及"七·二三"革命的组织者和发起者之一。革命成功后,领导者之间争权夺利十分激烈,唯独他不图大权,恬淡自若。对于大权在握的纳赛尔,他极为尊敬。对纳赛尔所提的建议,他从不提异议,对于纳赛尔的意见,他总附和。在日常工作中,萨达特不露声色,表现得平平常常。对于内政问题和外交大事,他从不拿出主见,偶尔自己的公开态度稍有出格,他就会立刻纠正,与纳赛尔的追随者保持一致。

1967年第三次中东战争后,纳赛尔考虑隐退,将扎克里亚·毛希丁提名为继任者。但3年之后,经再三权衡,考虑到顺从及危险性小等理由,纳赛尔出人意料地选萨达特为继任者。出于易于控制和为人温和的考虑,埃及军方也支持萨达特。1970年9月纳赛尔去世,埃及开始了一场激烈的权力之争。有好几个人,既有潜在势力,又都大权在握,他们互不相让,争夺激烈。后来出于政治妥协,这些人把平日低调、不张扬的萨达特捧上了总统宝座。

1970年10月萨达特继任总统后,一反平日之低调,大刀阔斧地进行了一系列改革和惊人之举。政治上实行民主,经济上实行改革开放。特别是外交上,1972年7月他下令驱逐了在埃及的2万名苏联专家;1973年10月向以色列发动了"十月战争",打破了中东"不战不和"的僵持局面;1974年6月与美国恢复外交关系;1977年11月亲访以色列,打破埃、以关系的僵局;1978年与美、以签订戴维营协议,由此获得"诺贝尔和平奖"……这一系列外交上的惊人之举,使他成为70年代世界政治舞台上的风云人物。萨达特后来所成就的辉煌,是与他当初善用忍耐低调战略分不开的。

事实上,韬光养晦,蓄力以待,相机而行,是弱者战胜强者的一副良方。有智慧的人如果能够以无比的忍耐力,捕捉彼我势力消长之契机,采取以退为进的策略,最终必然能够获得成功。

低调就是在工作方法上立足于群众。在庆祝中国共产党成立90周年大会上,胡锦涛发表了一篇题为"脱离群众是党执政后的最大危险"。胡锦涛强调,全党同志必须牢记,密切联系群众是我们党的最大政治优势,脱离群众是我们党执政后的最大危险。胡锦涛要求,在新的历史条件下提高党的建设科学化水平,必须坚持以人为本、执政为民理念,牢固树立马克思主义群众观点、自觉贯彻党的群众路线,始终保持党同人民群众的血肉联系。

胡锦涛说:"90年来党的发展历程告诉我们,来自人民、植根人民、服务人民,是我们党永远立于不败之地的根本。"胡锦涛指出,以人为本、执政为民是我们党的性质和全心全意为人民服务根本宗旨的集中体现,是指引、评价、检验我们党一切执政活动的最高标准。胡锦涛提出,全党同志必须牢记,密切联系群众是我们党的最大政治优势,脱离群众是我们党执政后的最大危险。我们必须始终把人民利益放在第一位,把实现好、维护好、发展好最广大人民根本利益作为一切工作的出发点和落脚点,做到权为民所用、情为民所系、利为民所谋,使我们的工作获得最广泛最可靠最牢固的群众基础和力量源泉。

胡锦涛强调,每一个共产党员都要把人民放在心中最高位置,尊重人民主体地位,尊重人民首创精神,拜人民为师,把政治智慧的增长、执政本领的增强深深扎根于人民的创造性实践之中。同时,要高度重视并切实做好新形势下群众工作,坚持问政于民、问需于民、问计于民,真诚倾听群众呼声,真实反映群众愿望,真情关心群众疾苦,依法保障人民群众经济、政治、文化、社会等各项权益。只有我们把群众放在心上,群众才会把我们放在心上;只有我们把群众当亲人,群众才会把我们当亲人。

胡锦涛提出,各级党政机关和干部要坚持工作重心下移,经常深入实际、深入基层、深入群众,做到知民情、解民忧、暖民心。要把基层一线作为培养锻炼干部的基础阵地,引导干部在同群众朝夕相处中增进对群众的思想感情、增强服务群众本领。要把服务群众、做群众工作作为基层党组织的核心任务和基层干部的基本职责,使基层党组织成为推动发展、服务群众、凝聚人心、促进和谐的坚强战斗堡垒。

三、低调做人,走得更顺

在南美独立战争期间的一个寒冷的冬季,在某兵营的工地上,一位班长正站在高台上,指挥几个士兵安装一根大梁。一个衣着朴素的军官路过这里,看到班长只顾呐喊助威,却没有帮忙的意思,于是他问道:"你为何不动手?"班长愣了一下,继而他骄傲地回答:"我是班长。""噢,您是班长。"军官重复了一遍,他点点头,却加入到士兵中间,与他们一起干了起来。大梁装好后,军官对班长说:"班长先生如果您还有什么同样的任务,并且还需要更多的人手,您就尽管吩咐总司令好了,他会再来帮助您的士兵的。"班长愣住了,直到这个时候,他才知道这位军官就是南美大陆的"解放者"、独立战争的著名领袖和统帅西蒙·玻利瓦尔。

在这个故事里,班长和玻利瓦尔成了鲜明的对比,一个有着高高在上的位置,却甘愿低下头做些小事情,而另一个则只是几个人的小头头,却心高气傲。曾国藩说过:"天下事在局外呐喊议论总是无益,必须躬身入局,才能有改变的希望。"的确如此,成大事者的做人之道是躬身入局,踏实办事,这样才创造了他们的成功人生。

威尔逊以绝对的优势当选为美国新泽西州州长后,他励精图治,在州长的位置上取得了很好的成绩。一次,他在纽约出席一个午餐会,主持人在介绍他时,称他为"未来的美国总统"。可是威尔逊却不喜欢这样的恭维,因为这样一来,其他在座的人未免有相形见绌之感。威尔逊是个很低调的人,他懂得低姿态处世的重要性,因此,他起立致词,在几句开场白之后,他说:"我给大家讲一个故事:有一个人在加拿大喝过了头,结果在乘火车时,原该坐往北的火车,却乘了往南的火车。大伙发现这一情况,急忙给往南开的列车长打电话,请他把名叫约翰逊的人叫下来,送上往北的火车。很快,他们接到列车长的回电:'请详示约翰逊的姓,车上有好几名醉汉,既不知自己的名字,也不知该到哪去。'"大家不禁笑了起来,威尔逊意味深长地说:"我自己感到我在某方面很像这个故事里的人物。自然,我知道自己的名字,可是我却不能像主持人一样,知道我的目的地是哪里。"听众大笑。威尔逊幽默的谦逊,立即消除了众人对他的敌意,赢得了大家的拥护。

真正明白的人是绝不会滥用优点和荣誉,成为众矢之的。因此,他们的人生会显得顺畅一些。日常生活中,人们更容易接纳那些低姿态处世的人,他们尽管内向,却自信,不随时随地夸耀自己的成绩。而那些得意地夸耀自己的人,别人却想回避他。

当然,有的人一辈子不知道谦虚、低调的妙用,逢人必斗、遇事用强,最后要么一事无成,要么身遭其殃。

大明才子周延儒,是历史上众多无耻文人之一。他少时聪明绝顶,个性张狂,据说他4岁时,被祖父驮在背上到街上去玩,路过已故宰相徐溥的石柱牌坊,就问:"徐阁老做了宰相,把牌坊竖在这里,我要做了宰相,牌坊竖到哪里?"

祖父听了,忙说:"你年幼无知,不要胡说八道!"说完急忙带他离开了。

周延儒21岁连中会元、状元,少年得志,名震一时。35岁时,他被刚即位不久的崇祯皇帝看中,破格提拔为礼部右侍郎。当时,驻守在锦州的士兵哗变,逼要被克扣的军饷。督师袁崇焕果断罢斥了几个负有责任的将领,处决了十几个领头的肇事者,然后请求朝廷拨发军饷,以安抚军心。袁崇焕的处理方法无疑是恰当的,因此朝中许多大臣都表示赞同。但崇祯皇帝年少气盛,以为发饷即等于服软,周延儒猜测皇帝的心思,说了许多不符合事实却让崇祯高兴的话,因此更受崇祯器重。

时隔不久,周延儒与温体仁觊觎进入内阁,由于资历浅而未被推荐,于是,他俩联手扳倒了阻碍他们入阁的钱谦益。不久后,周延儒被破格任命为礼部尚书兼东阁大学士,挤入了最高决策层。但他野心勃勃,并不以此为满足,又勾结温体仁,利用皇太极的反间计杀害了大将袁崇焕。

袁崇焕一案了结后,周延儒如愿以偿地成为一人之下、万人之上的首辅大臣。他迫不及待地引用私人,安插亲信,大有一手遮天之势。与此同时,他生活上腐化堕落。他得意了没多久,就被同样奸诈的温体仁抓住把柄,一脚踢翻,灰溜溜地卷铺盖回了老家。

此时明朝的国运已经败坏,清兵入关。周延儒自请视师,使惊慌失措的崇祯帝大为欢喜,大加赏赐。但周延儒并无胆量,刚到了通州便不敢前行了,整日与幕僚饮酒作乐,却天天派人向崇祯报捷,崇祯对他赏了又赏。终于,崇祯知道周延儒的欺诈,下令革职查办。

周延儒堪称大才子,但他为了个人权势,不惜灭亡国家,那他到底是聪明还是傻呢?其实无关智商,人一旦自视太高,变得张狂起来,做事必然强力强为,为达到目的不择手段、不计后果,结果必然是害人害己。

第四节　仆人式领导

韦氏大字典定义领导为:"借着走在前面或一旁为人引路、指挥、引导其行程"。然而,《第五项修炼》一书的作者彼得·圣吉博士则认为,未来新组织的领导者需要的是一种新的领导力，在如此快速变动且呈现出动态复杂的环境中，领导者要能改变其追随者对工作的价值观与重要感，他必须鼓励部属超越私利，从组织的整体利益着想，同时对部属有深远的影响力，并能将价值观及信念转移至实际工作上，以让组织成员能持续不断地学习及适应变革。我们称这种领导者为"转变型的领导者"，他们不同于传统的"执行型领导者"。

在我们传统的观念里，总认为领导者是拥有特殊才能的人，他们设定组织的方向，制定组织的重大决策，激励组织成员，处理公司突发的重大危机等，他们变成组织成员心目中的英雄，因此也更加强了他们对短期问题的重视，变成处理危机的高手。然而彼得·圣吉认为：在学习型组织里的领导者并非如此，他不但是个设计者，也是教师、教练，更还要扮演仆人。担任这些角色必须学习一些新的技能及新的工具，建立一种能够让组织成员持续不断扩张其能力并构想其远景的组织，也就是有责任让成员不断地"学习"。

领导者必须扮演仆人这个角色，是我们长期倡导的人民公仆内涵，这时的"仆人"指的是一种待人处事的态度，这种态度对"学习型组织"具有关键作用。领导者的首要任务是要关心组织中的人，因为他们是组织中核心与精神之所在。仆人心态是一种自然的情感，一种发自内心愿意服务他人的意愿。这种仆人的角色主要表现在两方面：一方面是为所领导的人服务，另一方面是为组织的目标、使命服务。智能的领导者顺应自然的运作法则，从服务之中，体认到内心的丰足，从无私帮助别人之中，变得更有成就。"学习型组织"企业潮流呼唤领导者进入全新的工作角色—仆人。

一、以服务取代领导的哲学

畅销书《仆人》的作者杭特借助一个中年企业领导人的经历，写出埋藏在圣经中一种作仆人式领导的真理。他强调，当一个领导人愿意像仆人般服侍他的下属时，并决心满足其心理的基本需求如爱、自尊及自我实现，且在影响力所及处负责打造有助于部属生命成长之健全环境，与他们建立关爱、尊重、信任、接纳及承诺的关系，就能获得领导人的威信及影响力，还能以此激励他们发挥个人最大的潜能，全心投入心力、才能及创造力，为达成共同目标奋战不懈。《仆人》一书中对下列关键词汇的定义发人深省。

领导:一种技能,用来影响别人,让他们全心投入,为达成共同目标奋战不懈:"技能"是一种能力,透过学习而得;领导,也是领导别人,是人人可学,人人可得的。

权威:一种能力,利用你的地位,罔顾别人的意愿,强迫他们照着你的决心行事。

威信:一种技能,运用影响力,让别人心甘情愿地照着你的决心行事。

由以上定义可见,威信式的领导是建立在满足对方的基本需求上,想成为一个成功的领导者就得先做出根植于爱的牺牲奉献,而与爱紧密相关的性格如忍耐、恩慈、谦卑、尊重、无私、宽恕、诚实及守信却不是与生俱来的,也显然不只是一种感觉,而是关乎行为的选择。

我国历史上,姜子牙回答周文王提问"制定什么样的方法才能使天下归心"时说:"天下不是一个人的天下,而是天下人共有的天下。能让天下人同享天下利益的,就可以得到天下;独占天下利益的,就会失掉天下。"姜子牙回答周武王提问"怎样拯救天下"时说:"战争取得全胜而不必经过战斗,全军无伤亡,才是用兵如神。能与人同疾苦,就能互相救援。与人情投意合,就能互相成全。共同的恶敌在前就能互相帮助,有共同爱好就有共同的追求。所以就是没有军队也可取胜,没有冲车、机弩也可进攻,没有沟堑之险也能防守。"姜子牙又说:"不掠夺百姓的,可取得百姓的拥护;不侵害别人的利益,可取得别人的拥护;不侵害天下的利益,可取得天下人的拥护。不侵害人民利益的人,人民就拥护他;不侵害别国利益的人,别国就拥护他;不侵害天下利益的人,天下就拥护他。"

爱护别人的人,别人会爱护他;尊敬别人的人,别人会尊敬他。爱护别人就是爱护自己,帮助别人就是帮助自己,成就别人就是成就自己。古代做大事、立大功、建大业的人,必然是成大德的人。能得到众人的帮助,就会得到上天的帮助。帮助别人就是帮助自己,接济别人就是接济自己;帮助别人的人,天赐福给他,这就是"欲成就大业,首先要帮助别人"的道理。

得到大多数人帮助的人,成就就大;得到少数人帮助的人,成就就小;得不到别人帮助的人,只有失败,没有成功。得到家乡帮助的人,可取得家乡;得到人民帮助的人,可取得人民;得到天下帮助的人,可取得天下。养成了牺牲自己来为家庭服务、为朋友服务、为社会服务、为民族服务、为国家服务、为全天下服务的人生观,就必然使自己的思想意识在行动上表现出来,并将这个行动转化为日常生活中的习惯、准则,久而久之,为别人服务的行为就会出于自然、发于至诚。从服务观扩充来说,也就是以拯救别人为目的的人生观。拯救别人的人,成就别人的事业;拯救国家的人,成就国家的事业;拯救人类的人,成就人类的事业。真正做到以至诚拯救别人、帮助别人、服务别人为终生目标,并以此作为终生行事的规范,能得到别人的灵魂、身体、精神的拥护。忠诚于人类的事业,人类也会忠诚于你的事业,这是领导的法则。

无我是得人的本体,利人是得人的实用,先有"无我"的世界观,后才能达到舍己为人的境界,很少有"有我"而能舍己为人的人,很少有不帮助别人而能得到别人帮助的人。释迦牟尼佛的"慈航普度",耶稣基督的"博爱救人",孔子的"仁德仁政",老子的"去私无事",这些集天地之大成者的观点和出发点,都大同小异,殊途同归,都是希望这个社会是一个充满爱心的社会,希望领导是一位肯为别人奉献自我的领导。

邓小平指出:"什么叫领导? 领导就是服务。"他用这一精确的语言,揭示了党的领导本质。"领导就是服务"是对马克思主义的继承和发展领导,属于上层建筑,是为一定的经济基础服务的。马克思、恩格斯在《共产党宣言》中指出:"过去的一切运动都是少数人的或者为少数人谋利益的运动。无产阶级的运动是绝大多数人的、为绝大多数人谋利益的独立的运动。"在《法兰西内战》中,他们进一步指出:"旧政府权力的合理职能,应该从妄图架于社会之上的权力那里夺取过来,交给社会的负责的公仆。……为组织在公社里的人民服务。"毛泽东根据马克思主义基本原理,创立了为人民服务的科学理论。他指出:"我们这个队伍是为着解放人民的,是彻底地为人民的利益工作的。""我们应该谦虚谨慎、戒骄戒躁,全心全意为人民服务。"

二、仆人式领导的特质

"仆人领导力"事实上是 MIT 管理学院中的 Robert Greenleaf 于 1970 年代提出来的, Robert K. Greenleaf 强调如下的领导信条:"要建设一个好的社会,也就是有公益及关怀,强者与弱者无限的彼此服侍,就是建立仆人领导的机制,让最像仆人的人作领袖。"他说:领导的工作交由真正的仆人去作。成为领袖不是因为拥有某种权力,而是看其可为其他人作出多少贡献。有别于权威式的领导,Greenleaf 认为仆人式领导有以下 6 项行为特质:一是倾听。倾听可博取众议,发挥同理心,注意自己的态度,跳开自己的主见。二是说服。英文的 persuasion 来自拉丁文"persuasio",per 为借由 sursio 为温柔,是让人心服口,而不是勉强为之。三是无为。适时闪避可以避开的一些琐事,分别轻重缓急,使自己持盈保泰。四是接纳。学习接受不完美,想如何使对方更好。五是自我认识。有感受力,能辨识环境需求,但也要了解其限度。六是助人。工作的主要目的是帮人解决困难,帮助人成长,使人更强、更健全、更自动自发、更自主。

什么样的人是仆人式领导者? 格林利夫认为,仆人式领导首先是一个仆人。在他的《仆人式领导》一文中,他写道:"作为仆人式领导,首先要有天生愿意服侍他人的心,服侍是第一位的。然后才是通过有意识的选择,促使一个人渴望去领导别人。它的与众不同之处就表现在这位做仆人的对别人的关心上,即确保别人最迫切的需要得到优先满足。测试一个人是否是仆人式领导的最好方法是:那些被服侍的人个性是否更加成熟? 他们在受到服侍的同时,是否变得更加健康、更有智慧、更自由、更自主,并且更有可能自愿做仆人?"我们必须强调很重要的一点就是,其核心在于,仆人式领导是对生活和工作的一种长期的更新方式,本质上来说,它具有给整个社会带来积极变化的潜力。

《纽约时报》上说,仆人式领导与日常生活的权力现实有关—它的合法性、道德的约束以及通过恰当行使权力可以获得的有利结果。有学者归结了仆人式领导的 10 个典型特征。

一是倾听。领导者总是十分重视沟通和决策技能。对于仆人式领导来说,这两点固然很重要,但如果再加上积极倾听别人的由衷承诺,就能如虎添翼。仆人式领导者努力寻求团体的意愿,并帮助这些意愿清晰化。所以他必须善于敏锐地倾听别人的意思(或者话外之音)。倾听也包括聆听自己内在的声音,尽力明白一个人身、心和灵的流露。倾听,并加以定期反思,这对仆人式领导者的成长来说是不可或缺的。

二是感同身受。仆人式领导力求理解别人并且体会别人的心意。人们都需要别人接纳自己并且认知自己心灵的独特性。人们总是先假定自己的同事具有良善的意愿，总是对事不对人，即便他人拒绝接受他们的行为或表现时也是如此。最成功的仆人式领导者就是那些能够和对方感同身受、老练的倾听者。

三是疗伤。学会疗伤是使整个群体和谐同一的有力武器。仆人式领导者最擅长的就是为自己和他人疗伤。很多人都藏着一颗破碎的心灵，受过这样那样的情感伤害。尽管这也是人性的一部分，但仆人式领导者能够认清机会，帮助他们周围的人成为身心灵健康的人。在《仆人式领导》一文中，格林利夫这样写道："如果仆人式领导和被领导者之间关系默契，都认识到寻求身心灵的健康和完整是他们共同的目标，就可以把一种微妙的东西传递给那些正在接受服侍和领导的人。"

四是省察。省察，特别是自我省察，会加强仆人式领导者的能力。如果你下决心多进行自我省察，结果可能会让你感到害怕，因为你永远不可能知道自己会发现什么！省察也能帮助人们理解有关道德和价值观念的问题。省察本身可以使人高屋建瓴，从一个完整统一的角度来看待大的形势。就像格林利夫所观察到的："省察不是一个安慰师，而且正好相反，它是扰乱者和唤醒者。富有才干的领导者通常清醒敏锐，愿意接受合理的冲击。他们从不寻求安慰。他们自己的内心非常平静。"

五是说服。仆人式领导者的另一个特征是，在一个组织内部进行决策时依赖说服，而不是随意使用自己的权威作出决策。仆人式领导者努力寻求让别人信服，而不是胁迫人顺从。这点特质也正是传统的权威型领导模式和仆人式领导模式之间泾渭分明的区别。仆人式领导可以卓有成效地在团队间达成共识。重在说服，而不是胁迫，这种认识可能来源于罗伯特·格林利夫在基督教教派(贵格会)教友会的体验。

六是抽象化。仆人式领导者应努力培养自己"梦想宏伟"的能力。能够从抽象化的角度来透视问题(或者一个组织)，意味着一个人的思考必须超越日常的现实生活。对于许多经理人来说，这是一个需要训练并加以实践的能力。传统的经理人往往将注意力集中在短期运作目标的实现上。要想成为仆人式领导的经理人,就必须拓展自己的思维,进行基础更为广泛的抽象化思维。在组织内部,董事会成员也非常需要抽象化思维。很不幸的是,董事会成员有时候却陷入到组织的日常运作中(这是永远不应当鼓励的),使他们不能为组织提供有远见的设想。董事们在他们的行动方向上需要多思考理念性问题,职员们需要更多地从运作方面看问题,而精明强干的行政总裁和领导则需要两者兼备。仆人式领导者需要在抽象化思考和日常思维方式之间努力达成微妙平衡。

七是预见力。和抽象化原则密切相关的,是能够预见某种情势可能发生什么后果的能力,这种能力很难给它下定义,却很容易辨认,人们一看见就知道。预见力能够让仆人式领导者汲取过去的经验教训,了解当前现实,明白决策可能带来的结果。它也深深扎根于人的直觉思维中。从某种意义上我们可以这么说,预见力是仆人式领导者们与生俱来的特征,而所有其他特征都可以有意识地去发展。目前对预见力的著述不多,在领导力研究方面,还是一片有待开发的荒原,却也是最值得精心研究的领域。

八是管家。彼得·德鲁克已给管家下过定义:受托为他人保管。罗伯特·格林利夫对一切机构看法是,机构里的行政总裁、职员和董事都扮演了重要角色,受托为更大的社会利益管理他们所在的机构。仆人式领导像管家一样,"把服务他人的需要作为首要的和最重要的承诺,同时也强调使用开明和说服的方式,而不是强权。"

九是致力于员工成长。仆人式领导者相信,人们除了在工作中做出实际可见的贡献之外,也都有其内在的价值。因此,仆人式领导应积极致力于帮助自己机构里每个人的成长。仆人式领导心中清晰地认识到自己责任重大,在自己的能力范围内尽己所能促进员工个人、职业和心灵的成长。在实践中,具体做法包括(但不限于)如下一些实际行动:为个人和职业的发展提供基金、体恤下情、广泛征求每个人的建议,鼓励员工献计献策,主动帮助辞退工人另谋他就等等。

十是创建社区。仆人式领导者感觉到,在人类生活的主要塑造者从本地社区转到大机构以后,很多东西都湮没在种种过往中。这种意识促使仆人式领导者在特定机构的工作人员中努力找出创建社区的一些方式。仆人式领导表明,那些在企业和其他机构工作的人们中间可以建立真正的社区。格林利夫说:"重建社区作为一种适合大量人群生活的可行模式,所需要的就是要有足够的仆人式领导者来引路示范,不需要通过群众性的运动,每个仆人式领导者只要愿意为某个具体的社区群体展现出自己无限的责任心就可以达到目的。"

第五章

知足不辱，知止不殆

《道德经》第四十四章："名与身孰亲？身与货孰多？得与亡孰病？甚爱必大费。多藏必厚亡。故知足不辱，知止不殆，可以长久。"名誉与生命，你选择哪一个？生命与金钱，哪一个更值得看重？得到与失去，哪一个更有害？过分地吝惜必然导致巨大耗费，过多地敛藏必然引起严重的损失。所以，知道满足才能不受屈辱，知道适可而止才不会遭逢危险，这样才可以保持长久。

第一节　见素抱朴，少私寡欲

老子思想中"知足"是很高贵的思想，他提倡"少私寡欲"，反对无止境地追逐名利财货。《道德经》第七章："天长地久。天地所以能长且久者，以其不自生，故能长生。"天地是长久存在着的。天地为什么能长而且久呢？因为它不为自己追求生存，无私，所以能长久生存。第十九章："见素抱朴，少私寡欲，绝学无忧。"注视平凡，保持质朴；减少私念，削弱欲望；绝学弃智，消除忧愁。第二十九章："圣人去甚、去奢、去泰。"圣人不过分安乐，不过分享受，不过分行事。第五十五章："益生曰祥。"贪求生活享受，就会遭殃。第十二章："五色令人目盲，五音令人耳聋，五味令人口爽；驰骋畋猎令人心发狂；难得之货令人行妨；是以圣人为腹不为目，故去彼取此。"过分追求色彩的享受，会使视觉迟钝，视而不见；过分追求声音的享受，会导致听觉不灵，听而不闻；过分追求味道的享受，会造成味觉丧失，食而不知其味；过分纵情于骑马打猎，会使人心神不宁,放荡不安;过分追求金银珍宝,会诱惑人失去道德,身败名裂。所以圣人的生活,只求饱腹,不求享受,主张摒弃一切贪欲,抵御外物的诱惑,以保持本性的淳朴和天真。

一、知足天地宽

老子主张少私寡欲,也是从养生保身的目的出发的。除了人的正常生理需要,如果过分追求,放纵感性欲望,则很可能走上邪路,即"难得之货令人行妨""益生曰祥",最终身败名裂,其身难保。所以,《道德经》第八十章:"甘其食,美其服,安其居,乐其俗",满足于自己的物质生活状况,不去过分地追求那些名利财货,身外之物。

荣启期是春秋时期著名的隐士,每天看看书,跟别人聊聊天,不知不觉就活到了90多岁。有一天他在路上碰见了孔子,孔子在教学之余,经常带着他的学生们出来游历天下。孔子看到一个老人在郊外行走,身上穿着破烂的衣服,弹着一把破旧不堪的琴,和着激越的琴声旁若无人放声高歌。于是孔子来到荣启期跟前,问道:"老先生为什么这样快乐啊?"荣启期回答说:"我快乐的原因多了!天地产生了万物,只有人是最宝贵的。我能够成为一个人,这是我快乐的第一个原因。人有男女的区别,男子尊贵,女人卑贱,而我是个男子,这是我快乐的第二个原因。在人当中,有的没有见过日月,刚出生就夭折了,而我已经在天地间行走了90年,这是我快乐的第三个原因。贫穷是读书人的常情,死亡是人生的终结,我现在身处人之常情,得到人之善终,还有什么可忧虑的呢?"孔子感叹道:"好啊!这真是个胸怀坦荡、怡然自乐的人呀!"

胡九韶是明朝江西金溪人。因为家境很贫困,他一面教书还一面种田,可就是这样也仅仅可以衣食温饱。每天黄昏时,胡九韶都要到门口焚香,向天拜九拜说:"感谢上天又赐给了我一天的清福。"妻子笑他说:"我们一天三餐都是菜粥,怎么谈得上是清福?"胡九韶回答说:"我首先很庆幸,我生在现在的太平盛世,没有战争兵祸。又庆幸我们全家人都能有饭吃,有衣穿,不至于挨饿受冻。第三庆幸的是家里的床上没有病人,也没有家人在监狱中做囚犯,这不是清福是什么?"

知道满足了,人生也就幸福了。

小鸟藏在森林里，只要一棵树枝给它立足，就很高兴了。田鼠口干了，跑到河里去喝水，只要喝一点点水就饱了，肚子就胀了。南怀瑾先生说："庄子拿两个生物界的现象作比喻，揭示了一个人生哲理：不管是土里钻的，或者空中飞的，小人物，小境界，只要自己觉得满足就够了。"

有个人去沙漠寻找宝藏，可是宝藏还没有找到，身上所带的食物和水却都已经用完了。没有了食物和水，他感到身上一点儿力气也没有，只能静静地躺在沙地上等待死神的降临。在奄奄一息的时刻，寻宝人向佛做了最后的祈祷："佛啊，请你帮帮我这个可怜的人吧！"这时，佛真的出现了，问他："你想要什么呢？"寻宝人急忙回答："我想要食物和水，哪怕只是很少的一点儿也行啊！"佛于是满足了他的要求，给了他不少的食物和水。

他吃饱喝足后，犹豫片刻，决定继续向沙漠深处进发。最后，他终于找到了宝藏，他贪婪地把宝藏装满身上所有的口袋，并且还背了重重的一个袋子。可是，此刻的他又没有多少食物和水了。他带着宝物往回走，由于体力不断下降，他不得不扔掉一些金银珠宝。他一边走一边扔，后来不得不把身上所有的宝物都扔掉了。最后，他躺在地上，再次等待死神的临近。寻宝人临死之前，佛又出现了，问："现在你要什么东西呢？还想要宝藏吗？"他有气无力地回答："食物和水，更多的食物和水！我不再想要宝藏了。"

当一开始拥有那些自认为稀疏平常的快乐与幸福时，人们常常会觉得拥有的太少，他们会有更多更新的欲求，但如果不节制自己的欲望，最终就算抛尽过去得来的东西，也不一定能换回过去那稀疏平常的快乐与幸福。所以人要有颗知足心，知足是福。

知足天地宽作为一种生存策略、一种为人处世的态度，不仅在中国这样一种特有文化背景下，被许许多多著名人物所采用，而且，在西方那些充满竞争、冒险的文化环境中，也成为许多志士仁人的人生策略和处世信条。美国开国元勋华盛顿就是一个代表。

美国的一个总统乔治·华盛顿，在美国独立战争胜利后，主动辞去了陆军总司令的职务，不当国王当农夫，回到了蒙特利尔农庄当他的种植园主，重温"在葡萄树和无花果树绿荫下享受宁静的生活"。嗣后，即在连任两届美国总统后，华盛顿又主动辞去总统职务，不搞终身制，可以说，华盛顿的任职与辞职,都是为国为民,不存在为个人要索取什么,这充分体现了一个有伟大胸怀和崇高品格的将帅风范,同时也践行着一种"知足知止"的人生哲学。

1782年,美国独立战争已结束,胜利后不久,一些阶层的集团都主张华盛顿效仿英国政体—君主制,"登基"做美利坚合众国的"国王"。华盛顿统帅的军队也表示支持。对此,华盛顿表示愤怒和坚决反对。他挥笔疾书:"让我恳求你们,如果你们对你们的国家还有一些尊敬之情,如果你们还为自己和你们的子孙后代着想,或者你们还尊重我的话,那么就从你们的头脑中彻底清除这种念头。我认为这个念头包藏着可能降临我国的巨大灾难。"1783年12月23日,华盛顿即在安那波斯正式交还大陆军总司令委任状,返回到蒙特利尔农庄与家人团聚,恢复了一个贫民的身份。

二、不知足的代价

爱斯基摩人有一种十分特殊有效的捕猎狼的办法,在寒冬季节,在锋利的刀刃上涂上一层新鲜的动物血,血冻住以后,再往上涂第二层血,冻住后,再涂第三层……如此反复,最终刀刃就被冰冻的鲜血埋藏得严严实实。然后他们把刀尖朝上反插到地上。当狼顺着血腥味找到刀时,就会兴奋地舔食刀上新鲜的冻血。融化的血液散发出强烈的气味,在血腥味的刺激下,狼越舔越快,越舔越馋,直到最终把所有的血舔干净了,这时锋利的刀刃露出来了。但是此时的狼已嗜血如狂,于是用力的舔舐刀刃。在血腥味的诱惑下,狼感觉不到舌头被划开的疼痛。完全不知道它这时舔食的正是自己的鲜血,变得更加贪婪,血流得更多,直到精疲力竭地倒在地上。

清朝乾隆时期的和珅是一个众所周知的大贪官,由于精通察言观色、溜须拍马,成为一等公、首辅大学士、领班军机大臣,身兼多种要职,可谓达到了荣华富贵无以复加的程度。然而贪得无厌的和珅仍然不满足,凭借自己位高权重,收受各方贿赂。和珅为相二十年,家产有八亿两之多。和珅显然不知知足不辱,知止不殆的处世哲学。最终,嘉庆登基之日,传旨逮捕和珅,抄家治罪。和珅本来位高权重,完全可以一生享尽荣华,却只因一个"贪"字葬送了自己的性命。人因为本身永不知足的贪婪本性而为自己招来无数烦恼和祸患。所以说,一个人不仅仅要有高尚的道德修养,还要廉洁自律,知足常乐,才能终身不辱。

俄国诗人涅克拉索夫的长诗《在俄罗斯,谁能幸福和快乐》,诗人找遍俄国,最终找到的快乐的人物竟是枕锄打瞌睡的农夫。这位农夫有强壮的身体,能吃能喝,能干能睡,从他打瞌睡的眉目里和他打呼噜的声音中,无不飞扬和流露出由衷的开心。农夫的开心不外乎两个原因,一是知足常乐,二是劳动能给人带来快乐和开心。法国杰出的作家罗曼·罗兰说:"一个人的快乐与否,绝不依据获得了或是丧失了什么,而只能在于自身感觉怎样"。有的人大富大贵,可他自己身在福中不知福,心里总觉得不痛快;有的人,别人看他离幸福很远,他自己却时时与快乐邂逅,这是因为他懂得知足。

过去有个大富翁,家有良田万顷,身边妻妾成群,可是日子过得并不开心。挨着他家高墙的外面,住着一户穷铁匠,夫妻俩整天有说有笑,日子过得很开心。一天,富翁的老婆听见隔壁夫妻俩唱歌,便对富翁说:"我们虽然有万贯家产,还不如穷铁匠开心!"富翁想了想笑着说:"我能叫他们明天唱不出声来!"于是拿了两根金条,从墙头上扔过去。打铁的夫妻俩第二天打扫院子时发现了两根金条,既高兴又紧张,他们连铁匠炉子上的活计也丢下不干了。至于金条到底用来干什么,藏在哪儿,他俩商量来,讨论去,谁也想不出一个好办法。从此,夫妻俩吃饭不香,觉也睡不安稳,当然,再也听不到他俩的欢笑和歌声了。

贫穷时了无牵挂,过好眼前的生活即是快乐;富有了想得太多,无尽的担忧压在心头,哪还会体会到快乐的滋味。

曾任广东省省长的黄华华曾语重心长地说:"我们现在得倡导'知足常乐'的观念,否则民众心理很容易失衡。"这透出官员对解决社会矛盾的良苦用心。每个人因社会角色不同心理预期也会不同,而不同的社会环境更可左右一个人价值观的判断,"知足"并非一个人在逆境中的自我安慰,而是在顺境中对贪欲的克制。

当前公众之所以对贫富差距感到愤怒,很大原因在于这种差距并非劳动多少造成,而是不合理的社会结构所引发。"君子爱财,取之有道",通过媒体报道,人们看到很多富得流油的人并不是君子,而是贪官、奸商、诈骗犯以及各种既得利益者;人们看到很多人富起来并不是通过辛勤劳动,而是通过权力寻租、官商勾结、走后门找关系等等。人们看见住廉租房的开着宝马,看见部门公务员以低于市场价一半以上的价格买福利房,看见富人炒房越炒越富而穷人还贷痛不欲生,在这种严重失衡的社会结构中又怎会有人能做到逆境中的安于现状、"知足常乐"。

欲使人民"知足常乐",官员必须"先天下之忧而忧,后天下之乐而乐",人民心态平衡的前提是社会结构平衡。这个社会中一切都必须依照法律和道德运转,没有人会因特权而暴富,没有人会因富有而获得特权,更不会有人因为没钱没权而被社会抛弃;致富只能通过劳动、通过奋斗,劳有所得、多劳多得,而不劳而食或不劳而食他人者,只有这样才能够建一个真正的和谐社会,才能使人民真正做到"知足常乐"。

第二节　欲无止境

欲望像海水,喝得越多越口渴。欲望,其实就是你灵魂中的痒,痒是越挠越想挠的。叔本华有个十分形象生动的比喻。如果将人的意识领域分为欲望和理智,那么,理智好比是一个不能站立的瘸子,不过视力很好;欲望则犹如身体强壮的瞎子。如果想信步前行,只有一个办法,瘸子和瞎子应当合作,瞎子将瘸子背在自己身上,由瘸子指路,让瞎子走路,扬长避短,各尽所能,坎坷便成通途了! 然而,生活的实际是,这一似乎让人们得以走出困境的理论寓言,却没有实际帮助了解它的人们走出困境。因为,真实的瘸子,并不是只有视力而没有欲望,真实的瞎子,也不是只有欲望而没有方向!

一、贪婪的火种

在明、清之间,有本闲书叫《解人颐》,有一篇很有哲学意味,描述人类欲望无止境的白话诗。"终日奔波只为饥,方才一饱便思衣,衣食两般皆具足,又想娇容美貌妻。娶得美妻生下子,恨无田地少根基。买到田园多广阔,出入无房少马骑。槽头扣了骡和马,叹无官职被人欺。县丞主簿还嫌小,又要朝中挂紫衣。做了皇帝求仙术,更想登天跨鹤飞"。这篇七言韵文的白话诗,可说道尽了人类欲望无穷，欲壑难填的心理状态。而这位作者最后两句结论是，人类这永无止境的欲望，除非到死方休。

在人们的内心深处，或多或少都会有一些贪婪的影子。这些贪婪的影子就像一个个火种，如果不加以控制，它们很可能会以燎原之势蔓延开来，最终将人们焚毁。我们应该将其消灭在萌芽状态。抵制贪婪的最好方法就是要学会知足。知足让我们懂得珍惜已拥有的东西，避免去盲目追求那些远大于自己需求的东西。

有一个得道高僧晚年想收一位徒弟，准备将自己的人生所悟原原本本地传授给他。这个消息传出后，很多人慕名而来，经过挑选，高僧最后只留下了甲和乙两个人。这两个人都聪明稳重，内心虔诚，这让高僧难以取舍。经过考虑后他对这两个人说："你们在这里跟我修行一个月，一个月后看你们的悟道程度，然后我再作出取舍。"两个人欣然同意。

一个月里，两个人踏踏实实，勤勤恳恳地跟着高僧修行，不敢有丝毫懈怠，唯一不同的是，甲有点急功近利。一个月的时间马上就过去了，高僧把甲、乙两人叫到一棵菩提树下，指着树下的明镜台让他们各自作一首诗。甲慎重地作了一首，自信地吟道："身是菩提树，心如明镜台。时时勤拂拭，莫使惹尘埃。"高僧听完后笑了一下，然后转过头问乙："你的呢？"乙轻轻点了一下头，然后轻声念了一首诗，声音如塞外青烟，虚无缥缈："菩提本无树，明镜亦非台；本来无一物，何处惹尘埃！"高僧听完后欣然大笑，指着乙说："就是你了。"

对比两个徒弟，虽然他们都已经做到了清心寡欲，但为什么高僧独独留下了乙呢？因为两个人的寡欲程度不同。甲的心里有菩提树，有明镜台，这就空相当于有了欲望的容器，有容器，自然会招来欲望的尘埃。乙压根心里就无一物，可谓是和红尘彻底了断，所以高僧选择了乙。

"宠辱不惊，看庭前花开花落；去留无意，望天空云卷云舒。"这是从古至今人人标榜追求的一种境界。这种境界中的幸福是那些整天忙忙碌碌，奔波于竞争和攀比的斗争中的人们很难能体会到的。

相传清朝的乾隆皇帝游江南，站在江苏的金山寺。看见长江上有许多船来来往往，他问一个老和尚："老和尚，你在这里住了多少年？"老和尚不知道这个问话的人就是当今皇上，他说："住了几十年。"再问他："几十年来你看到的每天来往的有多少只船?"老和尚说:"只看到两艘船。"乾隆惊奇地问:"这是什么意思,为何几十年来只看到两艘船?"老和尚说:"人生只有两艘船,一艘为名,一艘为利。"乾隆听了很高兴,认为这个老和尚很了不起。

二、我无欲而民自朴

战国时代,孟子眼见天下危难当前,于是效法孔子游历各国,以流利的口才和贴切的比喻宣扬仁政的思想、王道的主张。在《孟子》一书中,孟子与梁惠王和齐宣王之间的谈话记录最为详细丰富,由此可见孟子政治思想的实践要向。

一次,齐宣王再度接见孟子,请教有关齐桓公、晋文公两位霸主的一些故事。孟子于是巧妙地将话题引到"王道"的理念上来,并强调若是能"保护人民而称王",便无人能敌。之后孟子举了一些例子,循循善诱,除说明仁心的推展外,更为加强齐宣王的信心和决心了。

于是,齐宣王透露出他最大的欲望:希望能扩大版图,使当时最强大的秦国、楚国来朝见;进而统治全中国,并安抚四方的蛮夷之邦。但随即孟子否定了齐王的作为"以若所为,求若所欲,犹缘木求鱼也",如此"尽力而为之,后必有灾"。齐宣王疑惑了。如果不扩大版图,如何有机会统治天下呢?

孟子再度提出"必行仁政",使天下的臣子们都想到您朝中;农夫们都想在齐国的国土上耕作;商人们都想将货品储藏在齐国的市场里;旅人们都想走在齐国的道路上;人们讨厌他们国君的,都向您诉苦。更进一步,还要使人们"有恒产":若使人们无法永久保有产业,对上不够用来侍奉父母,对下不能用来养活妻儿;丰年经常受苦,荒年免不了死亡。这么一来,他们恐怕都无法从死亡中拯救自己,哪还要空闲讲究礼仪呢?

最后明示根本办法:使每户农家在五亩大的住宅上种些桑树养蚕,五十岁的老人,就可以穿上丝织品了;饲养鸡、狗、大小猪羊,不错过他们的繁殖期,七十岁的老人,平时就可以吃到肉了;每家配给一百亩田,不要用徭役夺取他们耕作的时间,八人组成的家庭,就可以不用挨饿了。孟子最后强调,能做到这样还无法完成王业,那是不可能的。

同样的道理,孟子也曾向梁惠王劝说,更多了"省刑罚,薄税敛"的主张。

以上数点,可以说是孟子政治理想落实的重心了。

仔细思考孟子的主张:对于人民,不用徭役夺取他们耕作时间,使免于挨饿,正相当于"我无为而民自化";若要使人民有"恒产",就不可以课重税、滥刑罚、妄兴事端战争,剥夺他们生财置产的心力和时间,正相当于"我无事而民自富";如此一来,执政者便能培养发展人民无碍于生理需求缺乏而发生的仁义礼智之心。

《道德经》第三十七章:"道常无为而无不为。侯王若能守之,万物将自化。化而欲作,吾将镇之以无名之朴。镇之以无名之朴,夫将不欲。不欲以静,天下将自定。""道"永远是顺其自然而无为的,然而又没有一件事不是它所为的。侯王如果能够依照"道"的法则为政,百姓们就会自生自长而得以充分发展。在百姓们自生自长时如果有贪欲发生,我就用"道"的真朴来镇服。用"道"的真朴来镇服,就不会有贪欲了。百姓们没有贪欲就安静了,天下自然就会安定。

三、为学日益,为道日损

老子在《道德经》第四十八章中指出:"为学日益,为道日损。损之又损,以至于无为。无为而无不为。取天下常以无事,以其有事,不足以取天下。"他的意思也就是说:求学一天比一天增加知识,求道一天比一天减少情欲。减少又减少,一直到不妄为的境地。如能不妄为,那就没有什么事情做不成的了。治理国家要常清静不妄为;如果制造事端,就不可能治理好天下。本章老子为学道者提出了"为道日损"的学道方针,他认为只有通过"日损"的修道过程,才能达到无私欲无妄念的境界,才能实现清明政治。

老子提出了为学者与为道者的两种不同途径。老子认为,从事一般性的学习,是为了不断增长知识和技能,而从事修道者则不一样,除了增进对道的知识了解之外,还要进行去私欲、除妄念的自我改造。这种纯洁和美化心灵的改造不是一次完成的,而是一个不断祛邪扶正的过程。只有成为一个品德高尚的人,才能真正践行清静无为政治。私心和欲望是人类的两大弱点,要看到二者的危害,需要坚定自己的意志,丝毫不能放松。人一旦被二者蒙住了心灵,多半都会遭到别人排斥,常常由于自私自利而自毁前程。

一般细细的山泉,沿着窄窄的石缝叮咚叮咚地往下流淌,也不知过了多少年,竟然在岩石上冲刷出一个鸡蛋大小的浅坑。奇异的是,山泉不知从哪里冲来黄澄澄的金砂,填满了小坑,天天不增多也不减少。有一天,一位砍柴的老汉来喝山泉水,偶然发现了闪闪的金砂,他小心翼翼地捧起了金砂。从此老汉不再受苦受累,过个十天半月的,就来取一次金砂,很快,日子富裕起来。但老汉对这个天大的秘密守口如瓶,上不告父母,下不告妻小。

老汉的儿子暗中跟踪,发现了老汉的秘密。他埋怨爹爹不该将这事瞒着,不然早发大财了。儿子向爹建议,拓宽石缝,扩大山泉,不是能冲来更多的金砂吗?爹想了想,觉得自己糊涂,没有想到这一点。说干就干,父子俩叮当叮当,把窄窄的石缝拓宽了,山泉比原来大了好几倍,又凿大凿深了石坑,想到今后可以获得很多很多的金砂,父子俩高兴地抱作了一团。父子俩天天跑来看,却天天失望而归,金砂不但没有增多,反而从此消失得无影无踪,父子俩百思不得其解:金砂哪儿去了呢?贪得无厌的人将会一无所获。越要拥有太多,往往失去越多。水流大了,金砂就一定不会再沉下来。贪婪的父子俩连原来的金砂也得不到了。

第三节　功成不居,功遂身退

从"少私寡欲""知足"的基本观点出发,老子强调那些对社会做出了贡献而占有了一定历史地位的人,应该功成不居,功遂身退。

《道德经》第二章:"圣人处无为之事,行不言之教,万物作焉而不辞,生而不有,为而不恃,功成而弗居。夫唯弗居,是以不去。"圣人做事,顺应自然,崇尚无为,实行不言的教诲。任万物生长而不加干预,生长万物而不据为私有,作育万物而不自恃其能,大功告成而不自居其功。正因为他有功而不居功,所以他永远无所谓失去。第九章:"功遂身退,天之道。"功成隐退,不骄傲,不居功,收敛自己,才符合自然的法则。第三十四章:"大道氾兮,其可左右。万物恃之以生而不辞,功成而不有。……以其终不自为大,故能成其大。"大道之广泛,可以左右逢源。它任万物赖以生长,而不加以干预;任万物赖以成就,而从不居其功。因为它始终不自以为伟大，所以能够成就它的伟大。第七十七章："圣人为而不恃，功成而不处。"圣人作育了万物却不矜持，大功告成却不自居。在老子看来，"为而不恃"，功成身退，既是一种高尚的品德修养，也是全生保身的需要。当一个人做出了重大历史业绩之后，如果不能及时收敛自己，还要继续有所作为，实际上就是一种不"知足"不"知止"的表现，而"祸莫大于不知足"，不及时隐退，将会招致祸端，危及生命。

一、功成身退，天之道

"功成身退，天之道也"。大功告成之后，自行隐退，不再复出，这是符合自然规律的道理。老子对人生的观察充满着智者的深邃，这在于他看到人生深层处的根本人性。放眼历史，谁能够将名利守护长久呢？如果一个人利欲熏心，把个人的欲望无休止地延伸膨胀，势必会在人生的道路上碰得头破血流；如果一个人能够正确地对待自己的需要和欲望，正确地处理自己的情感、欲望和现实的矛盾，并将这些矛盾调节得非常合理自然，那么他就能够活得自在逍遥。

《周易·序卦传》："物不可以久居其所，故受之于遁，遁者退也。"事物不可能永远停留在一个地方，壮大了，茂盛了之后便会衰老，这就产生了变化，某一段历史就过去了。所以一个人要想保全功名，必须及时隐退，这是符合规律的。太阳到了中午就会斜，月亮圆了就会缺，事物达到了鼎盛就会走向衰亡，这是千百年不变的真理，是自然界的普遍法则。所以，为了长久的保存自己的名望，及时的退避事实上是最好的选择。

吴越争霸的史剧终于降下了帷幕，范蠡在其中成功地扮演了主导的角色。在越国举国相庆、大臣们争功夺赏的时候，功高德重的范大夫此时却忧心忡忡。几十年的共处，他深知勾践是个可以共患难，却不能同欢乐的君主，因此他毅然做出功成身退、明哲保身的抉择。于是，他带上家人，泛舟太湖，离开了风尘弥漫的越国。范蠡秘密出走时没有忘记他的老朋友文种。他给文种留下一封言简意赅的书信。信中说："飞鸟打光了，再好的弓箭也该收藏起来了；兔子打完了，跑得最快的猎狗也要被烹食啊！"文种看了范蠡的信，将信将疑。他对越王勾践还抱着幻想。为了安全着想，他就称病不朝,不干预勾践的国政大事。范蠡果真是个预言家。文种还没来得及享受荣华富贵,悲剧就降临了。有人诬告文种称病不朝是蓄意谋乱,这就为勾践找到一个借口。于是,勾践派人送来一把剑,并传话道:"当年你教我伐吴,有7条计策,我用了3条,就把吴国灭了。还有4条计策在你脑子里,你准备干什么用呢?你还是带着它,到地下献给先王吧!"文种这才想起了远在天涯的老朋友范蠡,喟然一叹。这个忠心耿耿的辅助越王复国、报仇、称霸的谋臣,就这样含冤饮剑而亡了。

"敌国灭,谋臣亡"的历史典故就是这样留下来的。在君主专制制度下,君主戮杀功臣的事数不胜数,文种式的悲剧被一而再、再而三地重演着。对于那些智谋出众的功臣夙将来说,他们的功劳本身就是"罪孽"。在勾践之类的君主那里,功与罪的关系是颠倒的。这类悲剧的不断重演,常常令那些功高震主的大臣们惶恐不安。事实上,像范蠡那样功成身退而保全自己的人毕竟屈指可数,像文种那样自己推着自己走向火坑的人又举不胜举!

二、适时退避是明智之举

"饱满充盈不会长久。"只知道前进,而不知道退守;只知道生存,而不知道死亡;只知道取得,而不知道丧失。这样的人便会失其正道,逐渐走向毁灭之路。所以,做人要懂得生存的智慧,"物不可以久居其所",对这一点要有深刻的认识。

河堤上有一排大树,河边零零星星生长着一些孱弱的芦苇。大树常常对小芦苇说:"我真替你们担心啊,要是刮起了大风,你们恐怕就要被刮跑了!"一天,真的刮起了狂风。大树挺起胸膛拼命抵抗。风过了,堤坝上粗壮的大树都被连根拔起,而弱小的芦苇却毫发无损。倒在一边气息奄奄的大树奇怪地问道:"为什么我们这么强壮却被风刮断了,而纤细、软弱的你却什么事都没有呢?"芦苇回答说:"面对强劲的大风,我们觉得没有足够的力量抗拒,于是就低下头,躲避风头,这样才免受其害。你们虽然很强大,却自以为有资本,非要和狂风争个高下,结果自然被狂风刮倒了。"

我们必须学会对不必要的风险进行恰当地退让。任何人做事,就都不可避免地要遭遇到各种风险,当面临各种风险时,我们一定要迎险而上,才能走向成功；但是，面对风险，我们有时也要学会退避三舍，不与风险抗衡和正面交锋，这是一种智慧的让步，是以退为进的策略。

明武宗时，宸濠叛乱，王阳明平定了宸濠之乱，逮捕了宸濠，把他囚禁在浙省。当时正赶上皇上南巡，驻在留都。中官诱骗王守仁放宸濠回江西，等皇上亲征时再把他擒获。中官派了两个宦官到浙省传达他的命令。王守仁指责中官的这一行为，却收下了他的命令。因中官害怕，这件事就作罢了。江彬等人妒忌王守仁的功劳，散布流言，说王守仁开始时与宸濠同谋，听说朝廷的大军出征后，才把宸濠逮捕以开脱自己。他们想把王守仁也逮捕起来，把功劳归自己。王守仁与张永商量说，如果顺应皇上的意旨，也许还可能挽回局面。假如不听朝廷的旨意，而反抗他们，白白引起那些小人的怨怒。于是就把宸濠交给了张永，再上表告捷。把捉宸濠的功劳归于总督军门，要求皇上不要到江西去，王守仁自己也称病在净慈寺养病。张永回到京城，在皇帝面前极力称赞王守仁的忠诚，以及他让功避免灾祸的做法。皇上悟清了是非，于是制止了对王守仁的指控。适时避祸是聪明人的举止。

战国后期，赵国不仅要提防秦、魏、齐等强邻，另外还有一个对手，那便是北边的匈奴，他们不时南下攻扰。赵国大将李牧久镇边关，与匈奴周旋多时，摸索出一套对付的办法。李牧在险要处筑好要塞，建造烽火台，派出许多密探，随时了解匈奴动态，一有情况就点燃烽火报警，并号令部众："如果匈奴举兵来犯，立即将人马、物质撤回要塞固守，即使对其小股游兵也一律不得斩杀，违者严惩不贷。"对这一号令，将士多有不解，然而李牧治军明严，谁也不敢违令。

李牧此举是经过深思熟虑的。匈奴不同于别的诸侯国，感兴趣的并非城池地盘，而是粮食财富，与之对阵，胜负难于预料，兵败之后便会惨遭洗劫，因此不如将财富都集中于要塞之中，坚壁固守。匈奴长于野战，攻城不占便宜，既没什么可抢的，又不能很快攻破要塞，自然只好撤军。

自打采取这个策略后，一连数年赵国都没有遭受大的损失。每次匈奴兴冲冲地赶来，最后都是两手空空打道回府。匈奴始终不能得手，但他们也认定李牧怯懦，气焰一次比一次嚣张，并暗中谋划要纠集大军，攻打赵军固守的堡垒。赵军将士私下议论纷纷，埋怨李牧胆子太小。这些议论传到邯郸，赵王数次下诏要李牧出战。李牧则以为将在外,君命有所不受。盛怒之下,赵王把李牧给撤了。

新上任的大将摸透赵王心思,也指望早建功勋以立威名,因此将李牧所制定的规则一概推翻,定要与匈奴决个胜负。此后匈奴每次来犯,赵军都应战,无奈匈奴甚为骁勇,赵军屡遭挫折。赵军本来就兵力不足,损兵折将后更加捉襟见肘,百姓也来不及退避,被掠走的财物难以计数。

经过这番挫败,赵王了解到李牧的高明之处,派人请他复出。李牧称病不出,赵王便将他召进宫来,先是承认自己的不是,并严令其重新驻防雁门、代郡。赵王说:"我已明白你做得对,怎么还会妨碍你呢? 你只管放心前去吧!"李牧跪下接过帅印,起程返回边关。

李牧重新走马上任,将所有规矩都改了回来。赵王授予他的权限极大,不仅可以直接任命官吏,而且当地的赋税也都由他收取,以用作军饷。李牧令人每日宰杀好几头肥牛,保证将士吃饱吃好,并亲自率领其训练骑射。李牧退守一方面是为了自保,更深一层的用意却是示不能,以麻痹对手。李牧在退缩的掩护下,积聚兵力,选好战车一千三百乘,良马一万三千匹,勇士五万人,还有十万弓箭手。众将士每日得到优厚的待遇,训练中表现出众的还有奖赏,都觉得受之有愧,急切要求报效国家。

准备就绪后,李牧令边民四处放牧,边境上漫山遍野都是牛羊。匈奴闻讯,纵兵抢掠,劫走大批牲畜,并俘获数十名赵人。匈奴单于调集所有人马大举深入。而这正好撞入李牧布下的奇阵之中。李牧命左右两路车骑截住匈奴退路,十万弓箭手突然跃出,直向匈奴堆里射去。赵军将士无不奋勇,竟让匈奴兵无招架之力。匈奴单于见势不妙,落荒而逃,但他的十万多部众大多让赵军给报销了。李牧乘胜追击,又攻破东胡。此后十多年一直不敢靠近赵国边境。

三、功成不居,急流勇退

曾国藩是同治中兴的一代大臣,从 1852 年奉旨兴办团练对付太平天国开始,到 1872 年他死前的一年,一直都在负责过问军事。虽然他的湘军纪律严明,战斗力也强,在和太平天国一系列的战斗中立下了赫赫战功,后来更是攻破太平天国的首都天京,一时间正处于威震四海的顶峰时期,曾国藩却出于保全自己的目的,下令解散了湘军。

在攻克天京前,曾国藩对于战后他将面临的政治危机,就已经做好了充分的思想准备,当攻破天京的消息传至他那里以后,他马上对于可能出现的种种情况进行预测并采取相应的处理办法,那就是裁军不辞官。他的分析是:当时他不仅是事实上的湘军领袖,只要是湘军出身的将领,无论是执掌兵权还是为官一方,也都把他视为精神上的领导者。而湘军被裁遣,被裁者多至数万人,他们的功名路断,难免会有很多人心存不满。曾国藩如果在此时请求解官回籍,皇帝当然不能不接受他的要求,但却容易因此被朝廷误解发生不必要的猜忌。所以,攻克天京之后,曾国藩立即就自动解除了兵权,又留在两江总督任上继续为清政府效力,这就等于给清政府吃了一颗定心丸,消解了朝廷对他的猜疑。他在两江总督任内,不以劳苦为辞,奉旨"剿捻"。逢到军事失利,立即趁机推荐李鸿章替代自己的位置,也无非仍是远权势而避嫌疑的做法。曾国藩一贯主张"盛时常作衰时想,上场当念下场时"。由此可见,裁撤湘军,正是曾国藩功成身退、见好就收的一个典型事件。

当曾国藩后来再次出山时,就变得十分注意自我克制,特别注意调整自己和清政府之间的关系,尤其注意回避历史上那些顾命大臣常遇到的功高震主的问题。功高震主者身危,名满天下者不赏。曾国藩时常提醒自己要注意"富贵常蹈危"这一残酷的历史教训,只有功成身退,才能做到保身有道。

功成身退是人类最宝贵的生活智慧。禅宗不是说要"进步处便思退步,着手时先图放手"吗?既然得到了好处,心中就应该知道满足。只知大杀大砍的乃是匹夫之勇,知道适时鸣金收兵的才是良将和智者。可是放眼当今,有一些人在官场上欲壑难填,导致贪赃枉法,最后落得个身败名裂。这就是不知足,不懂得见好就收的恶果。应该说,"功成身退"表现出一种对于历史的前瞻性,以及对于自己生存环境清醒地、睿智地把握与预测。

老子功成不居、急流勇退的思想,在后世也逐渐发展为一种古代文化的传统观念,它以其不贪求名利地位的高洁志节为历代士人所崇仰。

汉朝开国功臣张良,也是深知进退之机的典型。张良,字子房,楚汉战争期间辅佐刘邦,为之运筹帷幄,出谋划策,为刘邦建立帝业立下殊功。《汉书·

高帝纪》中记载,刘邦刚坐天下总结他战胜项羽的原因时曾说:"夫运筹帷幄之中,决胜千里之外,吾不如子房;填国家,抚百姓,给饷馈,不绝粮道,吾不如萧何;连百万之众,战必胜,攻必取,吾不如韩信。三者皆人杰,吾能用之,此吾所以取天下者也。项羽有一范增而不能用,此所以为我擒也。"刘邦承认张良为他的帝业建立了特殊的功绩,要封张良三万户食邑;而张良则不敢居功,谢绝了刘邦的封赏。

几年后,刘邦扫除了异姓诸王,汉家天下已定,《史记·留侯世家》中记载,张良上书辞官:"家世相韩,及韩灭,不爱万金之资,为韩报仇强秦,天下震动。今以三寸舌为帝者师,封万户,位列侯,此布衣之极,于良足矣。愿弃人间事,欲从赤松子游耳。"张良从此辞却官职,以享天年。和张良不同的那位"连百万之众,战必胜,攻必取"的韩信,他不仅不懂"功成身退"的道理,而且还以功高自居,终被刘邦所擒。当他被刘邦所缚之后,才明白了这个道理,《史记·淮阴侯列传》中记载,他说:"果若人言,'狡兔死,良狗烹;高鸟尽,良弓藏;敌国破,谋臣亡',天下已定,我固当烹!"不过,这次刘邦并未杀他,只是将其由楚王贬为淮阴侯。

韩信并不从中汲取教训,仍然居功自处,不将他人看在眼里,甚至对刘邦也并不敬畏。人们都熟知他与刘邦的一段对话:刘邦:"像我这样能指挥多少军队?"韩信:"不过十万。"刘邦:"你能指挥多少军队?"韩信:"多多益善。"刘邦笑曰:"多多益善,而我才不过十万,那你为何成了我的臣下呢?"韩信说:"陛下不会用兵,而善于用将,所以我为陛下所擒。而且陛下是靠着天命,并非人力所及也。"韩信的居功自傲,终于使他走上谋反的道路,被吕后以计擒杀。司马迁在《史记·淮阴侯列传》中评论说:"假令韩信学道谦让,不伐己功,不矜其能,则庶几哉!于汉家勋可比周、召、太公之徒,后世血食矣。"司马迁也是依据老子学说去评论韩信的。"功成,名遂,身退",前有老子传其道,后有范蠡、张良示其范,遂使这种处世之道逐渐成为一种很普遍的士人心理,即使儒学通人也服膺这一哲理。

南怀瑾先生在《论语别裁》中说:"古代的诸侯立国的大原则,是要谦让就位,最后又功成不居,所以老子就说:'功成,名遂,身退,天之道也。'这是上古文化的传统思想,后来儒道两家都奉为圭臬。"确实如此,功成身退也为后世儒家所接受了。宋代欧阳修《渔家傲》词云:"定册功成身退勇,辞荣宠,归来自首笙歌拥。""定册功成"实现了儒家立德立功的宏愿。急流勇退,保持名节,又享天伦之乐,更能全身保真,避开杀身灭族之祸。所以,功成身退可以看做是士大夫们的身名两全之道,它逐渐演变为一种普遍的文化性格是很自然的。

第四节 知止而后能定

"知止而后能定",这个"止"就是目标,不论是做事还是做人,正确地设定目标是件很重要,当然也是很难的事情。知道你要什么,要达到什么目标,才能够真实地把握自己行动的意义。

一、万事皆有"度"

"知止可以不殆",即是说,"知道如何才有分寸,就会避免危险。"《道德经》一书中几处出现这种话,如"祸莫大于不知足,咎莫大于欲得",即告诉我们,万事皆有"度",超过即遭殃。老子这话是有深刻的道理的,这里并不是说人们在追求事业中应懈怠,而是对人在顺境时、安乐时说的。因为在快乐的那一边,痛苦即在等待着。适可而止,就能保持幸福,否则,就自讨苦吃。《菜根谭》中用了四个典故,说明了不知止的害处。

一是在勇略方面,以韩信为例。《史记》中记载,韩信亡楚归汉,屡建奇功,蒯通游说他道:"臣闻勇略震主者身危,而功盖天下者不赏……窃以为足下危之!"后来,韩信没有接受其与楚汉鼎足而三的建议,后为刘邦擒获,终被吕后斩首。

二是在才名方面,以文章冠世与弟弟云并称为"二陆"的陆机。在太安初,成都王司马颖起兵讨长沙王司马乂时,被任命为后将军、河北大都督。等后来打了败仗,陆机遭到别人的诬陷,被司马颖杀害了。

三是在权势方面,霍光先是以大权在手,骄奢淫逸,终致失败。

四是在财富方面,晋代巨富石崇穷奢极侈,曾与贵戚王恺斗富,以蜡代薪,作锦步障五十里,王恺虽得武帝支持,仍不能敌。后为赵王伦所杀。

引用完了上面的例证,《菜根谭》的作者用古人的话总结说:"饮酒莫教成酩酊,看花慎无至离披。"饮酒固然是乐事,但千万不要饮用过量;看花也很好,但不要等花将凋谢时。每个人都要把握好那个"度"。

《大学》开篇的第一段即开明宗义:"知止而后能定,定而后能静,静而后能安,安而后能虑,虑而后能得。物有本末,事有终始,知所先后,则近道矣。"意思是说,正确地设定目标,真正地把握自己行动的意义。然后才能确定志向,确定志向后才能内心宁静,内心宁静后才能安稳,安稳后才能考虑周详,行事周详才能达到"至善"这个理想境界。世上万物都有根本和枝节,都有结局和发端,能够通晓它们的先后次序,做事抓住根本,那么就能够接近《大学》本理了。

湘军名将罗泽南,出生于湖南湘乡一个贫民家庭。1852年,罗泽南响应知县朱孙贻的鼓动,在乡倡办团练。此后罗泽南又协助曾国藩创建湘军,对湘军的创建和发展起过重要甚至关键的作用。罗泽南投笔从戎,与太平军作战,成为湘军中少有的独当一面的大将,参与制定了多项事关全局的战略决策,指挥过多场重大战役。罗泽南始终笃信理学,不仅有系统的理学著作,而且在戎马倥偬的军旅生涯中,仍钻研理学不歇,在与太平军作战中,他是以其理学、经世之学思想作为指导,除了作战、操练之外的时间,基本就是读书讲学。

罗泽南同曾国藩都是文人出身,都是以程朱理学、儒家思想和个人的人格魅力治军。曾有人问罗泽南,你军事才能为什么这样好?罗泽南说,"我喜欢讲《大学》,不论是做事还是做人,正确地设定目标,知道你要什么,达到什么目标后,才能够志向坚定;心定了,各种计划谋略才可以定下来,才能够镇静不躁;镇静不躁才能够思虑周详;思虑周详才能够有所收获。每样东西都有根本有枝末,每件事情都有开始有终结。明白了这本末始终的道理,就接近事物发展的规律了。我领会了这几句,自然就会指挥作战了。"

罗泽南教将士读书,领悟"心正而后身修,身修而后家齐,家齐而后国治,国治而后天下平"的道理。罗泽南在率所部攻武昌洪山时重伤,自知命将绝,日夜危坐不寐,临终索纸笔书曰:"乱极时站得定,才是有用之学。"人生活在这个世界上,每个人都面临着两大课题:弥补自己精神世界的缺陷,弥补物质世界的缺陷。正确地认识自己,才能真实地把握自己行动的意义。很多时候,我们被虚无感、功利主义所困扰,细究起来,都与我们对"知止而后能定"重视不够有关。

二、"知止"而后为

汉代贾谊《鹏鸟赋》说:"乘流则逝兮,得坻则止。纵躯委命兮,不私与己。"顺利时出仁,遇挫时退隐,流行坎止,又何尝不需要智能和勇气。唐代魏征在《谏太宗十思疏》中说:"诚能见可欲则思知足以身戒,将有作则思知止以安人。"身居高位莫贪求,在无尽贪欲中克制自己的行为,知止方能安人,也可自安。

庄子最推崇"知止"的境界,他说:"吾生也有涯,而知也无涯,以有涯随无涯,殆矣。"用有涯的生命,永远不可能穷尽无涯的学海;以有限的人生,也不可能经历所有的荣誉和成功。

知止其实很简单,就是适时放手,珍惜今天的拥有。"巧者劳而知者忧,无能者无所求",少思寡欲可得自在自由,"饱食而遨游,泛若不系之舟"又何尝不是适意的人生。"知止",就是志有定向,妄念不萌,外念不摇,以泰然的心情,一步一步地去做事,不急于求成,不躁而偾事;在纷杂的外物、妖娆的尘世之中,求一颗安定之心。以"知止"为始,方能以"得"为终。

李嘉诚在与长江商学院 EMBA 学员对话中,就谈到了"止"的问题。他的观点是,"知止"而后为。他说:"经营企业'知止'两个字最重要。我从 12 岁就开始投身于社会,到 22 岁创业时就已经过了 10 年非常刻苦的日子,到今天我已工作 60 多年了。在香港我看过有些人成功得容易,但是掉下去也非常快,是什么原因呢?'知止'是非常重要的。全世界很多企业之所以失败,最少一半都是因为贪婪。"

隋代大儒文中子有《止学》一书响绝天下,他在书中提出"大智知止"、"以智止智"两个令人深思的观点,说明了成功人生的另一谋道。而有清代"中兴之臣"美誉的曾国藩曾说过:"止学乃人生行为之约束,忽略此学,智者必有一失。"在曾国藩的一生学问中,有四个醒目的大字"克己止学",令人豁然开朗,问题释然。

曾国藩说："人生之善止，可防危境出现，不因功名而贪欲，不因感极而求妄。"所以他常说："富贵常蹈危机"、"盛时须作衰时想"，是极富有人生大智慧的止学经验，这意味着由富而贫、由盛而衰是人人都要刻在心里的人生大课题。

"止"是聪明之举，可克服盲目和冲动，可克制失控和失手，解决你究竟"应该做什么"和"不应该做什么"的成败难题。曾国藩之所以功高名就又不惹人显眼而顺利一生，关键就在于：他时时以一个"止"字为行动之本，从反面考虑问题，绝不"越雷池一步"，表面更无张狂，该收住立即收住，把自己停止在一个安全的区域中，求得最大的人生保险。

在企业管理中，知止就是每个人都清楚地知道自己的职责边界。清华紫光公司组织了一次活动，让每个员工都来讲"我是谁"？有些员工讲得很好，知道自己是干什么的，把自己的定位一目了然。作为公司的老总要把自己的事业做得好，首先要给自己准确定位：第一，在我的客户前，永远要做到是他们的朋友，不要纯粹是商业化，一定要把合作方当做真正的朋友，只有有了朋友你才能走遍天下。我每一个项目完成我就能交一批朋友，不是每个项目都能拿到，但是我能交到朋友。这次没有拿到标，下次他会想到我，给我一个标。第二，在你的竞争对象方面，是对手，我一定要去竞争。第三，在公司以外我要牢记我只是公司普通的一员，你到什么地方你要代表你的公司。第四，你在公司员工面前，你一定要记得你是老总，你要引导他们，带领他们去创业，并承担最大的责任。

联想集团董事局主席柳传志认为：队伍建设中明确目标是一个很重要的方面。他说：首先是怎么能让你的兵愿意打仗。这里有两方面要做的，一个是物质方面的，就是你的激励机制；另一个是精神方面的，就是要给舞台。其次，怎么能让你的兵会打仗。培训，业务学习，复盘等都是好方法。联想就喜欢这样做，特别是复盘，就是总结，对过去的事情进行总结。第三点就是要让你的兵懂得协同作战，达到效率最高。带队伍重要的是要考虑执行力的问题。当企业要做大要发展时，要遵从拧螺丝原则。一个桌面和四条腿，固定时应该是四个螺丝，但拧的时候，不要使劲先拧一个，要这个拧俩圈，那个拧俩圈，心中要有数，向什么方向发展，达到何种目标。作为领导者，不仅自己要目标明确，还要根据企业的发展，在每个关键时刻提出简单明确的目标，让每一个员工了解企业的远景和近期目标，并身体力行。

美国一家咨询公司曾对员工工作效率高低的相关因素进行过专题调研。在研究中发现，员工在工作过程中最关心的问题共有 12 个，其中"我知道对我的工作要求吗？"和"公司的使命目标使我觉得我的工作重要吗？"两个问题受员工关注的程度最高。可见，每一位员工都想知道自己的工作对于整体目标的影响。领导者提出目标要慎重，要正视现实、实现理想。不正视现实，就是盲目。在提出目标时，要善于把复杂的问题简单化，一目了然。

第五节　知足知止，全身保性

《庄子·山木》篇中有这样一个小故事：有一天，庄周到雕陵果园游玩，看见一只怪异的鹊鸟从南方飞来。这鸟翅膀有七尺宽，眼睛直径有一寸长，它从庄周的头前擦过，停落在栗树林中。庄周说："这是什么鸟啊？翅膀大却不能远飞，眼睛大却目光迟钝？"于是他便提起衣裳快步追了过去，并握着弹弓准备射它。就在这时，一幕景象从他眼前掠过：一只躲在树荫下的蝉，只顾着美叶荫蔽，贪图舒适，而没有注意到在它身后有一只螳螂已举起臂膀要来捉它；而螳螂只顾着捕蝉，竟没有觉察到背后的鹊鸟正在窥伺着，准备趁机将它捕获；同样，鹊鸟为了贪利，也忽视了尾随它而来准备弹射而捕捉它的庄周。这一刹那，庄周忽然明白了一个道理：物类都是只顾眼前的利欲，而忽视了身后的祸害；人身之害，都是过分贪图所致。想到这里，他抛掉弹弓，掉头就走。管果园的人看见了，以为他要偷栗子，就追赶着大声责骂他。

庄周回家后，接连三天都不愉快。学生蔺且问他为什么，他说："我只顾和外物接触，竟忘掉了自己所处的环境。我曾听老子说过：'到哪个地方，就要守哪个地方的风俗习惯。'前日我到雕陵玩，忘了身处的环境，追着一只怪鹊到栗林里，没想到竟受到管理员的侮辱，他把我当成了小偷，所以我感到很不愉快。"

这个故事想要说明的道理,就是为人处世要"知足"、"知止",不可助长自己的感性欲望。而"知足""知止"则正是《道德经》书中反复强调的人生哲理。

一、祸莫大于不知足,咎莫大于欲得

老子说:"知足不辱,知止不殆。"他告诫人们要懂得荣辱的分寸。知道满足就不会受辱;知道适可而止,就不会遭遇大的失败。老子又说,"祸莫大于不知足,咎莫大于欲得"。不知足是最大的祸患,贪得无厌是苦恼最大的根源。把钱财物视为荣辱标准的人,会越有越想有,越有欲望越大,欲望太盛就会生出邪念,由爱财而贪财,为拥有更多的财产而巧取豪夺,不择手段。

北宋徽宗时,蔡京擅政,他本是少年得志,前途无量。但他贪得无厌,干尽了坏事,民怨沸腾。1125 年 12 月,徽宗赵佶传位于太子赵桓,赵桓即位是为宋钦宗。太学生陈东等上书请诛"六贼",说"六贼异名同罪",蔡京即为"六贼"之首。被贬后,蔡京在流放途中病死于潭州的一座破庙里。临死赋诗感言,"八十一年往事,三千里外无家;孤身骨肉各天涯,遥望神州泪下。金殿五曾拜相,玉堂十度宣麻;追思往日谩繁华,到此翻成梦话。"奸相蔡京忘了"知足不辱,知止不殆"的道理,反思后悔已晚矣!

胡雪岩一生赚了很多钱,成为富可敌国的红顶商人。但他在人生的最后阶段,仍然是在贫困中离开人世的。胡雪岩在攀登他人生的顶峰时,无论是他的母亲、王有龄,还是左宗棠,都曾经劝说他发迹后应该小心谨慎。然而,事业越来越顺后,他的胃口也越来越大,完全忘记了"慎终如始"福祸所依的道理。

胡雪岩 59 岁时,为打破洋人对蚕丝市场的垄断,高价收购了大量的蚕丝,由于没摸准市场,蚕丝大量积压。与此同时,汇丰银行所贷 400 万两银子的巨款快要到期,因为是代表清政府借的,所以必须按时还钱。可是与左宗棠矛盾甚深的李鸿章,交代上海的官员拒绝对胡雪岩资金支持,造成胡雪岩的钱庄周转不灵。此外胡雪岩代表清政府向外国银行贷款时,曾在利息上作过手脚,恰在此时,多报利息的事情被人揭发出来,慈禧太后得知胡雪岩收受回扣后大怒。三方面的压力接踵而来,把胡雪岩逼入了困境。消息传出,人心惶惶,纷纷到上海阜康钱庄挤兑,各地的阜康钱庄也相继发生了同样的问题。这样的

打击,胡雪岩无法承受,毕生积累的万贯家财,顷刻间烟消云散。胡雪岩只读过两年私塾,8 岁就替别人放牛,13 岁到杂粮店当学徒,27 岁就成了阜康钱庄的老板,40 岁被称为杭州城里的活财神,55 岁已经是富可敌国,然而,仅仅三四年的时间他就破产了。

胡雪岩的一生,有令人羡慕的巨大成功,也有令人痛惜的惨重失败,那么,我们从胡雪岩的一生中能够得到哪些启示呢? 它告诉人们"知足不辱,知止不殆"道理的重要,成功者更要以此为戒。

唐朝时期,王毛仲是唐玄宗李隆基的心腹,本是玄宗身边的一个奴才,因为扶助登基有功,玄宗对他极为倚重,每次设宴时,都让他与诸王一起坐在最前排,两人名为君臣,实际就像是兄弟。一段时间不见,必然召入宫中相见,然而,这么铁的关系,也出现了矛盾,原因就在于王毛仲伸手要官。王毛仲的官本来不小,因为屡立功勋,玄宗授予他左武卫大将军,进封霍国公,后又加开府仪同三司。

开元十八年年底,王毛仲的小老婆给他生了个儿子,过"三日"时,玄宗派高力士送去丰厚的金帛、酒馔等物,还授予他刚出生的儿子五品官,以常人的眼光看,皇帝送上如此大礼,王毛仲应该感恩戴德,磕头谢恩,可他竟然抱着襁褓中的婴儿很不高兴地说:"这孩子难道就不配当三品官吗?"高力士回来一汇报,玄宗立刻就生气了,真是个不知道感恩的奴才。王毛仲的命运由此走到了一个分水岭,为消除后顾之忧,玄宗下诏贬王毛仲为濠州别驾,随后在就任的路上,派人把他给勒死了。

知足与不知足,就在于一字之差,但却有千攘之别。倘若王毛仲知足,理解自己仅是皇帝的一个奴才,是帝王的看重并提携,才有今天的地位和现在的荣华富贵,相反的是,王毛仲却不知足,一而再,再而三地要官,却不知感恩戴德,不知道珍惜拥有的,不满足于自己的官位和地位,一味地贪婪,最终给自己带来不幸。

当今社会上,一些人位高权重,由国家供着养着,可仍不满足于这些,私欲膨胀,贪欲横生,不知足而走向犯罪深渊。胡长清不满足于自己行贿受贿拥有的几百万财产,贪欲膨胀,最后东窗事发,成为新中国成立以来别级最高的腐败分子。河南交通厅厅长石发亮先后 23 次收受贿赂款、物合计人民币

1497.423万元、美元48万元、港币35万元，以受贿罪被判处无期徒刑。不知足，其实质在于一个贪字。司马迁在《史记》中说："欲而不知止，失其所以欲；有而不知足，失其所以有。"这些告诫已为古往今来无数的事实所证实。由不知足的心理作用，必然演变贪欲私欲的滋生和膨胀。

二、知足知止，影响深远

"知足不辱，知止不殆"。老子的这一处世哲学，对后世士人产生了广泛而深刻的影响，从一个侧面塑造了中国古代知识分子的文化性格。

强调少私寡欲，知足知止，可以说已经成为古代士人相当普遍的心理素质。西汉宣帝时人疏广与其侄儿疏受同做太子师傅，广为太傅，受为少傅，荣耀之至。太子长至十二岁时，学业已大有长进。有一天，疏广私下对疏受说："吾闻知足不辱，知止不殆；功遂身退，天之道也。今仕官至二千石，宦成名立，如此不去，惧有后悔。岂如父子相随出关，归老故乡，以寿命终，不亦善乎！"疏受听了，连连点头称是。于是，叔侄俩便在当天向朝廷上书告病，移居宫外。三个月后，宣帝召他们复职。疏广等再次上疏，称年迈多病，恳切要求告老还乡。皇上见他们去意已决，就批准了，并赏赐了他们很多黄金。

元康四年（公元前62年），叔侄俩回到故乡后，叔侄俩登上故居旁边的土台子，将皇上、皇太子赏赐的黄金大部分散发给了贫苦乡邻，并每日在家中设宴，请族人故旧宾客与相娱乐。这样过了一年有余，疏广的子孙沉不住气了，暗地托和疏广最亲近的同族老人前去说情。此人劝告疏广说："你的子孙如今已到成家立业的年龄，你应该节省点，为子孙们购置点田地房产才是，千万别坐吃山空呀。"疏广听了，沉思良久，意味深长地说："我并不是真的糊涂到不念及子孙，但我家已有薄产，子孙们只要勤力耕作，已足自存，若添置产业，不但无益，反恐有害。子孙不贤，反致骄奢淫逸，自召危亡。自古以来，蕴利生孽，为什么要留下金子，贻祸子孙呢？这些黄金都是皇帝赏赐给我养老的，吝惜它们做什么呢？"疏广是深通老子之学的。他不仅知足知止，急流勇退，而且深知老子关于"去甚、去奢、去泰"，"益生曰祥"的教诲。疏广不给子孙们留下过多的财富，即是怕后世子孙太甚、太奢，最后招致怨祸。

北齐黄门侍郎颜之推，从小受儒家思想的熏陶，并终生服膺儒学，但从他

166

的《颜氏家训》中,也可以清晰地看出《道德经》的影响。颜之推认为,大自然的法则,都是憎恶满溢的,谦虚淡泊,少欲知足,可以免除祸患;人生在世,衣服只要能够御寒,饮食只要能够充饥,也就行了,秦皇汉武因为不知满足,到头来都遭到了败损;为人应该懂得"全身保性"的道理,要时刻提防有祸患加于身。他一再强调不要"贪欲以伤生","以贪溺取祸"。这和《道德经》中讲的"益生曰祥","祸莫大于不知足,咎莫大于欲得"何其相似!不仅如此,颜氏在思维方法上都承袭了《道德经》。《道德经》讲少私寡欲,首先将其归之于天地的品格,说天地所以能长且久者,是因为天地无私,所以才能长久生存,即"以其不自生,故能长生";而颜氏主张"少欲知足"也首先归之于天地自然的法则,然后要人们去仿效,强调"少欲知足"是"天地鬼神之道"。

明代小说《警世通言》中有一则"赵春儿重旺曹家庄"的故事。穷监生曹可成以钱谋官,官至广东潮州府通判。正在官运亨通之时,妓女出身的妻子赵春儿劝他说:"当初坟堂中教授村童,衣不蔽体,食不充口。今日三任为牧民官,位至六品大夫,太学生至此足矣。常言'知足不辱',官人应急流勇退,为山林娱老之计。"可成听从妇人之言,托病辞官,衣锦还乡,终其天年。"知足不辱"出自妇人之口,更可见这一思想影响之广泛;曹可成不假思索便接受了妻子的劝言,说明"知足不辱"完全符合这位士大夫的文化心理。

四通总裁知名企业家段永基说:一个企业犯错误就是在有钱的时候犯的,而且成功的经验基本是编出来的,只有失败的教训才是真切的。企业家必须牢记"祸兮,福之所倚;福兮,祸之所伏"的警句。在事业发展非常顺利时,当然是好事,但不要忘了"高处不胜寒",不管在什么时候,都要把握一个高度,懂得直上云霄,也要循序渐进,稳中盘旋和上升。飞得高,眼前一片空旷,以为没有障碍了,就容易忘其所以,一旦遇到困难和危险,往往就会摔得更重,反而由"福"变"祸"。反之,企业不景气,面临危机,似乎是"祸"。然而,在这种情况下,企业领导人冷静下来,进行反思,才会真正发现自己在经营管理上的毛病,并下决心去加以整顿、改革,使企业出现转机。这样,这个"祸"又变成了"福"。《红楼梦》中有"赤条条来去无牵挂"这样的话,就是劝人淡泊处世,不要过分顾及世俗之荣辱,该止则止。

知足不辱是说任何事物都有一个发展极限,超过这个极限时,事物就会向着坏的方向发展。人们要清醒地认识自己的言行举止,不要让事情向着坏的方向发展;知止不殆是说要知道适可而止,不能贪得无厌,不能在欲望面前迷失自我。老子的"知足不辱,知止不殆"是要人们明白,灾祸莫过于不知道满足的,罪过莫过于贪得无厌的。清醒地认识自身的条件,顺应事物发展的本身规律,就能以平和的心态去对待不顺心、不如意的事,这也是一种修养、一种境界。"知足"是一种心态,而"知止"则是一种德行和智慧。

第六章

顺其自然

　　"自然"这一概念,在《道德经》一书中仅仅出现5次,却是全书的一个中心范畴,是全书立论的一个重要基石。第十七章:"功成事遂,百姓皆谓我自然。"事情都办成了,老百姓说,那是我们自己干的呀。第二十三章:"希言自然"。少说话少折腾少生硬干涉才符合大道自然运行的规律,也才留下了大道自行运动的最好的空间。第二十五章:"人法地,地法天,天法道,道法自然。"人要按照地的法则做人行事,地要按照天的法则为地,天要按照道的法则为天,而道呢,它遵循的或实行的是自然而然的运作法则。第五十一章:"道之尊,德之贵,夫莫之命而常自然。"大道的尊崇,大德的珍贵,都不是人为的规定而是自然而然的结果,同样大道与大德也不干预万物,而是尊重他们自己的运动。第六十四章:"以辅万物之自然,而不敢为。"圣人希望的是万物自行演化发展,而自己不要轻举妄为。这里所说的"自然",不是指客观的自然界,也不是指具体存在的东西,而是指自然而然、自己如此的一种状态。老子提出"自然"这一观念,目的在于消除外界力量的阻碍,排除外在意志的干扰,主张对待任何事物,都应该顺应它本身的内在规律去运行。

第一节　道与自然

　　自然的含义,具体来说又包括两层意思。其一,"万物以自然为性"。也就是说,万物所遵循的是其内在的自然本性。顺应自然,就可以得到生存和发展;违反自然,就要遭到自然规律的惩罚。所以,不仅"道"要师法"自然",而且天、地、人都要师法"自然"。其二,"辅万物之自然"。也就是说,人类作为具有自觉意志和意识,能够支配自己行动的行为主体,并非是自然的主宰,只能是处于辅助的地位,只能是对自然加以认识和利用。同时又要认识到,"以辅万物之自然",是要人的意志和意识切中外在现象之物,并不是要否认人的意志和意识的能动作用。

一、道的自然法则

《道德经》第二十三章:"希言自然。故飘风不终朝,骤雨不终日。孰为此者? 天地。天地尚不能久,而况于人乎?"少说话,才合乎自己如此的状态。所以狂风不会持续吹一个早上,暴风雨不会持续下一整天。是谁造成这样的现象呢? 是天地。连天地的特殊运作都不能持久,何况人呢?

"希言"是少说话。很多话保留不说,不但对别人没有损失,说不定还可以减少困扰。西方有一句民谚:"话说得愈多,误会愈深。"不说话反而没有误会。最后的辩论是沉默,一句话也不说,反而口才过人。口若悬河,话如流水,有时比不上沉默的力量。有个小故事说,某个老太太一天到晚不说话,别人问她为什么,老太太回答说:"我小时候就知道一件事情,一个人活在世界上说的话有个限度,把话全部说完就死了"

"骤雨不终日",就气象学上而言是有道理的。从成云和下雨的长久与暂时性关系来说,"骤雨"来得快去得快。突然下雨也会突然停雨,它主要发生在对流层不稳定的大气中。常出现在积云、积雨云、卷积云等积状云层中。积云像大朵花椰菜。除非云团开始累积,大致都是好天气;卷积云如果云层逐渐降低并且增厚,将转为坏天气;会产生大雨甚至豪雨的是积雨云。但是积雨云下雨都不会下太久,所以才会有"骤雨不终日"的现象。

任何的狂风暴雨都不会持久,然而狂风暴雨的可怕,是因为它的狂与暴。凡是狂暴的事物都处在它的巅峰状态,一旦处于高峰,接下来的即是下落。《易经·乾卦·上九·象》说:"亢龙有悔,盈不可久也。"说的就是这个道理。

从心理方面来看,狂暴者也不能持久,当一个人只剩下咆哮一途时,很可能是他束手无策,恼羞成怒了。希腊智者柏拉图是出了名的惧内,这位最伟大的哲学家有一位最不讲理、动辄河东狮吼的老婆。一日,柏拉图正与弟子谈论高深的学术,突然他的老婆跑来,神威发作,对着柏拉图指指点点,弟子们吓得大气不敢出,而柏拉图倒是耐心地听着老婆的教训,嘴角还挂着一丝微笑。等老婆骂够了,又一阵风似地离去。弟子同情地问柏拉图为何不怕这样的怒骂?柏拉图智慧地说:"这就是我常说的狂风暴雨不会长久。"所以,他能在这位河东狮吼面前镇定自如。

《周易. 乾卦》"终日乾乾,反复,道也。"南怀瑾先生为我们解读了这句话,他说:"这是《周易》告诉我们的因果的道理,怎样过去,就怎样回来,地球物理一样,从太空中就看到,一件东西出去,经一个圆圈就又回到原位。'终日乾乾',就是教我们得意了,上了台要特别小心,因为反复,有得意就有失意,有上台就有下台,有好处就有坏处,一反一复,'道也',是自然法则,必然的,逃不了的。所以,做人还是莫要得意猖狂,凡事小心谨慎为妙。"

道格拉斯. 麦克阿瑟是美国著名的五星上将之一。麦克阿瑟的一生充满了传奇色彩,50 岁的时候,成为了美国陆军历史上最年轻的参谋长,在第二次世界大战期间任西南太平洋战区盟国武装部队总司令;"二战"结束后任美国远东部队司令官;美国侵朝时期任"联合国军"总司令。但是,1951 年 4 月 11 日,麦克阿瑟五十二年的军旅生涯在鼎盛时期戛然而止。这一天。美国总统杜鲁门发表声明:"我深表遗憾的宣布,陆军五星上将道格拉斯. 麦克阿瑟已不能在涉及他所担任职责的问题上全心全意地支持美国政府和联合国政策。根据美国宪法赋予我的特殊责任和联合国赋予我的责任,我决定变更远东地区的指挥。因此,我解除麦克阿瑟将军的指挥权,并任命马修. 李奇微中将为他的继任者……"

杜鲁门总统做出的这一决定源于麦克阿瑟长期桀骜不驯,且对任何关于国家甚至国际的大事都敢"口吐狂言"。朝鲜战争爆发后,麦克阿瑟与决策层最初出现分歧并非因朝鲜问题,而是由美国的对台政策引起的。美国政府认为,蒋介石政府已经丧失了民众的支持,美国对蒋的援助不仅会疏远中国大陆群众,还会在亚洲各国激起强烈的反美、反西方的情绪。在白宫看来,若派遣国民党军队参加朝鲜作战。其所需费用"还不如用来支持我们自己的军队更合算些"。因此,美国政府决定,与台湾的关系不能太密切。

但是,政府的决定却遭到以麦克阿瑟将军为首的美国军界的反对。麦克阿瑟要求政府的政策能"更坚决地"支持中国国民党,"更积极地"反对中国共产党。1950年7月21日,麦克阿瑟访问台湾。返回东京后,他发表声明称,如果台湾受到中共的夹击,美国与台湾的"有效合作"就能马上完成部署。8月1日,蒋介石发表公报,称他和麦的会谈已经奠定了共同保卫台湾和"中美军事合作的基础"。对于麦克阿瑟的声明,且不去评价其对与错,单就麦克阿瑟的身份来说就是"越位"。

这两个声明、公报引起了华盛顿的不安,杜鲁门总统8月4日在与国防部长约翰逊名义发出的信件中用严厉的措辞对麦克阿瑟提出了警告。但是,麦克阿瑟对这一警告置若罔闻。然而,麦克阿瑟在朝鲜战场上一败涂地,又狂热的鼓吹扩大战争;他自行其是,无视参谋长联席会议和总统的权威,在世界舆论面前,屡屡陷美国政府于被动。这使得杜鲁门忍无可忍,最终采取了解除麦克阿瑟职务的行动。

一个声威显赫的传奇将军就这样黯然地被解除了职务,留给人们的感慨和思索实在太多了。所以,即使你声名远播,即使你功勋卓著,即使你业绩骄人,即使你如日中天,你也不必目中无人、不可一世,而应谨言慎行、低调做人。盲目地自骄自负,不切实际地固执己见,就注定要以惨败而告终,此乃世事只必然、人生之警策。

二、道法自然

《道德经》第二十五章:"故道大、天大、地大、人亦大。域中有四大,而人居其一焉。人法地,地法天,天法道,道法自然。"所以,道是大的,天是大的,地是大的,人也是大的。存在界有四种大,而人是其中之一。人所取法的是地,地所取法的是天,天所取法的是道,道所取法的是自己如此的状态。

这段话非常深刻。老子首先提出四种"大",大代表人无法想象,无法用理智或感觉去把握;道是大的,天、地是大的,这里的"人大",来自于人有一种内在的潜能,可以提升到领悟"道"的程度,这种智慧的力量是大的。这种"大"是大得不是你用感觉或理性所能掌握的。正如《庄子》开篇就写了一个大鹏鸟的寓言,说:"鲲之大,不知其几千里也。化而为鸟,其名为鹏。鹏之背,不知其几千里也。怒而飞,其翼若垂天之云。"庄子为什么这样写?就是要让这只鸟"大"到你不能想象。人能够思考想象的东西都是有限的,"道"却是超越言说之外,超越你的思考想象之外不可思议的东西。

接下来四句话大致可以这么理解。首先,人法地。人活在地上,地上生长五谷蔬菜、水果等物产,人要按照"地"所提供的生存条件活下去。俗话说"靠山吃山,靠海吃海",住在山上,就从山里取得各种生活资源;住在海边,就从海里获得生存资源;人活在地球的任何一个地方,都要从周围地理环境所给予的生存条件中取法,才能活下去,这就是"人法地"。接着,地法天。地指地理,天指天时,也就是春夏秋冬。地上万物的生发和成长,要靠春夏秋冬来配合,靠季节及风、雨、雷、电的相互配合,风调雨顺,才能够自然生长。一个地方如果雨水多,草木就茂盛;雨水少,就变成沙漠。这叫做地理环境受到天时的影响。至于"天法道",因为天时也有规则,天也需要来源。"道"的解释之一就是规则。

道法自然就是顺应规律。有位建筑师设计了位于绿地四周的办公楼群。竣工后,园林管理部门的人问他人行道该铺在哪里,"把大楼之间的空地全种上草。"建筑师回答。夏天过后,在楼间的草地上踩出了许多小路,优雅自然,走的人多就宽,走的人少就窄。秋天,这位建筑师让人沿着这些踩出来的痕迹铺设人行道。这是从未有过的优美设计,和谐自然地满足了行人的需要。顺其自然,可以使事情变得容易,而且又符合自然规律。学会顺应规律,就会得心应手,一路坦途。

有个叫做郭橐驼的人,他植树的本领特别高强,经由他手栽种的树,全都成活了下来,还长得枝繁叶茂,结的果实也又多又早。于是大家就恳求郭橐驼介绍一下他植树的经验。郭橐驼想了想,就说:"其实也没有什么特别的诀窍,我只是随树木自己的生长规律让它发展而已。一般说来呢,移植树木的时候,要注意四个方面:树根要舒展开来;培土要尽量均匀;原土不能去掉,要保存下来;筑土则要紧密。照这样做了以后,就不用再老记挂着它、经常去动它,只管离开就可以了。总而言之,栽培树木时要像照顾婴儿一般精心,栽好以后要置之不理。只有这样,树木的生长规律才不会受到破坏,它的本来习性也可以得到充分的发展。"

　　请教郭橐驼的人又问他说:"依您的看法,种树的道理和当官治民有相通的地方吗?"郭橐驼说:"我只懂得怎么种树,可不会当官治民。不过我住在乡间,看到老爷们总是喜欢对老百姓发号施令,似乎是很爱惜人民,动不动就派人督促百姓们耕种啦、收割啦、抽丝啦、织布啦,还有养鸡养猪什么的。今天打鼓叫人家集合,明天敲梆子叫人家聚拢,百姓们穷于应付,疲于招待,连吃饭的时间都快没有了,还怎么有精力去搞好生产呢? 这样看起来,当官治民也确实和栽种树木有很多相类似的地方啊!"植树经和当官治民的原则共同说明了一个道理,不仅要从外部尽量维护事物,更重要的,还是不能违反事物发展的自然规律。庖丁为梁惠王宰牛。手所触的时候,肩倚的时候,脚踩的时候,膝顶的时候,那声音十分和谐,就跟美妙的音乐一样,合于尧时的《经首》旋律;那动作也很有节奏,就像优美的《桑林》舞蹈。梁惠王看得出了神,称赞说:"哈,好啊!你的技术是怎么达到这样高超的地步的呢?"

　　庖丁放下刀对梁惠王说:"我喜欢探求的是道,比一般的技术又进了一步。我开始解剖牛的时候,看到的无非是一头整牛,不知道牛身体的内部结构,不知道从什么地方下手。三年以后,我眼前出现的是牛的骨缝空隙,就不再是一头整牛。到了今天,我宰牛就全凭感觉了,不需要再用眼睛看来看去,就能知道刀应该怎么运作。牛的肌体组织结构都是有一定规律的,我进刀的地方都是肌肉和筋骨的缝隙,从不碰牛的骨头,更不用说碰大骨头了。技术高明的厨师,一年换一把刀,因为他是用刀割。一般的厨师,一个月就更换一把刀,因为他是用刀砍。而我宰牛的这把刀,已经用了 19 年;所宰的牛,已经有几千头,然而刀口锋利得仍然像刚在磨石上磨过的一样。这是为什么呢? 就因为牛的肌体组织结构之间有空隙,而刀口与这些空隙比起来,薄得好像一点厚度也没有。用没有厚度的刀在有空隙的肌体组织间运行,当然绰绰有余啰! 所以 19 年过去,我的刀还跟新的一样。虽然我的技术已达到了这种程度,但我在解剖牛的时候,还是丝毫不敢马虎,总是小心翼翼,心神专注,进刀时不匆忙,用力时不过猛,牛体迎刃而解,牛肉就像一摊泥土一样从骨架上滑落到地上。这时,我才松下一口气来,提刀站立,顾视一下四周,心满意足地把刀揩拭干净,收藏起来。"世间一切事物,都有它自身的规律,掌握了事物的规律,办事就可以得心应手。

第二节 顺其自然

顺其自然是一种最为美好的生存方式。"安时而处顺。"活着的时候,把握现在,现在就是价值,要回去的时候,很自然地回去了。所以,一切环境的变化、身心的变化都没关系,那是自然本来的变化。所以,要顺其自然。如果懂了这个道理,"哀乐不能入也"。所以喜怒哀乐没有什么,情绪都不动;情绪不动不是灰心,是自然就空了。高兴笑就笑一下,笑完了也算了,要哭就哭一场,哭完了也算了,"哀乐不入于心"。

一、顺应命运,随遇而安

庄子说:"穷亦乐,通亦乐。"所谓穷,是指不顺利;通是指顺利。庄子认为,凡事顺应境遇,不去强求,才能过上自由安乐的生活。这是一种顺应命运、随遇而安的人生态度。无论顺境或是逆境,人都应该保持一种乐观的生活态度。

能够安于时代潮流,遵循自然法则的人,悲哀和欢乐就不会占据他的内心。这是一种自然的生活方式。庄子认为这种生活方式就是道,而这个道理是很难懂的。南怀瑾先生认为,佛家禅宗所讲的悟,也就是悟的这个道理,要看通人生。有一些人为了出人头地,达到自己的目标,往往不顾一切,拼命去争取。而一旦遭到挫折或打击,往往会意志消沉,一蹶不振。

《庄子》中讲了一个寓言故事。古时有一位贤者叫许由,尧帝仰慕其名,想将天下让给他。许由对尧帝说:"鹪巢于深林不过一枝。"说完便离去隐居了。这句话的意思是说,凡事不必多,只要具有一个够维持正常生活的环境就可以了。

《庄子》有一句话叫"寿则多辱"。讲的是:古时尧帝到华地视察,当地的官员为尧祈福说:"希望你能够获得很多男孩,获得丰厚的财富。"但是,尧帝拒接接受这种祝福,他对官员们说:"男孩子多了,操心的事就会接连不断出现。钱财丰厚了,麻烦的事就会多起来了。"

所以,人不要为欲望所驱使,做欲望的奴隶而不能自拔。安分便能得到安宁。洪自成在其《菜根谭》中指出："人生俭省一分,便超脱一分。"在人生旅程中,如果什么事都俭省一些,便能超越尘世的羁绊。一旦超脱尘世,精神就会空灵。简言之,即一个人不要太贪心。洪自成接着说:"比如,减少交际应酬,可以避免不必要的额纠纷;减少口舌,可以少受责难;减少判断,可以减轻心理负担;减少智慧,可以保全本真;不去俭省而一味增加的人,可谓作茧自缚。"

人们无论做什么事,均有不得不增加的倾向。其实,只要俭省某些部分,大都能收到意想不到的效果,倘若这里也想插一手,那里也想兼顾,就不得不动脑筋,过度的使用智慧。所以,只要凡事稍微俭省些,便能回复本来的人性,即"返璞归真"。

《呻吟语》的作者吕新吾也说过:"福莫大于无祸,祸莫大于求福。"意即没有不幸的灾祸降临,就是最大的幸福。一天到晚四处钻营的人,比任何人都更加不幸。所以,人生不要总想着抓住什么,不要被外物所困扰,多一些顺其自然之心,可能会有更多的惊喜。

有三只毛毛虫想要过河去采花蜜。一只说,我们必须先找到桥,然后从桥上爬过去。一只说,我们还是造一条船,从水上漂过去吧。一只说,我们走了那么多路,已经疲惫不堪了,现在应该静下来休息两天。另外两只很诧异:休息?简直是笑话!没看对岸花丛中的蜜都快被喝光了吗?说着,那两只毛毛虫就各自忙碌起来。剩下的一只爬上最高的一棵树,找了片叶子躺下来了。

不知过了多久,一觉醒来,它发现自己变成了一只美丽的蝴蝶。它仅扇动了几下,就飞过了河。此时对岸的花开得正艳,每个花苞里都有香甜的蜜。它很想找到那两个伙伴,可是飞遍所有的花丛都没有找到,因为它的伙伴一个累死在路上,一个被河水淹没了。

我们整日在这个竞争激烈的社会中辛苦打拼,常常被累得疲惫不堪、遍体鳞伤。其实,顺其自然是一种生存方式,而且是最为美好的。

三伏天,禅院的草地枯黄了一大片。

"快撒点草籽吧,好难看哪!"小和尚说。"等天凉了。"师父挥挥手,"随时!"中秋,师父买了一包草籽,叫小和尚去播种。秋风起,草籽边撒边飘。"不好了!好多草籽都被吹飞了。"小和尚喊。"没关系,吹走的多半是空的,撒下去的也发不了芽。"师父说:"随性!"撒完草籽,跟着就飞来几只小鸟啄食。"要命了！草籽都被鸟吃了！"小和尚急得跳脚。"没关系，草籽多，吃不完！"师父说："随遇！"半夜一阵骤雨，一大早小和尚冲进禅房："师父！这下真完了！好多草籽被雨冲走了！""冲到哪儿，就在哪儿发芽！"师父说："随缘！"半个多月过去了，原本光秃秃的地面居然长出许多青翠的草苗，一些原来没有播种的角落也泛出了绿意。小和尚高兴得直拍手。师父点点头："随喜！"

这位师父凡事顺其自然，不去刻意去追求，是一位对人生理解透彻的人。当古代士人在宦海沉浮中苦苦挣扎时，便情不自禁地利用道家的清静无为、顺应自然观念来慰藉自己的情怀。"诗仙"李白早年既有大志，年轻时漫游各地，结交名士权贵，希望得到引荐。后来虽然供奉翰林，但因"不肯摧眉折腰事权贵"，最终弃官而去，仍旧过起了漂泊四方的生活。他在各地漫游的时候，写下了大量流传于后世的精美诗篇，将其飘逸放旷的性格和乐观向上的精神状态自然地表现了出来。如果仍然束缚于仕途之中，显然是不会写出那么多豪放雄阔的诗歌的。顺应自然，不去刻意地追逐某些东西，不是让人悲观厌世，而是让人在对自然深刻把握的基础上，能够随遇而安，能够乐天知命。

其实，保持顺其自然的心态，你会发现意想不到的美好出现，不是随波逐流，而是在等待中通过努力，让最好的策略自动展现在自己面前。

世界建筑大师格罗培斯设计的迪斯尼乐园，经过三年的精心施工，马上就要对外开放了。然而，各景点之间的路该怎样联络还没有具体的方案。施工部打电报给正在法国参加庆典的格罗培斯，请他赶快定稿，以期按计划竣工和开放。

格罗培斯是美国哈佛建筑学院的院长、现代主义大师和景观方面的专家，他从事建筑研究四十多年，攻克过无数建筑方面的难题，在世界各地留下了70多处精美的杰作。然而，建筑学中最微不足道的一点——路径设计，却让他大伤脑筋。对迪斯尼乐园各景点之间的道路安排，他已经修改了50多次，没有一次是让他满意的。

接到催促电报，他心里更加焦躁。巴黎的庆典一结束，他就让司机驾车带他去了地中海滨。他想清理一下思绪，争取在回国前把方案定下来。汽车在法国南部的乡间公路上奔驰，这儿是法国著名的葡萄产区，漫山遍野，到处是当地居民的葡萄园。一路上，他看到无数的葡萄园主把葡萄摘下来，提到路边,向过往的车辆的行人吆喝,人儿很少有停车的。可是,当他的车子拐入一个小山谷时,发现那儿停满了车。原来这儿是一个无人葡萄园,你只要在路边的箱子里投入五法郎,就可以摘一篮葡萄上路。据说,这是一位老太太的葡萄园,她因年迈无力料理而想出了这个办法。起初,她还担心这个办法是否能卖出葡萄,谁知在这绵延上百公里的葡萄产区,总是她的葡萄最先卖完。她这种给人自由、任其选择的做法让大师深受启发。他下车摘了一篮葡萄,就让司机调转车头,立刻返回巴黎。

回到住地,他给施工部拍了封电报:撒上草种,提前开放。施工部按他的要求在乐园撒上草种。没多久,小草出来了,整个乐园的空地被绿荫所覆盖。在迪斯尼乐园提前开放的半年里,草地被踩出许多小径,这些踩出的路径有宽有窄,优雅自然。第二年,格罗培斯让施工部按这些才出的额痕迹铺设了人行道。1971 年在伦敦国际园林建筑研讨会上,迪斯尼乐园的路径设计被评为世界最佳设计。

庄子发现,在自然世界每个人是独特的,但个体生命又"群于人",所以个体与群体都会遇到各种各样的难题,都可能遇到不知道怎么办的时候、无所适从的时候,与其随便的乱做一个决定,不如选择顺其自然,顺其自然也许是最佳选择、聪明之举。

二、顺其自然就是宠辱不惊

从前,有位樵夫生性愚钝。有一天,他上山砍柴,不经意间看见一只从未见过的动物。于是,他就上前问道:"你是谁呀?"那动物开口说:"我叫'领悟'。"樵夫心想:我现在就是缺少领悟啊,应该把它捉回去呀!这时,'领悟'就说:"你现在想捉我吗?"樵夫吓了一跳,心说:我心里想的事它都知道,那么,我不妨装出一副不在意的模样,趁它不注意时赶紧捉住它。结果,"领悟"又对他说:"你现在又想假装成不在意的模样来骗我,等我不注意时,好将我捉住。"樵夫的心事都被"领悟"看穿,所以很生气,不禁愤愤地自言自语:真是可恶,为什么它都能知道我在想什么呢?谁知,这种想法马上又被"领悟"发现。它又开口了:"你因为没有捉住我而生气吧!"于是,樵夫从内心开始检讨:我心中所想的事,好像反映在镜子里一般,完全被"领悟"看穿。我应该把它忘记,专心砍柴。樵夫想到这里,就挥起斧头,用心地砍柴。一不小心,斧头掉下来了,却意外地压在"领悟"上面,"领悟"立刻被樵夫捉住了。

学会顺其自然。当一个人努力奋斗的时候,往往会越想把事情做好,越想达到自己的目标,却又往往越得不到自己想要的结果。这主要的原因就是我们经常违背了客观规律,没有按照事物的必然属性去做事。所以,我们一定要学会按照客观规律去做事,懂得瓜熟蒂落、水到渠成的道理。

普希金曾说:"假如生活欺骗了你,不要悲伤,不要心急!忧郁的日子里需要镇静;相信吧,快乐的日子将会来临。"不去强求什么结果,凡事坦然、淡泊,以诗意的心去感受生活,慢慢地学会淡定自若地笑看潮起潮落,亦会发现"沉舟侧畔千帆过,病树前头万木春"!人类如此,自然界也是这样。而且,世界上许多事情其实很简单。

美国铁路标准委员会规定:两条铁轨之间的标准距离是 4 英尺 8.5 英寸,这是一个很奇怪的标准,究竟是从何而来的呢?美国为此成立了专家委员会调查此事,他们发现,原来这是英国的铁路标准,而美国的铁路原先是由英国人设计建造的。为什么英国人用这个标准呢?经过多方查证,原来英国的铁路是由建电车轨道的人所设计的,而这个 4 英尺 8.5 英寸正是电车所用的标准。那么电车的铁轨标准又是从哪里来的呢?原来最先造电车的人以前是设计马车的,而他们是沿用马车的轮宽标准。那么马车为什么一定要用这个轮距标准呢?因为如果那时候的马车用任何其他轮距的话,马车的轮子很快会在英国的老路凹陷的路辙上撞环的。因为这些路上的辙迹的宽度是 4 英尺 8.5 英寸。这些辙迹为什么会出现在英国的老路上?答案是古罗马人定的,因为在欧洲许多国家,包括英国的长途老路都是由罗马人为他们强大的的军队所铺的,4 英尺 8.5 英寸正是罗马战车的宽度。制造马车的人发现,如果任何人用不同的轮宽在这些路上行车的话,他的轮子的寿命都不会长。那么,罗马人为什么以 4 英尺 8.5 英寸为战车的轮距宽度呢?原来这个宽度正好是战车的两匹马屁股的宽度。

顺其自然,是生态的原始规律,是一种和谐的美丽。如果人生在世处处不得意,那么就要用顺其自然来告诫自己,保持一种平静的心态,否则物极必反。很多事如果顺其自然,你会发现你的内心会渐渐清朗,思想也会减轻许多负担。当然,顺其自然并非是不追求、消极的等待、听从命运的摆布、放过机遇,更不是屈服与低头。更准确地说,顺其自然是不强迫、不逼迫、不压迫,是一份乐观、一份自信、一份超然。

顺其自然就是宠辱不惊。荣辱观是人生观的重要体现。在荣辱问题上,能做到"宠辱不惊、去留无意",这才叫潇洒自如、顺其自然。一个人凭自己的努力实干,靠自己的聪明才智获得荣誉、奖赏、爱戴、夸耀时,仍然应该保持清醒的头脑,有自知之明。

日本的白隐禅师本以生活纯洁的圣者闻名,不料有一日却被指为使附近的一个女孩受孕,女孩的父母怒不可遏的去找白隐理论,因为这个美丽的女儿在父母逼问下指称孩子的父亲是白隐。白隐默默地听着那对愤怒的父母的交相指责,最后只说了一句话:"就是这样吗?"孩子生下来之后,当然交给"父亲"白隐,此时大师的名誉扫地,恶名远播,但他并不介意,只是非常细心地照顾孩子,婴儿所需的奶水及一切用品,都由他向邻居乞求而来。事隔一年之后,孩子的这个未婚妈妈终于忍不住良心的苛责:向父母吐露了实情,孩子的亲生父亲其实是在鱼市工作的一名青年。她的父母立即将她带到白隐那儿,向禅师道歉,请他原谅,并且将孩子领回。白隐并不说话,只在交回孩子的时候轻声说道:"就是这样吗?"仿佛不曾有什么事发生过。白隐为了给邻居的女儿以生存的机会和空间,代人受过,牺牲了为自己洗刷清白的机会,虽然受到人们的冷嘲热讽,但是他始终处之泰然,"就是这样吗?"这平平淡淡的一句话,就是对"宠辱不惊"最好的解释。

19世纪中叶美国有个叫菲尔德的实业家,他率领工程人员,要用海底电缆把欧美两个大陆连接起来。为此,他成为美国当时最受尊敬的人,被誉为"两个世界的统一者"。在举行盛大的接通典礼上,刚被接通的电缆传送信号突然中断,人们的欢呼声立刻变为愤怒的狂涛。可是菲尔德对于这些毁誉只是淡淡地一笑,不作解释,只管埋头苦干,经过多年的努力,最终通过海底电缆架起了欧美大陆之桥,在庆典会上,他没上贵宾台,只远远地站在人群中观看。菲尔德不仅是"两个世界的统一者",而且是一个理性的战胜者,当他遭遇到常人难以忍受的厄运时,通过自我心理调节,作出正确的抉择,从而在实际行为上显示出强烈的意志力和自持力,这就是一种理性的自我完善。

顺其自然就是不以物喜,不以己悲。楚国有一个人叫支离疏,他的形体是造物主的一个杰作或者说是造物主在心情愉快时开的玩笑,脖子像丝瓜,脑袋形似葫芦,头垂到肚子上而双肩高耸超过头顶,颈后的发髻蓬蓬松松似雀巢,背驼得两肋几乎同大腿并列,好一个"半成品"。而支离疏却丝毫不为自己的尊容而伤心,相反,他感谢上苍独钟于他,平日里乐天知命,舒心顺意,日高尚卧,无拘无束,替人缝衣洗服,簸米筛糠,足以糊口度日,当君王准备打仗,在国内强行征兵时,青壮汉子如惊弓之鸟,四散逃入山中。而支离疏呢,偏偏耸肩晃脑去看热闹,他这副尊容谁要呢,所以他才那样大胆放肆。当楚王大兴土木,准备建造王宫而摊派差役时,庶民百姓不堪骚扰,而支离疏却形体不全而免去了劳役。每逢寒冬腊月官府开仓赈贫时,支离疏却欣然前去,领到三盅小米和十捆粗柴,仍然不愁吃不愁穿。;一个在形体上支支离离、疏疏散散的人,尚用乐天知命,以自然的心性,安享:天年。那么把这支支离离疏疏散散从而遗形忘智、大智若愚的精神运用到立身处世的方法中去,难道还不可逢凶化吉、远害全身吗? 在大得大失、大盛大衰面前,若保持着一份淡然的心境,无喜无悲,貌似一愚笨的木头,实则为大智大慧者。"不以物喜,不以己悲",永远在平和随缘的心态下,努力,努力,再努力。

顺其自然就是佛家所说的一切随缘。佛家提倡的"一切随缘",得到是机缘,失去也是机缘,假如太过执著于得失,那么人生就多了很多烦恼忧愁,少了很多轻松快乐。有座古老的寺院,往来祈祷的香客很多。寺院中的神台上供奉着一尊观世音菩萨像,世人每每在神像下许愿,都会被她的慈祥和威仪感染。

一天,寺院的看门人来到神像面前,对着神台上的观音神像说道:"菩萨啊菩萨,你看你整日轻松盘坐在神台之上,不用思考人世间的烦恼,还享受着万千世人供奉你的礼物,哪像我一个辛辛苦苦的看门人,每日忧愁缠身,生活清苦。"突然,往日不发一言的观世音菩萨此刻竟缓缓开口说:"既然你如此羡慕,那么我下来看门,把你变做神像。不过,不论你之后看到什么、听到什么,都不可以说一句话,怎么样?"看门人觉得这个要求非常简单,就同意了。于是,观世音菩萨从神台上走了下来,变做了看门人,又把看门人变成了自己的样子,让他上去做菩萨。

变做神像的看门人稳坐在莲花座上按照之前的约定,沉默不语,静静聆听前来朝拜的香客的心声。络绎不绝的人潮在神像面前来来往往,他们的祈愿,有的合理,有的不合理,各种各样的祈求都有,但是他都隐忍下来没有说话,因为他必须遵守和菩萨的约定。

几天后的一个傍晚,他已经有些忍耐不住了,但是做菩萨总比做看门人要好,所以他继续坚持着。就在这时,有一个腰缠万贯的富翁来到了他的面前祈愿,当这位富翁离去时,竟然忘记拿走手边的钱袋。他虽然看在眼里,但是他必须忍着不说。不一会儿,来了一个衣衫褴褛的穷人,他跪在神像的面前,祈求菩萨帮他渡过生活的难关。当这位穷人正想站起来离去时,发现了富翁遗忘的钱袋,以为是菩萨有求必应,欣喜地拿着这袋钱离开了。

神台上伪装成菩萨的看门人真想告诉他这钱不是他的。但是,看门人必须忍着不说。没过多久,有一位经常出海捕鱼的年轻人来到了这里,他祈求菩萨保佑自己出海能够平平安安。正当他准备离去的时候,怒气冲冲的富商闯了进来,然后猛然抓住年轻人的衣襟,要年轻人还钱,为此两人在神像面前大声地争吵了起来。此时,坐在神台上的看门人终于忍不住了,开口说道:"你的钱不是这个年轻人拿的,是一个破衣烂衫的穷人顺手拿走的!"知道了事情真相的富翁便急匆匆地寻找看门人所形容的穷人,而为此耽误时间的年轻人也着急地离去,唯恐搭不上船。

这时,变做看门人的菩萨指着神台上真正的看门人说:"你下来吧,你已经没有资格坐在那个位置上了。"看门人不解地问道:"我把真相说出来为他们主持公道,这有什么不对吗?"观世音菩萨说:"你确实是错了。刚才那位富翁家资丰厚根本不缺那一袋钱,他那袋钱只不过是用来挥霍的,可是穷人就不一样了,那袋钱可以满足穷人一家老小的生计。最可怜的就是那个年轻人,假如他一直被富翁纠缠,那么就会延误他出海的时间,他还能保住一条命,可是现在,他所搭乘的那条船正沉入海中。"生死富贵原本就不是某个人能掌控的,现实生活中,更会有很多事情不是我们主观能安排的,既然如此,我们何必执著于此,不如一切看机缘,顺其自然。也许某一天我们回头一看会发现,其实当初我化自认为最好的,现在看来也不是最好的,甚至变成最差的,所以无论是面对生死富贵,还是功过得失,都要相信这是最好的安排,学会珍惜此刻所拥有的一切。

第三节　师法自然

老子提出"师法自然"的法则,要求人们顺应自然,依照世界万物的内在规律去运行。所谓内在规律,是指世界万物运动变化的总原则。这一总原则,老子用"反者道之动"来概括。"反"这一范畴,蕴涵了三种意义:相反相成,物极必反,循环往复。

一、师法自然的总原则

老子认为,包括道在内的一切事物和现象都是由相反对立的双方所构成的矛盾统一体。就作为天地之始、万物之母的道而言,它是无与有、虚与实、阴与阳、动与静、变与常、始与终等相反对立的双方所构成。正是道自身的内在矛盾,才赋予道以生生不息的活力和生命,使它成为创生天地万物的原动力。例如,道是有与无的对立统一:从历时上讲,无在先,有在后,无中含有,道即是含有之无。从共时上说,道有体用,道体为无,道用为无,道是有无合一的,所以老子说:"无,名天地之始;有,名万物之母。"就自然而言,老子通过大小、多少、远近、厚薄、重轻、白黑、寒热、雄雌等对立范畴,揭示了自然现象所存在的相反相成的客观事实。第二章说:"有无相生,难易相成,长短相形,高下相倾,音声相和,前后相随。"就人类社会而言,老子通过诸如美丑、善恶、强弱、厉害、生死、祸福、智愚、进退、是非等对立范畴,揭示了人类社会现象所存在的相反对立而又相互依存的事实。第四十二章指出:"万物负阴而抱阳。"就是说,任何事物都有正反两个方面,都是由相反对立的双方所构成的矛盾统一体。正是事物内在的这两种相反性质的作用,产生了万物的运动、变化和发展。在老子看来,任何事物都有它的对立面,同时依据它的对立面而形成。事物本身的这种相互对立又相互依存的矛盾性,是事物的根本特性,是推动事物变化发展的巨大力量。

老子不仅提出了相反相成是一切事物构成的基本形态,同时还认为,当事物发展到极点时,就转化为自身的反面。老子十分重视内在转化这个环节,把它看做事物变化发展的内在依据。第四十四章说:"甚爱必大费,多藏必厚亡。"第五十五章说:"物壮则老。"第七十六章说:"兵强则灭,木强则折。"第五十八章说:"祸兮,福之所倚;福兮,祸之所伏。"在这里,老子认识到,事物本身所包含的对立的两极,都有内在的联系,都有内在的同一性,都可以向对立面转化。老子还认识到,事物矛盾的转化,往往要经历一个由小到大、由近及远、由易而难的发展变化过程。第六十三章说:"天下难事,必作于易;天下大事,必作于细。"第六十四章说:"合抱之木,生于毫末;九层之台,起于垒土。"就是说,有了量的积累,才有质的变化。

《淮南子》中讲了一则"塞翁失马"的故事:古时候,边塞上有一个老头儿,一天丢了马,别人都来劝慰他,他却说:"怎么知道这不是福呢?"几个月后,这匹马果然带了一匹好马回来了。别人又前来向他道贺,他却说:"怎么不知道这不是祸呢?"一天,他的儿子骑马时,从马上摔了下来,折断了大腿。别人又来安慰他,他说:"怎么知道这不是福呢?"一年以后,胡人大举入侵边塞,身体强壮者都应征入伍参战,死伤无数,唯独他儿子腿瘸,父子相保,幸免于难。

这个故事,说明了人生过程中祸福相倚相伏的情形。在常人看来,福是福,祸是祸,福不是祸,祸也不是福。事实上,福与祸作为对立的双方,由于二者相互依存、互相渗透,在一定的条件下,就向自己相反的方面转化,即福转化为祸,祸转化为福。毛泽东在《矛盾论》一文中分析中日战争胜败时指出:"在一定的条件下,坏的东西可以引出好的结果,好的东西也可以引出坏的结果。老子在两千多年前就说过:'祸兮福所倚,福兮祸所伏。'日本打倒中国,日本人叫胜利。中国大片土地被侵占,中国人叫失败。但是在中国的失败里面包含着胜利,在日本的胜利里面包含着失败。历史难道不是这样证明了吗?"

老子这些名言,所阐述的都是事物发展到某种极限程度时向自身的反面转化的道理。

"反者道之动"的总原则,决定了事物的运动最终要回到它的出发点,也就是循环往复,返回起点。第二十五章说:"有物混成……周行而不殆。"第十六章说:"夫物芸芸,各复归其根。"就是说,纷纭万物的运动,循环往复,最终各自返回到自身的本根。在老子看来,本根是一种虚静的状态,虚静是自然的常态。只有返回本根,持守虚静,才合于自然,才不起烦扰纷争。老子揭示了"反者道之动"的总原则,并对它的内在涵义进行了阐发。

因为在老子看来,本根是一种虚静的状态,万物始于虚静,便可以达到自然之常态。所以,道及以道为本的一切事物,都遵循着循环往复这一自然规律。譬如,地球、太阳系、银河系都有毁灭的一天,一切生物包括万物之灵的人,都将从生走向死亡。恩格斯在《自然辩证法》中说:"从旋转的、炽热的气团中……由于收缩和冷却,发展出来了以银河最外端的星环为界限的我们的宇宙岛的无数个太阳和太阳系。""但是'一切产生出来的东西,都一定要灭亡'……而地球,一个像月球一样的死寂的冻结了的球体,将在深深的黑暗里愈来愈狭小的轨道围绕着同样死寂的太阳旋转,最后落到它上面。其他的行星也将遭到同样的命运,有的比地球早些,有的比地球迟些,代替安排得和谐的、光明的、温暖的太阳系的,只是一个冷的、死了的球体在宇宙空间里循着自己孤寂的道路行走着。我们的太阳系所遭遇的命运,我们的宇宙岛的其他一切星系或早或迟地都要遭遇到,其他一切无数的宇宙岛的星系都要遭遇到。"天地从混沌的气团中化生,又复归于混沌之气,最终又将转化为另一天地:"形成我们宇宙岛的太阳系的炽热原料,是按自然的途径,即通过运动的转化产生出来的,而这种转化是运动着的物质本来具有的,从而转化的条件也必然要被再产生出来,即使在千万年后多少偶然的、但是以那种也为偶然性所固有的必然性再产生出来。"恩格斯揭示了整个自然界处在永恒的流动和循环运动中的天地演化规律。而这个规律,正被两千多年前的老子朦胧地猜测到了。

二、向大自然学习

春秋时期,有个叫俞伯牙的人,在一位音乐家成连那里学习弹琴。在跟成连先生学习弹琴的众多学生里,伯牙是最刻苦最用功的一个;因此,成连先生也最喜欢伯牙,并把弹琴的各种技巧都毫不保留地教给了他。经过三年的学习,伯牙进步很快,不仅琴弹得好,而且还学会了作曲;有一次,他自己编写了一首叫《高山流水》的乐曲,自己在弹奏时总觉得少了点儿什么,于是他便演奏给成连先生听成连先生听后,对他说:"你的演奏技巧纯熟,音调准确,只是缺少了高山流水的雄伟气魄。"伯牙听后,觉得老师说的真是对极了,他便急忙问道:"老师知道问题所在,那么,我怎么才能演奏出高山流水的雄伟气魄呢?"成连先生看着这个勤于学习的学生，深思了一会儿，说："明天我领你去一个地方，在那里，你可以找到比我更高明的老师。"伯牙一听，高兴极了。

伯牙跟着先生走了三天，来到碧波荡漾的大海边，接着，两人又乘小船来到一个海岛。连先生指着这个海岛说："孩子，更高明的老师就在这里，自己要用心去找啊！"说完，成连先生就乘船回去了。伯牙在海岛上找呀找呀，他找遍了岛上的每一个角落，可是连一个人影儿都没有。他有点儿纳闷，高明的老师到底在哪里呢？他坐在海边的礁石上，陷入沉思。突然，他耳中听到了大海汹涌澎湃的浪涛声，猛然间，他明白了高明的老师就是眼前的山山水水。想到这里，伯牙忘记了所有的疲劳，高兴地登上海岛的最高处，观赏烟波浩渺的大海，领略陡峭的山石，倾听大海的咆哮，不由得心情激荡。于是，他拿出琴，对着大海弹起了那曲《高山流水》，叮叮咚咚的琴声，如同真正的高山流水一样，气势奔放，震撼天地。伯牙向大自然学习，终于演奏成功了《高山流水》。

从自然界中汲取营养，获得灵感，不仅是创造发明的源泉，也是经营管理的源泉。可以从中得到在商战中克敌制胜的方法。日本索尼公司的董事长盛田昭夫有一次经过一条小巷，那里有一群小女孩在跳橡皮筋，他看到了一个参加跳橡皮筋的小女孩是个收音机迷，她拿着一架笨重的收音机参加这项游戏。没轮到她时就抱着收音机听，轮到她跳时她再放下去跳，那小女孩的需求启发了盛田昭夫。他想制造一种小型的带耳机的收音机不就可以满足他们的需要了吗？于是他着手组织研究。不久，这种小型收音机就诞生了，它小巧轻便，深受人们欢迎。一年竟然卖出400万部，其足迹遍布全世界。盛田昭夫的成功就在于他注意在自然中观察获得灵感，从消费者的需求出发来开发产品。

无独有偶，美国可口可乐饮料有一个造型独特的包装瓶。这个包装瓶在销售可口可乐饮料方面可说是立下了汗马功劳，起到了极其重要的作用，而这个包装瓶的设计者罗特是美国制瓶厂的一个年轻工人。一次罗特和他的女友约会，女友穿了一套膝盖上面部分较窄，腰部显得很有魅力的裙子，在路上，人们频频回头欣赏这条裙子。罗特就根据这条裙子的形状设计出一种外形美观的瓶子，瓶子设计出来后很快被可口可乐公司看中。经双方协商，可口可乐公司以600万美元的高价收买了这项专利，并把它变成了可口可乐的包装瓶。

师法自然的人就能得到意想不到的收获，关键是这个人是不是有心人，能不能从自然界获得灵感。美国商人巴柴经常在海边钓鱼,每次去都能钓到很多鱼。冬季他把钓上来的鱼每次都放到冰上,很快就会冰冻起来。他吃冻鱼时发现,如果鱼身上的冰不融化,即使经过好几天,鱼的味道也不会变。于是他根据这一发现开始进行试验冰冻食品、蔬菜的效果。经过反复试验,他发现和冰冻鱼一样,肉、蔬菜等在冰冻时也能保持新鲜。后来,他又经过进一步的研究试验得知,食物冰冻的速度和方法不同,冰冻后的味道和新鲜度也会产生少许差异。如果冰冻不好,就会失去原来的味道和新鲜度。经过几个月的反复研究,反复探索,他终于研究成功了保持原来新鲜度的冰冻方法,并于1923年8月申请了冷冻专利,然后以3000万美元的价格卖给了通用食品公司。可见,巴柴是一个师法自然的有心人。

1973年,格林伍德头一次溜冰,天气又很冷,耳朵被风吹得像刀子割似的。他戴上了皮帽子把头和腮帮子捂得严严实实的,但一玩起来又热得满头大汗。这时,格林伍德想应该做一件能专门挡住两耳的东西。他想出一个大致的样子叫母亲做一个耳罩,格林伍德戴上他去滑冰,果然管用。一些朋友见到了,也向格林伍德要。格林伍德和母亲商量经过几次修改,耳罩做得更适用,更美观了,并且给它取了一个名字叫"绿林好汉式耳套"。他们还向美国专利局申请了专利。后来格林伍德成了世界耳套生产厂家的总首领。这项专利使他成为百万富翁。往冰上放钓到的鱼,到溜冰场上溜冰,这是许多人都亲身经历的事,但为什么大部分人都没有从自然界这些事中获得启示,获得灵感呢?关键就是不善于师法自然。

不仅创造发明是如此,就是企业经营中的管理方法也有许多是从自然界中获取的。在美国,人们常常把被官僚主义所累、内部竞争激烈、在经营管理中没有活力的企业称为"大象",而把一些新兴的中小企业则称为"羚羊"。这样叫的原因无非是从自然界中大象和羚羊这两种动物的活动方式来叫的,大象笨拙,缺乏灵活性,象征老企业的运作已缺乏应有的活力。羚羊灵巧,充满活力,象征新兴的中小企业的灵活机动。美国杜邦公司是一个老企业,应该说是一个"大象"。但是近几年,杜邦公司开始大刀阔斧地进行管理组织和管理方式的改革,实行羚羊式管理。1993年5月杜邦公司宣布大改组,把原来比较大的五个公司业务部门分成20个规模较小的业务部门。公司最高管理人员直接与20个业务部门的经理打交道,减少中间环节。20个部门经理对本部门生产经营负责,如同20只"羚羊"独立、灵活地运作,及时作出决策,然后迅速地贯彻执行。这就迅速克服了原来的官僚主义管理方式,大大提高了经营实力与水平。

三、臣服于自然

"师法自然"的"法"也有被法约束,即臣服,被统治的含义。人被地统治,地被天统治,天被道统治,道被自然统治、自然是君王的君王,是管理一切、派生出一切的上帝;也就是"臣服自然"臣服于自然,就是甘心做自然的奴隶,也就是说人要顺其自然,无条件地遵循一切的自然规律;"臣服于自然",最终为"自然之主",这就是人类应有的智慧;老子非常道就是老子自然道,它都强调了一个转换的问题,这种转换不是凭空的,而是实实在在做好分内之事:通过"臣服自然"最终为"自然之主",基础当然是"师法自然",老子说"道法自然",不是简单地仿生,而是在仿生的同时找出使生命成为生命的伟大因素,掌握了自然就掌握了成就一切的法宝:道法自然不仅仅是师法自然,还包括"因自然而成道"的意思?人不能因道成道,但能因自然而成道。老子说"道法自然",包含一个重要的思想:人类只有做好自然的奴隶,才能做好自然的主人:也就是说:谁有道,谁就是主人,谁就能成功:当千钧一发之际,谁能明白一些简单的道理,就可以反败为胜。

古希腊哲学家第欧根尼有一回在海上行船被海盗俘虏并被卖作奴隶。人们问他能做什么? 他说能"治理人";第欧根尼让叫卖者喊:"谁愿意买一个主人?"一个叫塞尼亚得的富人买了他做儿子的家庭教师。塞尼亚得非常尊重第欧根尼,常常说:"一个杰出的天才走进了我的家门。"朋友们终于打听到了第欧根尼的下落,赶来要为他赎身。第欧根尼却阻止了他们,说:"作为哲人。即使我身为奴隶. 也是他人的自然统治者,就像医生为病人服务,却是病人的导师一样。"第欧根尼是奴隶没错,但他是主人家的家庭教师,开始时教孩子,慢慢地全家人都听他的教诲,奴隶成了主人的主人。这种角色的转变与双重性是双方都觉察到的,但双方都能接受,因为第欧根尼确实是个导师。第欧根尼不在导师的位置做导师,而是在奴隶的位置做导师,这就反映了人类对智慧的天生依赖,并不因地位的颠倒而颠倒,而因智者的引导而引导。中国古代的士人最大理想是做帝王师,就是为了通过做奴隶去做主人的主人。

　　古希腊哲学家德谟克利特常常坐在石阶上观赏蚂蚁和牧羊犬。有人问他为什么对自然之物有那么大的兴趣? 德谟克利特说:"所有人都是自然的学生,智者更不例外。我们从蜘蛛身上学会了纺织,从燕子身上学会了建筑,从百灵鸟身上学会了歌唱。"这个故事告诫我们这样一个道理:我们只有当好了道的学生,将来也就可以当道的老师。

第四节　顺其自然的领导要求

一、顺其自然,进退适时

　　《易经·文言传》中说:"亢之为言也,知进而不知退。知存而不知亡。知得而不知丧。其唯圣人乎? 知进退存亡,而不失其正者。其为圣人乎?""亢"的意思是:只知前进﹒不知后退;只知生存,不知灭亡;只知得到,不知失去。难道可以称为圣人吗? 懂得进退存亡之理。却不偏离正道的人,大概就是圣人吧! "亢"属阳,即俗语所谓"肝火太旺"。毛泽东曾劝勉那些肝火太旺的人:"牢骚太盛防肠断,风物长宜放眼量。"气量大一点,看问题别那么偏执和急功近利,眼前自然是一片海阔天空。如果拿不起、放不下,一味地按情绪办事,难免有"肠断"之险。在历史上,肝火太旺的人,要么大倒其霉,要么不得善终,项羽即是其一,他的一生作为几乎跟《易经》的描述一模一样:

　　一是"知进而不知退"。项羽在彭城之战中,以少胜多,一举击溃以刘邦为首的数十万诸侯联军,于是趁热打铁,调集大军,浩浩荡荡地杀向刘邦的老巢关中,不料被刘邦以弱势兵力阻击于荥阳一带,寸步难进。这是什么原因呢? 以前刘邦率领的是从各诸侯那儿纠集而来的乌合之众,现在率领的却是自己的嫡系部队,战斗力自然不一样。项羽跟刘邦相持了两年多,因作战距离过长,后勤补给越来越困难,本该退回老巢,以后再寻战机,他却一味发动攻势,争一日之短长,结果,前方攻战不利,后方老巢却被刘邦端掉,以至粮尽援绝,最后全军覆没。

二是"知存而不知亡"。项羽随叔父项梁逃亡多年,自然学到了不少生存之方,可惜只是"偏方"而非"正方"。为了筹集粮草和消除安全隐患,他的部队军纪极坏,所到之处皆是烧杀抢掠,无恶不作,屠襄城、屠咸阳、屠齐地、坑降卒,造下无穷杀孽。从短期来看,他的种种恶行提高了部队的生存能力;从长远来看,等于自掘坟墓、"自绝于人民"。他最后落得个众叛亲离的下场,跟手段太过恶劣、名声太坏关系极大。

三是"知得而不知失"。项羽急功近利,根本没有耐心凭正当手段建功立业,他跟叔父项梁合谋,杀死邀请他们起义反秦的殷通,当上了郡守副将;他跟部下合谋,杀死顶头上司宋义,当上了"诸侯上将军";他有意挑起事端,排挤建立殊功的刘邦,当上了"西楚霸王";他借英布之手,谋杀并无过错的楚怀王,巩固了地位。他的每一次"违规操作"都收获颇丰,但得到的同时,也彻底失去了天下英雄的信赖,后来他手下乏人,未必是不善用人,而是无人可用。谁愿意为这样一个无赖之徒卖命呢?天下英雄更愿意做他的敌人。项羽俘获汉将周苛后,以"上将军,封三万户"的重贿诱其投降,周苛却誓死不降;项羽以王陵的老母为人质,逼王陵投降,王母甘愿自尽,也不肯写信让儿子投降。人们对项羽的态度,由此可见一斑。与项羽相比,刘邦称得上"知进退存亡,而不失其正",他的知人善任、"约法三章"、赈济灾民、存问父老、大赦天下等等,都是成大事的正确方法。有人认为项羽是大英雄,但一个经常用残暴与无赖手段谋利的大英雄,真的是"大英雄"吗?亦有人认为刘邦是小混混,但一个凭正当手段和自身努力取得成功的小混混,不是很可敬佩吗?其实,你是什么人并不重要,"知进退存亡,而不失其正"最重要。

有一天,药山禅师在寺庙的庭院里打坐,身边跟着两名弟子,一个叫道吾,一个叫云岩。药山禅师指着院子里的两棵树,一枯一荣,有一棵树已经干枯了,另一棵树长势茂盛。药山禅师首先问道吾说:"两棵树中,你觉得是枯的好,还是荣的好呢?"道吾不假思索地说:"当然是生长茂盛的树好了。"药山禅师又接着指着这两棵树问云岩,说:"两棵树中,你觉得是枯的好,还是荣的好呢?"云岩回答道:"我觉得干枯的树好。"正在这时,寺庙外走过了一位姓高的侍者,药山禅师又指着那两棵树问他道:"两棵树中,你觉得是枯的好,还是荣的好呢?"侍者爽快地回答道:"干枯的树就任由它干枯吧,茂盛的树就任由它茂盛吧。"三个人各有不同的答案，便让药山禅师加以评判。只见药山禅师慢慢地说："道吾认为'生长茂盛的树好'，说明他处世有进取精神；云岩说'干枯的树好'，说明他为人处世宁静淡泊；侍者说'干枯的树就任由它干枯，茂盛的树就任由它茂盛'，表明他为人处世顺其自然。至于谁的观点更高一筹，则各有因缘，所以不分高下。"

虽然药山禅师认为道吾和云岩也各有因缘，但却认为侍者的境界是更高一筹的。相信你也会有这样的感觉，有时候，自己非常想要某样东西，但是找来找去，却一无所获；当你想要放弃的时候，却突然发现，其实它一直就在你身边。幸福也是如此，过于刻意的追求，只会让自己变得很累，一切顺其自然了，反而会被幸福紧紧地拥抱。

其实这个道理早在我们小的时候就知道了。有一个宋国人总是很着急地盼望自己的庄稼长得高、长得快。有一天，这个人就跑到自己的庄稼地里，把地里的庄稼全都拔高了一点。一天下来，他累得头昏眼花，腰酸背痛地回了家。一到家，他就很高兴地对家人说："今天可把我给累坏了！我帮庄稼长高了不少。"他的妻子跑到地里一看，发现地里的庄稼都已经枯死了。可能每次读完这个故事，你都会笑那个宋人的愚钝无知。殊不知，这种"拔苗助长"的事，在当前的管理中时常发生。

庄子中说，"缘督以为经，可以保身，可以全生，可以养亲，可以尽年。"顺着自然的道路以为常法，就可以保护生命，可以保全天性，可以不给父母留下忧患，可以终享天年。庄子认为如果顺其自然地生活，就可以让自己的生命和天性得到保护，所以对生活不要太苛求，顺其自然才能愉悦身心，幸福才能长久。

有一天，孔子带领学生出游，来到一处瀑布面前，观看瀑布的奇观壮景，这里的瀑布气势宏伟，声势浩大，真有点飞流直下三千尺的感觉。水流撞入江中所激起的浪花飞溅，十数里以外都可以感觉到。可以说，这种急速的水流，连鱼也无法在其中游。就在孔子为眼前的奇观壮景大为感慨时，只见有一个男子猛然间纵身跳入汹涌的激流之中，孔子和他的学生们还以为这名男子是在自杀，于是急忙跑过去，准备救这名男子，不料刚走出百米远，就看见那名男子从湍急的流水中唱着歌游到岸上来，孔子和学生们吓了一大跳，忙问他是不是要自杀。那位男子觉得很奇怪，反问道："我这是在游泳，在玩，我活得好好的，为什么要自杀呢?"孔子觉得很疑惑,又问道:"在这样湍急的水中你也敢游泳,你就不怕被水给冲走吗?"那位男子回答说:"当然不会,这水怎么能把我给冲走呢?"孔子又问:"难道你会游泳的道术?"男子回答说:"我哪会什么游泳道术呀,我只是安于常道,顺遂自然。同旋涡一起入水,同涌浪一起出水。顺从水的规律,而不行使我个人的意愿。仅此而已!"孔子又问道:"什么叫安于常道,顺遂自然呢?"

男子回答道:"我生在丘陵,对丘陵感到安适,这就叫安于常道;我在游水中长大,对水感到安适,我不知道为什么要这样做而去做了,这就叫顺遂自然。"听完那位男子的回答,孔子终于悟出了一个道理,那就是凭本能才能开始生活,靠适应性才能成长,顺其自然才能成功。就如同那个男子,他生活在陆地上就安于陆地,生活在水上就安于水上,所以他才能够在激流的江中游泳。由于这名男子长期地生活在这个环境,他已经顺应了这里的自然,所以他成功了。从这个小故事中,我们看到了那位男子的逍遥和自在,因为他真的做到了庄子所说的"缘督以为经,可以保身,可以全生"。所以,在我们的现实生活中,不管我们遇到什么样的事情,都要尽量让自己冷静地去思考,不必急于发表意见,只要问心无愧就可以了。因为世间的万事万物,本来就应该自自然然地生长,不必在乎,但也不是不在乎,而是要懂得自然的法则。

二、"反者道之动"的领导要求

在希腊传说中,大力士西西弗斯因为触犯了神主宙斯,被罚以苦刑:将一块大石头从奥林帕斯山下推到山上。由于加了神的咒语,巨石在抵达山顶的刹那,总是自动滚落到山下。在这日复一日的循环劳动中,西西弗斯感到无望,甚至绝望,他的惩罚永远都不会结束!但有一天他忽然发觉,自己搬动巨石的每个动作都充满了力量。于是,他专注地享受着自己劳动的每一个动作,这时,一切的劳苦、疲惫和绝望都消失了。他开始全心享受这份苦役,不再抱怨、焦虑。然而,奇迹发生了,诅咒竟然在这一刻解除,西西弗斯从永无休止的苦役中重获了自由。面对无望的结果,西西弗斯选择了顺其自然地忘却永无休止的苦役,乐观地享受这个过程。哲学家威廉·詹姆斯曾给过我们这样的忠告:"要乐于承认事情就是这样的情况。"他说:"能够接受发生的事实,就是能克服随之而来的任何不幸的第一步。"或许我们需要的就是以一种豁达的心态,一种顺其自然的态度去面对生活。

顺其自然就是按着一定的规律做事,这个规律老子描述为"反者道之动"的总原则,并对它的内在涵义进行了阐发。将它运用到领导工作之中,可以得到以下几点启示。

第一,全面了解事物的正反两面,善于从反面入手。既然"反"是一切事物存在变化和发展的总规律,事物因相反而相成,因相反对立而相互转化,所以观察、认识和处理问题,只有兼顾到正反两个方面,才能对一项事物作出全面的了解;不仅要从正面入手,更应该从反面入手。

一般人只知执守正面的一端,老子则提醒人们要重视发挥反面的作用。比如,在雄雌、先后、贵贱、高下、有无等等的状态中,一般人往往是逞雄、争先、登高、尊贵、据有,老子却要人守雌、取后、处下、谦卑、重无。所有这些,都是要人居于反面,因为反面才是到达正面的捷径。第二十二章说:"曲则全,枉则直,洼则盈,敝则新,少则得,多则惑。"这就告诉人们,居于反面而做不懈的努力,最终可以实现自己的正面目的。

第二,积极创造条件,促使事物向对立面转化。天下的事物,当它达到盛极之时,就趋向衰退,走向败亡,这就是"物极必反"。根据"物极必反"这一道理,老子认为,对于许多事情,可以先着一步,优先掌握情势,防患于未然。第三十六章指出:"将欲歙之,必固张之;将欲弱之,必固强之;将欲废之,必固兴之;将欲夺之,必固与之。"这样做,是在优先掌握情势的情况下,先着一步,使用表面上有利于人的手段,最终达到统御人的目标。第六十四章指出:"为之于未有,治之于未乱。"就是要在事物处于萌芽状态,在祸事尚未出现的时候,就要积极治理。

第三,善于守柔处弱,维持事物的和谐稳定。第四十章说:"弱者道之用。"这一命题,是"反者道之动"的必然结论。老子从经验世界中发现,坚强的东西属于死亡的一类,柔弱的东西属于生存的一类。第七十六章说:"强大处下,柔弱处上。"因此,老子提出了"柔弱胜刚强"的原则,主张守柔、贵雌、处弱。这样做,不仅能够化解矛盾,维持整体的和谐,而且能够正常发展,最终达到预期目的。可见,所谓"柔弱",不是软弱无力的意思,内部蕴涵着坚忍不拔的性格。

　　对于现代领导者来说，将"师法自然"的法则运用于领导工作，用现代语言加以表述，就是要毫不动摇地坚持实事求是的原则。"实事求是"的出发点是"实事"，即客观存在的一切事物；落脚点是"是"，即客观事物的内在联系，也就是规律性。从出发点到落脚点，中间有一个"求"的过程，即发挥人的能动性、努力探索和研究的过程，也就是一切从实际出发、发现和把握事物规律的过程。一切从实际出发，是坚持实事求是的前提。老子所说的"法自然"，肯定了"万物以自然为性"，要求遵循其内在的自然本性而运行，使万物能够各适其性，各遂其生。从这个意义上讲，其中便蕴涵着"一切从实际出发"的意思。合乎自然，则能久存；背离自然，则不能持久。天地万物是这样，人类社会本身也是这样。

　　坚持一切从实际出发，归根结底，就是要依据客观存在的"实事"去探求它的规律。由于事物的规律是事物本身所固有的，并非任何人所臆造的；是可以被人们所认识和掌握的，并非是不可知的。能否发现这个规律，则有赖于主观能动性的发挥程度。老子所说的"以辅万物之自然"，既肯定人并非自然的最高主宰，又承认人的意识和意志的作用。由于规律是客观的，既不能创造也不能消灭，所以人的能动作用只能是一种"辅助性"，并且必须服从于客观事物的"自然性"，决不能从本本出发，从主观想象出发。

　　对于领导者来说，遵循"师法自然"的原则，也就是坚持"实事求是"的原则，最根本的一条，就是尊重客观规律，按客观规律办事。这里所说的客观规律，包括自然规律、经济规律、领导工作规律、个体行为规律等。要讲实事求是，首先要把"实事"搞清楚，然后才能从中找出它的规律。由于客观实际不仅是复杂多样的而且是发展变化的，这就需要不断地研究新情况、解决新问题。

第七章

无为而治

在道学中最为精练的也是最为重要的概念是"无为"。在《道德经》中有十多处提到了"无为"。在《道德经》一书中，"无为"是与"自然"同等重要的范畴。天地万物之所以"无为"，是因为它们的"自然"本性；正因为它们的本性是"自然"，所以它们是"无为"。"自然"是"无为"的逻辑前提，"无为"是"自然"的逻辑结论。两个范畴相互联结，作为核心框架，共同建构了《道德经》的政治哲学。老子所谓"无为而治"，并非凭借"法律"和"道德"而实施管理，而是凭借道家的"顺其自然"的"无为"哲学智慧而进行的科学管理。所谓"无为"，并不是无所作为，而是一种以最小的领导行为获得最大的管理效果的高超管理艺术，在现代管理中，具有重要的指导意义。

第一节　为无为，则无不治

"无为"是老子思想的精华，曾对中国封建社会产生过深远的影响。然而，"无为"的含义却一直被许多人误解。英国著名科学家、中科院外籍院士李约瑟曾非常准确而深刻地阐述了"无为"的含义。他指出："所有的翻译家和评注家都把'为'字直译成'行动'，于是道家最大的口号'无为'就变成了'没有行动'，我相信大部分的汉学家在这一点上都错了。'无为'在最初原始科学的道家思想中，是指'避免反自然的行动'，即避免拂逆事物之天性，凡不合适的事不强而行之，势必失败的事不勉强去做，而应委婉以导之或因势而成之。"今天,领导者特别是一把手,如果从领导科学的角度借鉴,把握"无为"思想,按照"无为"的原则去做事,那么,就一定能在工作中取得事半功倍的理想效果,正如老子所说:"为无为,则无不治。"

老子在《道德经》里所阐释的"无为"思想,已经成为几千年来经过实践证实了的领导智慧。老子说,"治大国若烹小鲜",意思是说,治理大国要像烹煎小鱼一样,少搅动。烹小鱼时不停地翻来翻去,就不可能做出条条完整、色香味俱佳的一道菜。这也就是《道德经》中反复强调,领导者虽然对大事、难事要认真对待,但不要拘泥于小事细碎末节处。

一、"无为"的含义

《道德经》第三章:"为无为,则无不治。"在这里,"为"是目的,"无为"是手段,"无不治"是"为无为"的结果。《道德经》五十七章中,老子进一步解释说:"我无为而民自化,我好静而民自正,我无事而民自富,我无欲而民自朴。"可见,老子所说的"无为而治",并不是一种消极的、懒汉式的管理方法,而是一种正如四十三章中所说的"无为之有益"以及六十四章中所说的"无为,故无败"的积极进取的管理方法。实践证明,在当前世界经济激烈竞争下,老子的"无为而治"是一种有利于应付激荡的社会巨变的行之有效的科学管理思想。

《道德经》第三十七章:"道常无为而无不为,侯王若能守之,万物将自化。"道体虚静,顺应自然而化生,所以说"无为"。但万物恃道而生,因道而成,所以说"无不为"。谈"道"的目的,是为统治者提供当政处事的准则。"侯王若能守之",指出对执政者应采用"无为"之道以治民的期望。"万物将自化",指出采用"无为"之道以治民的效果。这样,就把顺其自然的"无为"之道,从形而上的境界落实到了现实政治的层面上,试图将理论上的原则转变为统治者的实际行动。作为领导法则的"无为而治",包含着十分丰富的内容。

老子提倡"无为"的动机,是对现实"有为"政治的反动,是为改变"有为"政治而设计的治国方略。所谓"有为",是指统治者不顾百姓的心愿,强作妄为,肆意扩张自己的权力欲和占有欲。在老子看来,"有为之治"已经暴露出诸多弊端,并给社会造成了巨大的危害。第五十七章说:"天下多忌讳,而民弥贫……法令滋彰,盗贼多有。"天下的禁忌多了,人民就愈贫穷;人间的利器多了,国家就愈混乱;人们的技巧多了,怪事就愈增加;法令订得愈细,盗贼反而变多。

第七十五章说:"民之饥,以其上食税之多,是以饥;民之难治,以其上之有为,是以难治。"人民陷于饥饿,是由于统治者吃掉太多赋税,所以才陷于饥饿。人民难以治理,是由于统治者喜欢有所作为,因此难以治理。在老子看来,当时的统治者,没有资格有为,偏要有为,没有资格干涉,偏要干涉,结果把更大的灾难降临到人民的头上。既然有为之治不能达到天下大治,老子便提出了"无为而治"的领导法则,这是"无为"观念的自然延伸和具体运用。

《道德经》第五十七章:"故圣人云:我无为,而民自化,我好静,而民自正;我无事,而民自富,我无欲,而民自朴。"这里的"好静"、"无事"、"无欲",从不同侧面揭示了"无为"的内涵,指明了实施"无为而治"法则的基本途径。

社会主义市场经济对政府的定位是"守夜人"。政府在市场运作良好时应充当无为之手,在市场运行出现问题时应充当扶持之手,减少不必要的干涉和控制,为经济社会发展提供更加有效的公共服务,尊重经济社会固有的运行规律,这些都有利于社会财富总量的增加,不会引起太大的争论和社会矛盾。但长期计划经济体制弊端的残留,使得一些政府干部的惯性思维和行为方式延续下来,在"守夜"这一职责认识上产生了分歧,这种定位一直没有得到广泛而真正的落实,致使一些地方政府在行使职能中发生了与定位不一的情况,影响了社会主义市场经济的健康发展。

因此,经常会有这样一些地方政府职能严重错位的现象,政府职能部门在公益事业上不能尽善尽美,却插手企业的经营运作,这些极不正常的现象是与市场经济条件的要求相违背的。在社会主义市场经济条件下,政府的职能和作用不是直接拥有财产,而是保护公民的财产权;不是直接拥有利益,而是保障公民的利益;不是直接拥有企业、管理企业,而是为企业创造良好的市场环境。这就要求政府职能"归位",从过去的无所不包、无所不能转到弥补市场缺陷上来,把那些不该由政府管的统统放给企业、放给中介组织、放给市场去管,从源头上切断行政权的无处不在,限制行政权的无事不管,转化行政权的无所不能,真正做到政府创造环境,人民创造财富。

政府职能部门要按市场经济的定位真正发挥管理的智能和作用,就必须确立以"无为"求"有为"的理念。政府"无为"并不是缺位，而是更好地有所作为；政府把发展权交出，把路标设好，专一地去营造环境，搞好服务，这才是"无为"中的"有为"；政府要尽可能不干涉企业运作，对不该管也管不好的地方要"无为"，真正做到从管制型政府到服务型政府、从无限政府到有限政府的转变。有限政府是有效政府的前提，只有"有限"才会"有效"。只有这样，才能真正建立起"有所为有所不为"的政府管理模式。

二、万物生于"无"

不知何年，未来捕鱼，人们发明了渔网，渔网，由线绳按照一定的规则和一定的间距编制而成。网到之处，水被顺利的过滤了，可怜的鱼儿却被赤裸裸的"网"上了岸，成了人们的盘中餐。"渔网"的哲学在于提示人们，将水等等"阻力"，顺利的排除，是成功网鱼的关键。对人的生活来说，原理相同，是为了某种特定的收获，人们首先要做的，不是直接伸手去拿，而是将"阻力"排除。当然，"阻力"或"障碍"的最佳途径，就是为让其道，使其"空无"。

生活的"阻力"，有两个基本来源，按照庄子的说法，一个是"有待"，一个是"有己"。所谓"有待"，是指有某种待定的外在目标在诱惑你，让你承受"求之而不得"的痛苦煎熬；所谓"有己"，是指你内心的欲望，让你不能自己，不得安宁，疲惫不堪。显然，这样的你，完全陷入了一种全方位的被动，内外夹击。欲望和诱惑像两根绞索，让你自己将自己困了个严严实实。怎样"解套"？"突围"或者"解套"捷径，不是外在的打开一条通道，而是内在的从精神上清理出某种"空间"，用于容纳和消化那些足以让人感到不幸的对立和矛盾。

人们常常嘲笑那只吃不上葡萄说葡萄酸的狐狸的矫情和自欺，然而，仔细品味，就能发现，那只狐狸的矫情之中却孕育着某种可贵的智慧。因为，对于吃不上的葡萄，围绕着葡萄兜圈子，肚里饥肠辘辘，口中溢满了口水；要么是掉头走人，心中却念念不舍，望梅止渴般地想象着葡萄甜美的滋味，无限深情的回味着上一回吃葡萄时的百般幸福，于是又风雨兼程地继续着追寻葡萄的艰难旅途；剩下的，则是那只看似矫情而自欺的狐狸的选择了，它勇敢地放弃了对"地平线"的追赶，放弃了对空虚目的的追寻，更重要的是，它从"内心"战胜了自己，葡萄的美味已经不能构成诱惑，自己将自己的心态恢复到了空白状态。

人的心灵,正如房屋,屋内的家具杂物多了,人的活动空间也就小了。人们试图不断地将各式各样良莠不分的"知识"、"信息"填充自己的心灵,结果不是精神越来越自由,而是平添了许多的限制和桎梏。

一个周末,强壮健康的约翰逊先生十分无聊地来到图书馆的阅览室,想用书本来打发这个寂寞难耐的假日。他信手拿起了一本医学书籍,翻着翻着,便坐下来阅读起来。这本书通俗易懂地介绍了几十种常见病的症状和起因。约翰逊先生读着读着,不由得冒出了一阵一阵的冷汗,因为,他对照着书中的症状描述,觉得几十种疾病中,除了风湿性关节炎没有之外,自己身上几乎具备所有疾病的症状。一个上午,他觉得自己已经成为了一个百病缠身的病入膏肓者。

应当说,疾病与正常之间,身体"症状"并没有真正明显的界限,如果偏执于某种"医学知识",这些"知识"可能不是让你真正健康起来,反而可能将你推到疑神疑鬼的病态中去。约翰逊的"病"是从哪里来的呢?固然是从书里来的,但是,病根子却是心灵没有为自己"留白",而毫无保留地让位于那些导致人们精神偏执的"知识"。

每一种知识,并不必然是真理,但一定是某种程度的偏见。"聪明"和"愚蠢"的区别,不是人的先天性的区别,也不是后天拥有知识多少的区别,而是对待知识"态度"上的区别:愚蠢的人之所以愚蠢,是因为他将知识当成了不可逾越的原则和教条;聪明的人之所以聪明,是因为他拒绝将任何知识当成最后真理。是的,人们无法避免偏见,但可以避免将其当成最终的真理。

公元1504年,意大利的雕刻大师米开朗琪罗完成了他的代表作——大卫雕像。曾有人问他:"为什么能够雕成身材比例如此完美的雕像?"米开朗琪罗回答:"当我看到这块大理石时,大卫已经在里面了,我不过是把他身上多余的部位去除掉而已。"去掉多余的部分也是一种"无"的功夫。

"无"的功夫就像剪纸,只要剪去多余的部分,就能剪出万物的样貌。从这个角度来看,万物无不是从"无"中生成。

三、实施无为的三"不"

实施"无为"的领导艺术,具体做法就是三个"不":不事必躬亲、不越俎代庖、不妄加干预。要用最少的行动达到最大的管理效果,用超脱的手段达到牵一发而动全身的效果,实现由"集权统治"向"人本管理"的转变。

第一,调动下属,不事必躬亲。调动下属的积极性,发挥下属的主观能动作用,就能变一身为众身、一脑为多脑,不须事必躬亲也可大有作为。领导不是做最强者,而是发挥强者的作用,让强者为自己工作,使自己成为站在他们肩上的成功者。韩非子早就说过:世间万物这么繁多,人类智慧能力这么有限,有限的怎么去管理无限的? 在下层的民众多,在上层的管理者少,少的怎么去管理多的? 因此,任凭三头六臂,也不能大事小事一把抓,一定要分层负责,各司其职,最高领导者只要掌握重要官员就可以了。韩非子的这个主张,在现代领导学中叫做层次领导。实行层次领导同"无为"是一致的,就是不要管属于下级管的人和事,不要事必躬亲。作家王蒙说:"事必躬亲,事无巨细,无微不至,心细如发,对于修表、刺绣、精密仪器等行业的从业者也许是必需的品质,但是,对于从政者、执政者、领导者来说,未必总是正面的特性。"事必躬亲者,不仅下属不喜欢,有时候连上级领导也不喜欢。

哈兰德少将对西点军校的学员提出了一些建议,其中的第二条是"异想天开,想象着部下比自己更能尽职尽责,更有能力",第三条是"头脑简单,相信部下比自己更能胜任各项工作,会做得更好"。这两条,可以说是贯彻"无为"领导思想的金科玉律。美国马歇尔将军选拔将领有六个原则,其中一个就是不用事必躬亲的人。在马歇尔看来,这种人习惯埋头于琐碎的小事,就没有能力去处理战争中的重大问题。英国蒙哥马利元帅把手下的人分为四种,区别使用:聪明而勤快的可以当高级参谋,聪明而懒惰的可以当高级统帅,愚蠢而懒惰的可以被支配使用,愚蠢而勤快的必须开除。聪明而懒惰的人,就是不事必躬亲、只抓大事的人,就是有所为有所不为的人,就是老子所说的"无为"的人。

第二,明确职责,不越俎代庖。"无为",再高一点的要求是领导者明确自己的岗位职责,只干自己非干不可的事情,干好自己非干不可的事情,不包揽副手和下属的分内事情。那么领导的职责是什么? 斯大林曾说:第一,正确地决定问题;第二,组织对正确决定的执行;第三,组织对这种决定的执行情况的检查。斯大林提出的这三条,对于所有领导者都适用。在领导工作中,有很多是程序已经规定的事,有章可循。领导者的职责是只处理自己所处层次上的无章可循的随机事件、突发事件、非常规事件。那些程序已经规定的工作,则由下属分头解决。就对下而言,领导者应该只做判断题、选择题。就是说,领导者对下属的工作,主要不在于自己去想出高明的办法,而在于对下属的意见做出正确的判断和选择。有一个外企老板,在办公室门上贴着一张告示:有问题带着答案来。有一位厂长,要求下属向自己请示工作时,"只能问行不行,不能问怎么办"。领导者就是只做判断题、选择题,其他题让下属自己做,这样就可以腾出时间,集中主要精力,更好地谋划大事、规划未来。

第三,减少管理,不妄加干预。领导者要舍得授权,而且授权后不干预、不插手、不求全责备,也不侵犯其权利。领导者在工作中实施"无为",就要尽可能地减少对下属的注意力。美国麦卡锡上将在论作战指挥原则时强调:领导者的注意力应集中在作战任务完成的结果上,而不是完成任务的方法上。《孙子兵法》也说:"将在外,君命有所不受","将能而君不御者胜"。高明的领导者在工作中,应着重抓好事前宏观决策、事中督察协调、事后验收结果并公正奖惩。减少管理,不妄加干预,必须不侵犯下属的权力。因为权力不仅是一种责任,也是一种荣耀。越是开明的领导者,越是能够赋予下属应有的权力,不揽属于下属的权,不负属于下属的责,不收属于下属的利,使下属能够职、责、权、利相统一。

四、"无为"思想的影响

老子的领导智慧在传统社会中可谓影响长远。《管子》一书就是在吸收老子的"无为"思想之后,将其适用范围限定在了"人君"的层次上,即"人君"应坚持"无为",而群臣还是应该各司其职,还是应该"有为"。人君的"无为"意味着天道;群臣的"有为"意味着地德,地德是天道的体现,没有群臣的"有为",也不可能有人君的"无为",从而使"为无为而无不治"有了可操作性,成为一个普遍适用于任何领导过程的原则。

老子的无为思想,不仅作为一种人生态度被后世所继承和应用,而且无为思想被后世领导者、统治者应用到政治领域,甚至还应用到生产活动领域当中。战国末期的黄老之学,开始把老子的无为思想应用于社会生产方面。西汉著名的史学家、思想家司马迁的"因之"论进一步发展和完善了这种自然主

义思想。太史公说:"善者因之,其次利道之,其次教诲之,其次整齐之,最下者
与之争。"

这里,"因"是顺应、听任的意思。"善者因之"就是说好的政策就应因循社
会发展的自然规律,听任个体生产者进行生产、贸易等的自然活动。"其次利
道之",就是说这种"利道"的办法是仅次于"因之"的办法。"利道"就是在顺
应、听任个体生产者进行生产活动的前提下,由国家在某些方面进行一定的引
导,以鼓励人们从事这方面的活动。"其次教诲之",就是说要用教化的办法诱
导人们从事某些方面的生产活动。"其次整齐之",就是说由国家采取必要的
行政手段、法治手段来干预人们的生产活动。"最下者与之争",就是说国家在
再无良策的情况下,可以直接经营或从事具体的生产活动。当然,由国家或政
府直接从事赢利性的生产贸易活动是一种下策,因为具体的生产经营活动纯
属老百姓的事,国家或政府委任其官吏从事这些活动,显然是与民争利,是最
坏的政策。

事实证明,老子的"无为而治","道法自然"的思维方式是对付社会巨变的
一种行之有效、弹性柔化的领导策略。作为领导方法,"无为"就是要求领导人
要善于抓大事,把具体的工作分配给具体的机构和人员去做,而不要事无大小
都亲自插手。这样,分工协作,权责分明,各展其长,各尽其力,领导者能把整
体的以及各部分的工作都做得井井有条,取得最佳效果,也就做到了"无为而
无不为"。在西方科学领导时代,法约尔就曾极力反对上层领导者"在工作细
节上耗费大量时间","总是忙忙碌碌",而主张领导者应"始终设法保持对重大
事情的研究、领导和检查的思维自由和必要的行动自由"。在当下,推行"无为
而治,道法自然"的领导原则,是单位或组织顺应客观规律、尊重自然规律、走
向成功的必然选择。

第二节 "无为而治"的含义

老子的"无为而治"体现出一种自然主义式的领导模式,即它并不希望领
导者涉足于获取具体结果的领导活动当中,而只是使整个领导过程按其本然

状态自然发生下去。但是"无为"并非意味着领导者什么都不做,而是领导者因循于事物自身特有的规律,放眼长远,以静待变。中国历史的经验表明,国家政权的统治者、领导者往往通过自己的"无为",导致了百姓的更加"有为"。表现在领导智慧上,这也就意味着通过领导者对追随者活动的束缚、干预的减少或放松,从而使追随者有更多的自由从事自己所愿从事的活动。老子提倡"无为",是因为他认为通过"自然而然"的过程和行为,往往会得出最佳的效果。古希腊哲学家说,自然不会做不合乎全善的事情,因而人们只要在符合"自然"要求的情况下去行动,行动的结果自然也就会好。

从现代管理的角度看,道家的"无为而治"思想至少包含如下四层意义。

一、做事上的无为

"无为而治"管理思想的第一层含义是在决策上应"有所为,有所不为",即要求管理者在"小事"上有所不为,在"大事"上有所为。这就是汉代学者刘向在《说苑·政理》中所说的"将治大者不治小,成大功者不小苟"的道理。毛泽东指出:"领导者的责任,归结起来,主要的是出主意、用干部两件事。一切计划、决议、命令、批示等等,都属于'出主意'一类。使这一切主意见之实行,必须团结干部,推动他们去做,属于'用干部'一类。"这就是领导者的"大事"。就现代管理而言,一个高层管理者的"有为"不应是直接指向目的的活动,而应是直接指向被领导者的活动。对于企业管理者的最基本要求,应是他能够组织企业员工"为"什么,而不只是他个人能够"为"什么。他应成为料理企业大事的"导演",而不是扮演具体角色的"演员"。具体地说,企业高层的管理者要正确处理"管向",即对企业发展方向的引导与"管事",即对企业具体事务的管理,"管总",即对企业全局的管理与"管分",即对企业局部事务的管理,"管帅",即厂长、总经理、总裁、董事长与"管将",即企业副职领导者及中层干部、"管兵",即普通员工的关系。只有正确处理好上述关系,才能确保管理者集中精力抓好"大事"。

《三国演义》第三十九回中记载了这样的故事:诸葛亮刚出山辅佐刘备,曹操即命夏侯惇"领兵十万,直抵博望坡,以窥新野"。刘备不得不在博望坡迎战曹军。作为军师,诸葛亮的职责是出谋划策,调兵遣将,布置战斗任务,反复叮嘱诸将,"各须依计而行,勿使有失"。关羽不懂得"抽身谋大计"的道理,十分不满在问道:"我等皆出迎战,未审军师却作何事?"诸葛亮答曰:"我只坐守县城。"张飞冷笑:"我们都去厮杀,你却在家里坐地,好自在!"刘备毕竟比关羽、张飞高明,劝道:"其不闻'运筹帷幄之中,决胜千里之外'?二弟不可违令。"诸葛亮坐守县城,不上阵厮杀,并非他胆小怕死,而是他深谙"有所为,有所不为"的道理。正因为此,才取得了博望坡之战的胜利。

著名管理学家帕金森在《帕金森管理经典》一书指出:应当对企业活动进行分析,将所有的企业活动分为三类:甲类属于出现次数最少但有很高价值的活动,乙类属于出现次数较多价值较高的活动,丙类属于出现次数最多但价值最小的活动。高层管理者应把注意力集中于甲类、乙类活动上,特别是甲类,更是重中之重,绝不应为大量的丙类活动所转移,因为这类活动价值性最小。这就是帕金森所倡导的"控制的哲学"。这种"控制的哲学",同道家的"无为而治"是一种极为相似的管理艺术。

日本管理学家占部多美根据"大事有为,小事无为"的管理原则,把那些过于拘泥小事的企业家分为五类:一是身居领导岗位,却无法免除事务人员气质的"事务员型";二是失去解决困难问题的热诚,为掩饰虚无感而热衷于开会、不干实事的"会议型";三是参加各种轻松愉快的迎来送往的礼仪活动,却偏不干本职工作的"礼仪型";四是没有政治或派系斗争,顿感无所事事,即处于虚脱状态的"政治斗争型";五是碰到人就老谈过去之辉煌的"回顾型"。这是对那些只抓小事、不抓大事的无能管理者的真实写照。所以,聪明的企业家善于"抓大事",而昏庸的领导者则喜于"管小事"。抓好大事,则事事都得到治理,事半功倍;样样都管,则事事荒废,事倍功半。这就是抓大事与抓小事的辩证法。

"萧规曹随"的故事反映的就是这个道理。刚即位的汉惠帝看到曹丞相(曹参)一天到晚都请人喝酒聊天,好像根本就不用心为他治理国家似的。惠帝感到很纳闷,只以为是曹相国嫌他太年轻了,看不起他,所以就不愿意尽心尽力来辅佐他。一天,惠帝就对曹参的儿子说:"你休假回家时,碰到机会就顺便试着问问你父亲,你就说:'高祖刚死不久,现在的皇上又年轻,还没有治理朝政的经验,正要丞相多加辅佐,共同来把国事处理好。可是现在您身为丞相,却整天与人喝酒闲聊,一不向皇上请示报告政务;二不过问朝廷大事,要是这样长此下去,您怎么能治理好国家和安抚百姓呢?'你问完后,看你父亲怎么回答,回来后你告诉我一声。"曹参的儿子接受了皇帝的旨意,休假日回家,一边侍候他父亲,一边按照汉惠帝的旨意跟他父亲闲谈,并规劝了曹参一番。曹参听了他儿子的话后,大发脾气,大骂说:"你小子懂什么朝政,你还不赶快给我回宫去侍候皇上。"一边骂一边拿起板子把儿子狠狠地打了一顿。曹窋遭了父亲的打骂后,垂头丧气地回到宫中,并向汉惠帝大诉委曲。

第二天下了朝,汉惠帝把曹参留下,曹参大胆地对惠帝说:"请陛下好好地想想,您跟先帝相比,谁更贤明英武呢?"惠帝立即说:"我怎么敢和先帝相提并论呢?"曹参又问:"陛下看我的德才跟萧何相国相比,谁强呢?"汉惠帝笑着说:"我看你好像是不如萧相国。"曹参接过惠帝的话说:"既然您的贤能不如先帝,我的德才又比不上萧相国,那么先帝与萧相国在统一天下以后,陆续制定了许多明确而又完备的法令,在执行中又都是卓有成效的,难道我们还能制定出超过他们的法令规章来吗?"接着他又诚恳地对惠帝说:"现在陛下是继承守业,而不是在创业,因此,我们这些做大臣的,就更应该遵照先帝遗愿,谨慎从事,恪守职责。对已经制定并执行过的法令规章,就更不应该乱加改动,而只能是遵照执行。"汉惠帝听了曹参的解释后说:"我明白了,你不必再说了!"曹参在朝廷任丞相三年,极力主张清静无为不扰民,遵照萧何制定好的法规治理国家,使西汉政治稳定、经济发展、人民生活日渐提高。史称"萧规曹随"。

亚当·斯密花了12年的时间,在50岁时写出了《国富论》,他认为:一个国家的经济只有在最"自由"与宽松的状态下,才能得到最好的发展,一切国家的干预都有可能对经济造成破坏。只有让纯粹的经济规律不受节制地起作用,才能使这个国家走上富强的道路。

二、用人上的无为

一个高层的现代领导者,要想真正做到在大事上"有所为",在小事上,"有所不为",就必须在用人上实行"君无为而臣有为"的管理方法。

海尔集团总裁张瑞敏反复强调在企业管理上要避免出现"一头狮子带一群绵羊"的局面。在现代管理中,如果没有一个忠于上司、有德有才的中层管理群体,"无为而治"也就无从谈起。通过"任官得其人"而达到"无为而治"的境界,要求企业的最高领导者必须具备伯乐相马的识贤能力,必须具备刘备三顾茅庐、萧何月下追韩信的求贤精神。同时,要求在用人上对贤臣要高度信任,充分放权,做到"疑人不用,用人不疑"。《道德经》认为,事物的表面现象与实际情况有时是不一致的,他说"明道若昧"。同样他认为识别一个人也是不容易的,他说"大智若愚"。要识别一个人才,必须透过现象看本质,因为表面现象是靠不住的。

《吕氏春秋》有一则寓言就是关于知人不易。孔子走到陈国和蔡国之间的时候穷困不堪,连野菜汤也喝不上,七天没有吃到一粒粮食,只好白天睡大觉。他的弟子颜回找到一点米。煮得快熟时,孔子看见颜回抓甑里的饭吃。饭熟了,颜回请孔子吃饭。孔子装作没看见颜回刚才抓饭吃这件事。孔子起来后说:"刚才我梦见祖先,要我把最干净的饭食送给他们。"颜回答到:"不行,刚才有灰尘掉进甑里,把饭弄脏了一些,丢掉不好,我用手把它抓出来吃了。"孔子听了叹息到:"我相信自己的眼睛,但眼睛看到的还是不可信,我所依靠的是脑子,但脑子有时也靠不住。了解一个人也确实不容易啊!"知人如此之难,那么怎样才能知人呢?

《庄子·列御寇》提出的"九征"说,对于现代企业家如何识别人才仍具有一定的启示意义。《庄子·列御寇》作者借孔子之口指出:"凡人心险于山川,难于知天。"认为天虽然难知,但还是有春夏秋冬旦暮之期,可以推测,而"人者厚貌深情",人心之险恶深深地为厚貌所隐蔽,为小人所伪饰,宛如"云山"、"雾海",是很难测的。所以,知人比知天还难。在《庄子·列御寇》作者看来,有时候人之外貌,也就是外在形象,与内心之善恶是一致的,有时候二者又是相反的。

既然不能"以貌取人",那么,如何考察识别人才呢?《庄子·列御寇》作者认为,天有天道,人有人道,总是有轨迹可寻。这就是根据他在工作中的实际表现,听其言而观其行,透过现象看本质,从而可以逐步把握人心的真面目,找到德才兼备的人才。"九征"之说就是九种考察、识别人才的有效方法。

一是"远使之而观其忠"。派他到远离领导,无人监督的地方去工作,可以判断他是否忠诚于领导,忠诚于企业。君子慎独,在无人监督的情况下,仍能正确行事,从不胡来,即是忠诚的表现。如放纵自己,将法律、规章和道德置于脑后,即是一种不忠的行为。二是"近使之而观其敬"。即安排他在领导身边工作,整天与领导形影不离。一旦与领导混熟了,他就会无所顾忌,失去敬心,开始对上司和同事轻慢无礼。所以,近使之可以考察他是否对人真有尊敬之心。三是"烦使之观其能"。在危急时刻,派他去处理棘手难办之事,可以考察他是否具有真才实学和应变能力。四是"卒然问焉而观其知"。即突然向他提出问题,考察他的知识是否渊博。反应是否机智。"知"与"不知",在有准备的情况下,是难以考察的。五是"急与之期而观其信"。即在需要付出较大代价的紧急情况下,与之相约,在规定时间内到指定地点会合,是考察他是否恪守信用,是否值得信赖。六是"委之以财而观其仁"。当不与钱财接近时,辨别他是否清廉是相当困难的,口头表态是难以分辨的,只有在他掌握财权之后,考察他是贪官还是清官,才是最容易的。七是"告之以危而观其节"。即在他面对生命之危险时,派他去赴汤蹈火,才能考验他是否具有临危不惧、视死如归的大丈夫气节。八是"醉之以酒而观其仪则"。俗话说"酒后吐真言"。只有醉酒之后方可考察他的仪表,考察他能否善于克制自己的欲望,能否按照原则、礼仪办事。九是"杂之以处而观其色"。只有让他男女杂居,与异性充分接触,才能考察他是否好色。

日本的土光敏夫在《经营管理之道》一书中也主张"分级管理",指出:一般说来,首脑提出"目的",各级主要负责人将它变成"目标"(达到目的战略),中层管理者将它转为方针(达到目的的方法),一般工作人员将它转为工作步骤。在这里,现代管理学家要求企业家在实践中善于识别、选择人才,一旦选定录用,就要充分予以信任,通过授权和分权,实行分级管理,逐级监管,各司其职。

三、行为上的无为

"自然"是"道"的本性,故由"道"派生出来的天地万物也是"自然而然",并非人为如此。"人法地,地法天,天法道,道法自然",认为宇宙万物都是以"自然"为本性的。这里所谓的"自然",并不是指存在于人类之外的自然界,而是指"道"和由它派生出来的宇宙万物的"本性如此"、"本然如此"的自然状况和天赋的存在形式与动作方式。把这种"道法自然"的思想运用于治理国家和企业管理,《道德经》六十四章要求管理者"以辅万物之自然而不敢为"。用老子的话说就是《道德经》第二章所说的"治大国若烹小鲜",提倡"圣人处无为之事,行不言之教"。

被誉为日本"经营之神"的松下幸之助回答"你的经营秘诀是什么"时,强调:"我并没有什么秘诀,我经营的唯一方法是经常顺应自然的法则去做事。"松下先生说,当他的员工在100人时,他要站在员工的最前面,以命令的口气指挥部属工作;当他的员工增加到1000人时,他必须站在员工的中间,诚恳地请求员工鼎力相助;当他的员工达到1万人时,他只要站在员工的后面,心存感激就可以了;当他的员工达5万或10万人时,除了心存感激还不够,必须双手合十,以拜佛的虔诚之心来领导他们。松下充分表达了"有所不为"的跨国界理解。松下幸之助的这种管理理念实际上已从另一方面对老子"无为而治,道法自然"一说进行了充分肯定。

在管理中,管理者也需因民性以制礼法,因民俗以行教化,即在管理中,要善于根据被管理者的兴趣、需要、风俗,而采取相应的管理方法。在现代企业管理中,根据马斯洛提出的人生需求层次理论,要求管理者"顺民之天性",以激励手段调动企业员工的积极性和创造性。马斯洛认为,人有五种自下而上的需求,即满足衣、食、住、行、性的生理需要,保护自己免受社会和自然威胁的安全需要,关怀他人也要他人关怀的社会需要,尊重自己与尊重他人的尊重需要,实现自我价值的需要。根据马斯洛的理论,管理者应从正面"顺民之所欲",建立与健全各种激励机制。有一位管理大师说过:"有两样东西比金钱和性更为人们所需要,那就是认可和赞美。"所以奖励的方法有很多,物质的还是精神的要看员工的需求来定。

四、市场上的无为

宋太祖赵匡胤建立北宋王朝后,江南的南唐政权仍与其对抗。南唐政权中,学识渊博、名气最大的人物首推徐铉。有一次,南唐派他来北宋朝贡,北宋宰相想派一名"押伴使",但竟挑不出理想的人选,因为北宋官员都知道徐铉善辩,恐不是他对手,此时,宋太祖从10名不识字的侍卫兵中不假思索地选了一个。徐铉在这位不识字的"押伴使"面前,词锋锐利,妙语连珠,而"押伴使"都不置可否。徐铉摸不清楚这位"押伴使"的底细,一个劲地与其高谈宽论,而他仍不予回答。几天过去了,徐铉也疲劳了,也就不再说什么了。宋太祖派侍卫兵当"押伴使",是一种以愚者战胜智者的竞争艺术。

"水善利万物而不争"。选择了一个地方待着,不争,不求任何回报。老子的"不争之德"为现代"蓝海战略"提供了哲学根据。2005 年,由哈佛商学院出版的《蓝海战略》一书。"蓝海战略"是针对传统的"红海战略"提出的。所谓"红海战略",是指在当今的世界市场竞争中,许多企业为了战胜竞争对手,他们以各种竞争手段投入你死我活的"白刃战",渲染出一片血腥的红海。《蓝海战略》一书作者,通过对 100 多年来 30 多个产业的 150 项战略行动的研究,发现"红海战略"并不是唯一的竞争模式。在"红海"中,还存在有尚未开发的市场空间,即无人竞争的一片"蓝海。""蓝海战略"的基石是"价值创新"。"价值创新"不是为了打倒竞争对方,而是为了让竞争变得毫无意义;不是局限于现有的市场空间竞争,而是力图创造没有竞争的市场空间;不是利用现有需求,而是寻求潜在的新的市场需求。从哲学高度看,"蓝海战略"只是老子的"不争之德"思想在现代市场竞争中的一次成功运用。

100 多年前,美国加利福尼亚州发现了金矿,成为全世界发财者的淘金之地。有一位名叫莱维•施特劳斯的犹太人,在他一无所获、极度失望的情况下,忽听到一位矿工抱怨说:"这个鬼地方,裤子破得特别快。裤子破了也顾不上补。"莱维•施特劳斯灵光一闪:帆布不是耐磨的布吗?何不用它做裤子。于是,他发现了一片"蓝海"—尚未开发的市场空间。不久,世界上第一条牛仔裤的前身—工装裤就做出来了。而莱维•施特劳斯也就由穷光蛋变成了"牛仔裤大王。""蓝海战略"的成功,就在于它的"不争"二字。"不争"即是大争,这也就老子说的"以其不争,故天下莫能与之争"。这正是老子"不争之德"的玄妙之处。

第三节 "无为而治":管理的最高境界

《道德经》第十七章中,根据"无为而治"的原则,老子把管理境界分为四种类型，即"太上，下知有之；其次，亲而誉之；其次，畏之；其次，侮之。"第一类管理者，善于按"道"办事，以"道"治国。从不干涉、迫害民众，使他们过着愉快、幸福的生活，人民只是感到君的存在而无爱恶恩怨于君。这是领导者获得的最高奖赏。第二类领导者，善于按"德"办事，以"德"治人，从不谋私，亦不腐化，给被领导者以实惠，从而受到人们的拥护、爱戴、赞扬。第三类领导者，以"法"治国，爱用高压手段，专爱惩罚人，使人们畏惧，但人们并不真心拥护他。第四类领导者，既无能又腐败，既淫乱又浅薄，既愚蠢又自负，不仅使人民得不到实惠，还使他们遭受迫害，人民侮辱他们，驱之而后快。其中第一类领导是"无为型"的，其余三类虽有区别，但都属于"有为型"的。

帝尧是道家树立的"无为而治"的典范。据《贞观政要》记载，唐代名臣魏征曾告诉唐太宗："尧舜在位的时候，老百姓说'耕田而食，凿井而饮'。受天子含养，吃饱喝足，却说'帝王有什么功劳'！如今陛下这样含养百姓，百姓也是日日享用，却不认为是你的恩德。"在魏征看来，唐太宗的贞观之治已达到了"无为而治"的最高境界。民众过着自由、富足的美满生活。却感觉不到领导者的存在，这是管理的最佳状态。

这种"太上'下知有之'的最佳领导管理境界，同现代管理科学所说的"象征性管理"、"渐进式管理"有某种相似之处。德国管理学家曼弗雷德·马丁和加比·波尔纳在《重塑管理形象》一书中把领导风格和管理境界分为"棍棒式"、"家长式"、"权力控制式"、"协作式"、"权威式"、"想象力式"、"全球责任感式"七级。其中"全球责任感式"是最高的管理境界。在他们看来，具有全球责任感的领导大师的活动是渐进的，他们认为帮助别人是自己的本分，从不张扬，从不制造领导效应。他们的领导方式是潜移默化的，他们为人民悄悄谋福利，做好事却从不希望人民对他们感恩戴德。"无为而治"的管理境界，是古今中外管理者所追求的最高管理目标和最佳管理境界。

一、"无为而治"的要求

作为领导法则的"无为而治"，包含着十分丰富的内容。第五十七章说："故圣人云：我无为而民自化，我好静而民自正，我无事而民自富，我无欲而民自朴。"这里的"好静"、"无事"、"无欲"，从不同侧面揭示了"无为"的内涵，指明了实施"无为而治"法则的基本途径。

第一，无为就是"清静"。第十六章说："致虚极，守静笃。"第二十六章说："重为轻根，静为躁君。"重是轻的根本，静是动的主宰。在老子看来，修身治事，稳重、清静最为重要，轻浮、急躁最为要不得。老子认为，当时的统治者穷奢极欲，利令智昏，搅扰百姓，是轻率急躁作风的表现。由于老子深明"以静制动"的道理，所以便大力提倡清静治国。

第二，无为就是"无事"。第五十七章说："以正治国，以奇用兵，以无事取天下。"用正规方法治国，用出奇谋略作战，用无所事事才可取得天下。这里的"无事"是针对"有事"而言的。老子指出，人君之所以"有事"，不论是征伐兼并，还是巧取豪夺，还是心情享乐，无非是为了满足一己之私欲。老子提出"以无事取天下"的总方针，一方面要消解统治集团的强制性，另一方面是要激励人民的自主性，实质上是对意志自由的肯定。

第三，无为就是"无欲"。老子认为，人的心灵本来都是虚明宁静的，但往往被外物、私欲所蒙蔽。对于名利财货、声色犬马之类，如果不是为了满足生理上的基本需求，而是毫无止境地过分贪求，只能使身体精神两受疲累。正如第四十六章所说："祸莫大于不知足，咎莫大于欲得。"因此，老子主张统治者应当"少私寡欲"，"圣人为腹不为目。"从施政方面来说，统治者只有"无欲"，才能"守静"，才能"事无事"，"为无为"。

实施"无为而治"法则的三条基本途径，侧重点似乎各有不同。"好静"，侧重于讲思想方法，要求头脑要清醒，要冷静，不要受外界干扰，不要被私心蒙蔽；"无事"，侧重于讲领导方式，要求用人要信任，要放手，不要自以为是，不要处处干预；"无欲"，侧重地讲个人修养，要求淡泊名利，不要贪得无厌，不要骄傲自大。

在理解"无为而治"这一法则时，有两点需要特别加以注意：第一，老子的"无为"，并不是什么都不做，并不是不为，而是含有不妄为的意思。所谓"无为无不为"，是说只有无为才能无所不为，是以无为求其无不为。"无为"是一种处事的态度和方法，"无不为"是指不妄为产生的效果。无为是手段，无不为是目的，"无为而治"是手段和目的的统一。第二章说："为而不恃"，第八十一章说："为而不争"，就是要让人们按照自我的本性去"为"、去做，去发挥主观的能动性。但是,在去"为"、去做的时候,不能自恃聪明,不能争名夺利,不能把努力的成果据为己有。第二,"无为而治"所提倡的"自化"思想,就是要相信老百姓有自治的能力,让人民自我管理,自我发展,自我完成,其中包含着鲜明的政治自由民主思想。第五十七章说过,统治者能够做到无为、好静,无事、无欲,老百姓就能达到自化、自正、自富、自朴,这是对人民的个体人格的充分、大胆的肯定。保证人民有最大的自主性,有利于"自治"、"自化"的实现。第十七章说:"功成事遂,百姓皆谓我自然。"这是对"自治"、"自化"结果的满足和愉悦。所谓"功成",是指国君经国治民的功业已经完成;所谓"事遂",是指已经使人民达到淳朴自然的境界。这正是"无为而治"所产生的最大效应。

二、有为而治与无为而治

实践证明,"有为而治"与"无为而治"相结合,是一种有效的领导方式和领导方法。"有为"是手段,"无为"也是手段,"治"才是目的。表面看来,"有为"和"无为"似乎是不相容的,但作为工作方式和工作方法来看,它们能够殊途同归,共同达到"治"的目的。

随着社会生产日益向深度和广度发展,生产规模的扩大和部门层次的增多,一个团体的高层领导者,即使精明强干、能力超群,那也是无法事必躬亲、样样"有为"的。他必须忽略掉可以忽略的东西,做到大事有为,小事无为,该有为时有为,不该有为时无为。有的事情,只需领导者在开始阶段表现出"有为"。很多事情不必领导者躬亲其全过程,而只需他在开始时能够表示一个态度就可以了。这种表态可叫"拍板",也可叫"决策"。领导者这种决策前的调查研究及其在此基础上所作的这种决策,算是"有为"的举动。有的事情,只需高层领导者在中间环节上表现出"有为"来。他们在这一环节所表现出来的"有为",是为了引导、完善所属正在开展的活动,促使其高潮的到来。当此高潮形成后,他们的思路就应当奔向新的目标,在新的领域开始他们的"有为"。有的事情,高层领导者的"有为"出现在最后阶段,旨在肯定大家的成绩,鼓舞士气,鞭策人们以后更加自觉地去做好此类事情。有的事情,高层领导者的"有为"只需在两头有所表现就够了。意在表明一件事情的开始和完结,以便把群众的思路引向一个领域和转向新的领域。同时,也表明领导者对有关事情的态度和此事在全局中的地位。还有的事情,领导者会有意识地去扮演"旁观者"的角色,自始至终都在表现着自己的"无为"。但这种"无为"的目的在于给其下属提供"有为"的锻炼机会,促使其下属才干的提高。

对于一位成功的领导者来说,什么"有为",什么"无为",何时"有为",何时"无为"至关重要。不该"有为"时有所作为,不仅会限制下属的主动性、积极性,而且还会妨碍、干扰下属的工作。这样长期下去,会使下属不能独立处理自己分内的事,养成照抄照搬的依赖心理。不该"有为"时有所作为,必然会破坏整个领导机构的系统功能,影响各级领导者在"管理场"中的固定位置,导致工作秩序紊乱。领导者如果越俎代庖干了下属该干的事,那就难免顾此失彼,势必疏于职守,"金字塔式"的领导系统的发散性和收敛性功能必然不能兼备运行。不该"有为"时有所作为,还容易将不成熟的意见强加于人,从而造成失误,降低组织的威信。

不该"有为"时而有所作为,即使高层领导者的用心是良苦的,因小失大,祸害无穷。作为领导者,只有真正站在社会实践系统所赋予他的固定位置上,考虑全局,掌握方向,出主意,用干部,而在具体事务上则较为超脱,当"甩手掌柜",那他才算是高明的高层领导者。有所不为,才能有所为,事事必为,最终不能大为。领导者对于自己分内的事情,并不是什么时候都应"有为",也不是什么时候都"无为"。该有为时有为,可以使自己的文韬武略付诸实践,成为促进事业成功的动力。该无为时无为,不但可以使自身从繁重的事务中解脱出来,以便审时度势保持清醒的头脑,而且还可以通过下属的"有为"来弥补自身精力与才能之不足。

三、领导的最高境界

在中国历史上曾有唐太宗的"贞观之治"、唐玄宗的"开元之治"等"无为而治"的典范。老子的思想表明,当人们几乎没有察觉到领导者的存在时,说明这个领导者就是最好的;当人们赞扬一个领导者的统治时,实际上这个领导者还没有那么好;当人们战战兢兢处于恐惧状态时,说明他们的领导者就不太好了;而当人们都蔑视一个领导者时,这个领导者就是最糟糕的了。老子讲的"无为"是达到"无不为"、"无为治"这一目的的手段。

美国纽约附近有个著名的贝尔实验室,有十个方面的研究工作名列世界第一。包括发明第一部电话机,第一盘有声唱片等,该实验室的陈煜耀博士说,他们的巨大成就靠的就是他办公桌前所挂的《道德经》的"无为而治"的一张条幅。在这句格言下面有他的英语译文,即"最好的领导者是能帮助人,让人不再需要他。"陈博士进一步解释说:"领导者的责任在于既要做到你在领导,又要做到别人并不认为你在干预他。"

"无为而治"管理的实质是把人的社会性减到最低限度,通过恢复人的自然属性的方式来达到理想的管理效果。需要注意的是,"无为"不是主张"不为",而是反对违反规律的妄为,要求不以个人主观的欲望来破坏发展的规律。"无为",也不是要取消领导,而是使领导者进入更高的层次和更高的境界。所谓"无为"只是人力上的无所作为,但制度仍运行不违,这才是领导的意义。"无为而治"就是企业不需要人为控制,也能自行达到既定目标。通过内在控制来激发员工的工作热情,达到自我控制、自我管理。

领导者"无为",部属才能够"有为"。潘石屹表示:"我对管理的态度是'无为而治'。这并不是说在具体措施和制度上我们是无所作为的。'无为而治'是每一位管理者所追求的一种境界,这是结果,不是过程。""小到办公室,大到管理国家,如果能够发挥每个人的意愿,让每个人按照自己的意愿去做事,而不是把事情强加于人,这是最好的。"优秀的领导者应该是那些实现了"无为而治"的领导者。可以说,称职的领导者不在于事事显示自己精明能干,而应该是让自己的部属各得其所,有用武之地,从而发挥出主观能动性,自觉地把企业的事当成自己的事,没有被领导者强迫干事的委屈。

孔子时常称赞他的学生宓子贱是个了不起的大丈夫。有一次,子贱奉命担任某地方的官吏。当他就任以后,却时常弹琴自娱,不管政事,可是他所管辖的地方却治理得很好。那位卸任的官吏觉得不可思议,因为他每天即使从早忙到晚,也无法将事情纳入轨道。于是他就请教宓子贱说:"你为什么能治理得这么好?"子贱回答说:"你只靠一个人的力量去进行,所以十分辛劳;我却是借助别人的力量来帮我达成任务"。日本社会学家横山宁夫说:"最有效并持续不断地控制不是强制,而是触发个人内在的自发控制。"被管理界称为"横山法则"。"横山法则"告诉我们:自动自发的才是最有效的。自动自发就是没有人要求、强迫你,自觉而且出色地完成自己的事情。所以,让员工自动自发地满腔热情地投入工作,这是管理的最高境界。

德鲁克指出,没有管理的管理是管理的最高境界。没有管理不是取消管理,而是使管理进入更好的层次和更高的境界。传统的管理模式在一定程度上束缚人的个性和创造力,而未来的社会由于员工的知识更加丰富,获取信息的手段更加高级,这样就可能形成全新的管理模式:人人都是管理的主体,员工既是决策的参与者也是决策的执行者;以人为本,顺应人性,尊重人格。在新的管理模式下,员工不是在制度的约束下进行工作,而是自动自觉地把工作视为人生发展的组成部分;通过管理文化构建,创造一种高度和谐、友善、亲切、融合的氛围,使企业成为一个密切协作的团体;顺应形势、顺应社会经济运行的自然法则,使管理成为一个自然的历史过程。这样,就使企业成为一个自组织、自调节的有机整体,企业因此能够协调、有序、高效地运行。

领导者要做到"无为而治",必须有宽阔的胸怀;要以身作则;不断地提高自身素质;要能够正确地用人,善于运用他人的智慧;要懂得用人艺术,如任人唯贤,不任人唯亲;大胆起用人才,而不嫉才妒能等;要懂得"授权"。如果领导者样样都直接去管,事事"有为",那么部署只能"无为",其结果只能降低了领导者的威信,甚至人才外流。如果领导者背离了领导原则而"妄为",其结果更为可怕。总之,"无为而治"要求领导者要能够熟练掌握各种领导、管理和经营之道。

参考文献

1. 奥修，谦达那：《道德经心译》，陕西师范大学出版社，2007 年 10 月。

2. 常桦：《孔子尚仁才子为道》，西苑出版社，2010 年 7 月。

3. 陈鼓应：《老子注译及评介》，中华书局，2009 年 2 月。

4. 范子盛：《道德经》的光亮，武汉大学出版社，2010 年 8 月。

5. 傅佩荣：《道德经》新解，译林出版社，2012 年 2 月。

6. 高秀昌：《易通老子》，九州出版社，2007 年 9 月。

7. 冠良：《任正非谈管理》，海天出版社，2009 年。

8. 胡泳：《海尔的高度》，浙江人民出版社，2008 年。

9. 胡军：《哲学是什么》，北京大学出版社，2002 年。

10. 韩征痕：《潘石屹如是说》，中国经济出版社，2009 年。

11. 李渔：《品悟南怀瑾国学的真意》，延边大学出版社，2011 年 1 月。

12. 林军：《柳传志管理日志》，中信出版社，2008 年。

13. 刘峰：《企业的领导艺术》，中国经济出版社，1999 年。

14. 刘澜：《领导力沉思录》，中信出版社，2009 年。

15. 林语堂，黄嘉德：《老子的智慧》，凤凰出版传媒集团，2009 年 10 月。

16. 罗锐韧：《松下幸之助管理全集（第五卷）——人才方略》，企业管理出版社，1998 年。

17. 【美】罗宾斯：《组织行为学》，中国人民大学出版社，1997 年。

18. 【美】彼得·圣吉：《第五项修炼——学习型组织的艺术与实务》，上海三联书店，1998 年。

19. 【美】比斯盖特·舒尔茨：《顶尖管理方法——全球最伟大管理者的 14 个管理方法》，地震出版社，2002 年。

20.【美】罗伯特·K·格林利夫:《仆人式领导》,江西人民出版社,2008 年 1 月。

21.【美】米勒:《美国企业精神》,中国友谊出版社,1985 年。

22.【美】彼得斯,沃特曼:《寻求优势——美国最成功公司的经验》,中国财政经济出版社,1985 年。

23.【美】吉姆·柯林斯,杰里·波勒斯:《基业长青》,中信出版社,2009 年。

24.【美】王嘉廉:《新科技观》,经济管理出版社,1998 年。

25.【美】彼得·圣吉等:《变革之舞——学习型组织持续发展面临的挑战》,东方出版社,2001 年。

26. 南怀瑾:《老子他说》,复旦大学出版社,2005 年 5 月。

27.(台湾)文心工作室:《老子点津》,广西人民出版社,2009 年 2 月。

28. 王扉:《破玄老子的密码》,广西师范大学出版社,2011 年 5 月。

29. 王蒙:《老子十八讲》,生活·读书·新知三联书店,2009 年 10 月。

30. 王蒙:《老子的帮助》,华夏出版社,2009 年 1 月。

31. 王义芳:《企业领导之我见》,中国经济出版社,2010 年 8 月。

32. 许德军:《领导力决定竞争力》,当代世界出版社,2009 年。

33. 杨文士:焦叔斌,《管理学原理第二版》,中国人民大学出版社,2004 年。

34. 杨国欣:《领导理论与实践》,中国社会科学出版社,2007 年 7 月。

35. 姚淦铭:《老子智慧》,山东人民出版社,2012 年 5 月。

36. 姚巧华:《党员领导者不可不知的从政箴言》,北京工业大学出版社,2011 年 5 月。

37.【英】帕金森等:《不可不知的管理定律》,中国商业出版社,2004 年。

38. 约翰·艾德尔:《卓越领导》,汕头大学出版社,2004 年。

39. 俞慧霞:《核心修炼——领导力倍增计划五步曲》,北京出版社,2004 年。

40. 周锡冰:《从发现到解决——关于问题管理的四大学问》,地震出版社,2004 年。